我们的
"八经典"校园

祁世英 著

吉林文史出版社

图书在版编目（CIP）数据

我们的"八经典"校园／祁世英著. --长春：吉林文史出版社，2024.8. --ISBN 978-7-5752-0598-6

Ⅰ. G637

中国国家版本馆 CIP 数据核字第 2024NT6208 号

我们的"八经典"校园

WOMEN DE "BA JINGDIAN" XIAOYUAN

著　　者	祁世英
责任编辑	弭　兰
封面设计	品诚文化
出版发行	吉林文史出版社
地　　址	长春市福祉大路 5788 号
邮　　编	130117
印　　刷	四川科德彩色数码科技有限公司
开　　本	787mm×1092mm　1/16
印　　张	18
字　　数	358 千字
版　　次	2024 年 8 月第 1 版
印　　次	2024 年 8 月第 1 次印刷
书　　号	ISBN 978-7-5752-0598-6
定　　价	88.00 元

自 序

三十功名尘与土！

2020年4月17日，我接受组织安排，担任民勤实验中学的校长一职。民勤实验中学是2014年建成的一所农村寄宿制初级中学。2022年9月，我开始担任学校党委书记。2023年是我踏上教育工作岗位的第30年，也是我在民勤实验中学近4年的教育探索实践收获年。

4年来，我上下求索：如何把宏大的时代命题，投射到一所农村寄宿制学校的发展现实，让社会主义核心价值观和学科核心素养在这片热土生根、发芽、开花、结果？如何让学校文化建设在新时代、新格局、新阶段的新理念中茁壮成长，脱颖而出？如何将大思政课教育融入学科教学，办适合农村学生成长的教育，让教育细节真实地发生？如何全过程、全方位、全员化实施环境育人、文化育人、活动育人策略？

怀揣着"育有梦想的学生，做有情怀的老师，办有温度的教育"的教育初心，我在艰难的摸索中构建"五育融合，'八经典'校园绘蓝图"的宏大主题。

回首过往，皆为欢歌！

2023年是丰收之年，也是学校发展史上的高光时刻！我在3年前的设想，得机遇眷顾和老师们的精诚合作，竟然全部开花结果了。

1月，《"1247N"细胞，唱响平安校园歌》成功入选2022年甘肃省市域社会治理创新实践百强案例。

4月，《"一生一案·小案大爱"综合育人评价体系》入选甘肃省教育综合改革试点培育项目。

5月，民勤实验中学被确定为甘肃省劳动教育特色学校培育创建单位。

6月，民勤实验中学被甘肃省委政法委确认为第一批"全省法治宣传教育基地"。

9月，民勤实验中学通过省级智慧教育标杆校验收。

10月12日，民勤实验中学成功承办全省预防治理未成年人违法犯罪现场观摩会，甘肃省委政法委发文全省推广先进经验。

11月，民勤实验中学通过省级新时代语言文字示范校验收。

12月，"第九批民族团结进步示范区示范单位"公示，民勤实验中学榜上有名。

12月，民勤实验中学获得"甘肃省机关事务工作先进集体"称号。

累累硕果，是时代的馈赠，感谢社会各界的厚爱，感谢各级领导的鼎力支持，更感谢民勤实验中学师生的辛勤付出。让我们一起重温这艰难的历程吧！

在2018年9月10日召开的全国教育大会上，习近平总书记将新时代教育改革发展的新思想、新理念、新观点概括为"九个坚持"：坚持党对教育事业的全面领导，坚持把立德树人作为根本任务，坚持优先发展教育事业，坚持社会主义办学方向，坚持扎根中国大地办教育，坚持以人民为中心发展教育，坚持深化教育改革创新，坚持把服务中华民族伟大复兴作为教育的重要使命，坚持把教师队伍建设作为基础工作。"九个坚持"全面深刻地阐释了教育的根本任务、重要地位、核心理念、建设方向、发展路径等重大理论问题，丰富和发展了中国特色社会主义教育理论，为新时代中国教育事业发展指明了方向。

时代薪火离我们很近，教育实践与我们紧密相连，学校文化建设的理念必须与时俱进。踩着时代的鼓点，我们勇毅前行，砥砺奋进！

2020年4月，我来到民勤实验中学，于我而言，征途漫漫，零点起航。

2021年，我初步提炼出学校发展的"五个精彩一百年"。后来发展为"六个精彩一百年"，增加了总领性的"精彩讲读一百年党史"。

2022年，我提炼出学校发展共识：五育并举，九重致敬二十大。

致敬一：剪出二十大历程；

致敬二：画出二十大神韵；

致敬三：印出二十大版图；

致敬四：讲读二十大故事；

致敬五：舞出二十大风骨；

致敬六：唱响二十大精神；

致敬七：聆听二十大声音；

致敬八：宣讲二十大主旨；

致敬九：担当二十大使命。

2023年，我提炼出学校发展共识：五育融合，"八经典"校园绘蓝图——经典思政校园、经典平安校园、经典法治校园、经典书香校园、经典文化校园、经典绿色校园、经典科技校园、经典劳动校园，成为民勤实验中学发展的文化内核和目标。

这几年，每年放寒假前的最后一次党总支（党委）会，我们都会提炼下一年的宣传工作总基调（后来，我们把这一提法改为"学校教育发展共识"），提交会议通过后在放假会报告全体教师，寒假安排相关工作人员精心准备（2020年，我们在暑假安排准备"五个精彩一百年"活动）。每年的开学季，我们总会收到惊喜，也得到了学校领导层和全体教师的高度认可。

不忘初心、牢记使命；培根铸魂，启智润心。在新时代教育之路上，我们根植传统文化，书写着学校历史，积淀时代光华，走出了一条具有民勤实验中学特色的发展之路。讲好实中故事，奉献实中智慧，打磨实中模式，提供实中方案，是每一个实中人的责任！

经典的打造，有时候就是有一点"小确幸"的，紧扣时代的脉搏，立足自己的现实，因地制宜，行动上稍微早一点，就成功了！比如我们的经典劳动校园建设、新时代劳动教育及劳动教育文化的思考。

教育是时代的，也是生活的；是有趣的，也是有灵魂的！

2018年9月，习近平总书记在全国教育大会上强调："要努力构建德智体美劳全面培养的教育体系。"2020年3月，中共中央、国务院印发《中共中央国务院关于全面加强新时代大中小学劳动教育的意见》，对新时代劳动教育做出顶层设计和全面部署。将劳动教育纳入人才培养全过程，贯通大中小学各学段，与德育、智育、体育、美育相融合，促进学生全面发展。

2020年4月，我捕捉到了这一时代信息。在学校值班午休时，我的脑中闪现了一丝灵感，勾勒了一个探索劳动大教育叙事框架。这是基于"学校占地面积130亩，其中绿化面积36亩，绿化树木花草种类多，劳动是农村学校与生俱来的共生品"的现实，这是源于我们提炼出的劳动教育校园文化宣传"6213"理念（"6213"谐音"留爱一生"，其内涵为"爱的教育"）。经过数日酝酿，我在又一次午休时陷入了沉思：素质教育究竟怎么走，才能既跟得上时代，又让农村的孩子们真正接受素质教育？基于此，我提出了"一生一案·小案大爱"新时代育人工程的理念。5月16日，学校召开了"一生一案·小案大爱"专题研讨会，会议讨论并制定了方案，以新时代劳动教育为切入点探索实践这一理念。

关于劳动教育，我们从理论和实践两个层面进行了目标构建，并在实践中积极探索。

5月28日，甘肃省人民政府委托省教育厅成立专家组对全省劳动教育开展情况进行调研，专家组对我校的劳动教育给予充分肯定，并把我校开展劳动教育的案例作为经典案例提供给省委、省政府参考。6月，教育部《大中小学劳动教育指导纲要（试行）》发布，《中共甘肃省委甘肃省政府印发〈关于全面加强新时代大中小学劳动教育的若干措施〉的通知》发布。

彼时，我校的沙生植物标本室仅有腊叶标本 35 科 96 种，沙生植物种子 30 科 102 种，我提议对沙生植物标本室进行扩建。

当时，我们提出了学校的发展愿景：走精细化、内涵化、卓越化高质量发展之路。我们开始架构学校的三年发展目标和五年规划目标。三年（2020—2022 年）规划目标：乘着全县教育布局调整的东风，抓住机遇，深化教育教学深层次改革，进一步提升全县特色初中内涵，打造优质初中、示范初中；五年（2020—2024 年）规划目标：力争培育卓越育人团队，全力建成全县品牌初中，力争建成全市有名气的特色初中。

"一生一案·小案大爱"新时代育人工程，作为学校精心打造的品牌，此时已成为学校的一种文化理念，逐渐在师生中形成共识！新时代劳动教育作为"一生一案"的标配，高位谋划，纵深推进。

2020 年 10 月，中共中央、国务院《深化新时代教育评价改革总体方案》印发，指出要深入贯彻落实习近平总书记关于教育的重要论述和全国教育大会精神，完善立德树人体制机制，提高教育治理能力和水平，加快推进教育现代化、建设教育强国、办好人民满意的教育。

"一生一案·小案大爱"新时代育人工程紧扣时代脉搏，开始纵深发力，为学校高质量、多元化发展增彩赋能。

2021 年，学校围绕"五个精彩一百年"开展宣传学习。恰值建党 100 周年，学校搭建各种平台，让每个学生积极参与，谱写"一生一案·小案大爱"新时代育人工程的新篇章。

2021 年 3 月 16 日，首届教育部基础教育教学研究指导委员会委员高国军、郝玲一行，专程来我校指导新时代劳动教育工作的开展。两位专家耳提面命、悉心指导，规划方向、勾勒蓝图。于是就有了我们劳动教育的种植系列、标本馆扩建、标本复活系列、案例梳理系列。

我校的 31 个学生社团是经典劳动校园的一部分，尤其是剪纸、书法、绘画社团开展的"精彩画出一百年经典""精彩剪出一百年史册""精彩写出一百年心声"活动，精彩纷呈。

2021 年是建党 100 周年，我校的"五个精彩一百年"主题宣传活动反响巨大，得到民勤县委宣传部、组织部和武威市委组织部的高度肯定，"民勤融媒"、《武威日报》、"新甘肃"、《甘肃日报》客户端、《中国青年报》客户端、《人民日报》客户端、"学习强国"平台等媒体争相报道。《武威日报》于 2021 年 5 月 10 日发出《民勤实验中学师生在创作红色题材的剪纸作品》的报道，7月31日又发表《红色文化照亮菁菁校园》一文，对此次活动进行详细报道。12月28日，《中国青年报》客户端发布《民勤实验中学：今朝剪纸颂》，对我校的"五个精彩一百年"进行了报道，各大平台纷纷转载。

在时代的召唤下，我们不断丰富劳动教育的内涵。2021年五一劳动节期间，首届教育部基础教育教学研究指导委员会委员高国军、郝玲一行再次莅临我校指导劳动教育工作，并引导我们酝酿召开全省、全市或县域内的新时代劳动教育现场会。后来由于疫情影响，省、市级的劳动教育现场会搁浅。我们有幸得到了民勤县教育局的大力支持，在我校召开全县劳动教育现场会。整体谋划、会议酝酿、文案规划、汇报请示、预演彩排，以"动感教育，牵手未来"为主题的全县新时代劳动教育研讨暨现场观摩活动如期成功举办。武威市教育局、甘肃省教育厅对此活动进行了专题报道，我校的新时代劳动教育崭露头角，在全县、全市乃至全省开新时代劳动教育探索之先河。

2022年，教育部正式印发《义务教育课程方案和课程标准（2022年版）》，将劳动从原来的综合实践活动课程中完全独立出来，并发布《义务教育劳动课程标准（2022年版）》。

我校以新时代劳动教育为载体，对《义务教育课程方案和课程标准（2022年版）》进行了个性化解读，开发了系列校本案例，从理论层面和实践层面继续完善，打造了区域性校园文化品牌亮点。

扩建后的沙生植物标本馆成为甘肃教育系统农村义务教育学校鲜活的乡土教材馆、生态乡情馆、劳动教育成果展馆。"沁园春""满庭芳""蝶恋花"三块劳动教育基地规划了51块责任田，标本复活系列队伍不断壮大。

"六个精彩一百年""五育并举 九重致敬二十大""苏武牧羊""苏武传说"等剪纸、拓印作品装饰的红色文化长廊，"千人千幅剪纸画，喜迎党的二十大"大型广场会演，"农耕文化、民俗文化"墙体文化长廊，在全体师生的积极参与下，我校劳动教育硕果累累，劳动教育已经慢慢由一项活动蝶变为一种特色文化。红色文化、法治文化、传统文化、生态文化、农耕文化，都以劳动教育为载体扎根乡土，茁壮成长！

2022年5月，民勤实验中学被甘肃省教育厅确定为首批劳动教育实践基地。全省首批只有13个！

2022年10月15日，中共中央办公厅、国务院办公厅印发了《关于全面加强和改进新时代学校体育工作的意见》和《关于全面加强和改进新时代学校美育工作的意见》并发出通知，要求各地区各部门结合实际认真贯彻落实。12月2日，甘肃省教育科学研究院首届劳动教育成果经验交流暨甘肃省教育学会劳动教育专业委员会成立大会通过钉钉会议平台召开，民勤实验中学作为全省首批劳动实践基地单位参加了本次会议。

我本人有幸代表武威市民勤实验中学作了题为《立足本土，让劳动教育真实发生》的成果经验交流，就我校的劳动教育产生背景、劳动教育理念、劳动教育实践、成果展示、后续构想等方面进行详细介绍。在这次会议上，我当选为首届甘肃省教育学会劳动教育专业委员会理事。甘肃省中共民勤县委宣传部官方账号曾就此活动进行了专门报道。

2023年3月，我担任国培计划（2022）——天水市农村骨干教师能力提升培训项目劳动教育授课专家，讲授《劳动教育与情景创设》专题讲座。

2023年5月，民勤实验中学被甘肃省教育厅确定为劳动教育特色学校培育创建单位。

2023年6月12日，我担任2023年甘肃省中小学劳动教育专项培训项目授课专家，讲授《五育融合背景下寄宿制初中劳动教育实践探索》专题讲座。

新时代劳动教育，已经成为民勤实验中学的一个品牌，一个校本文化符号，在新时代教育的大潮中惊艳绽放！我校《立足本土，让劳动教育真实发生》案例被教育部评为全国优秀案例。

经典之所以成为经典，肯定有与众不同的地方，有与生俱来的禀赋。有时候，打造一个经典就像创造奇迹一样。时代需要我们，我们应运而生！

经典平安校园和经典法治校园的诞生，就是时代滚滚向前，我们凑巧跟时代撞了个满怀！

"一生一案·小案大爱"新时代综合育人工程已经发展演变为"一生一案·小案大爱"新时代综合育人评价体系。我们改变结果评价，强化过程评价，探索增值评价，健全综合评价。办教育的人都知道，安全是教育的头等大事。每个学生的安全，每个班级的安全，每个功能室的安全，住宿安全，饮食安全……林林总总，横向无边，纵向无底。"安全责任重于泰山""逢会必讲安全"，安全责任书、安全制度汇编……我们都是这么做的。2020年9月，学校专门梳理了各类安全规章制度，汇总为《民勤实验中学安全制度汇编》。

时代向我们走来，我们也没有怯阵！

2020年11月16日至17日，中央全面依法治国工作会议在北京召开。这次会议的一个重要成果，就是首次提出习近平法治思想，法治中国、平安中国建设拉开帷幕。在法治甘肃、平安甘肃建设的浪潮中，时代又给了我们一个机会。2021年初，武威市制定下发《全市平安细胞工程创建方案》，明确了首批"平安家庭""平安单位""平安网格"等 20 个创建内容。作为农村寄宿制初级中学，民勤实验中学冲锋陷阵义不容辞。有一次上级检查学校安全工作，有个领导问我们在法治校园、平安校园建设方面有没有好的做法。我赶紧说："1247N 工程！"然后就对"1247N 平安细胞工程"一一作了解读。全校 1170 名学生就是 1170 个细胞；每 5 个学生构成一个细胞组，每个组指定一名教师做服务指导；几个细胞组结成一个细胞体（班级），全校 36 个班级就是 36 个细胞体，36 个细胞体教学相长、守望相助，形成学校安全教育的强大生命力。

后来，时代发展的需要帮了我们一个大忙，而且以此为契机，始料未及的红利像滚雪球似的惊呆了我们，感谢时代的青睐！

我们的工作原则是"让教育细节真实发生"，实实在在的做法获得了真真切切的评价！

我们响应"平安细胞创建"的新理念，"1247N 工程"就变成了"1247N 细胞，唱响平安校园歌"。经过上级领导的多次指导，学校不断从实践中完善提升，法治校园、平安校园建设工作不断从里子上细化，面子上升级。平安个人、平安宿舍、平安教研组、平安班级，激活"小细胞"，构筑"大平安"。在时代的浪潮中，我们就是一朵小小的浪花，以大平安、大稳定为理念，让每一名学生扣好人生第一粒纽扣，争做新时代好少年，平安成长，健康成长，全面发展。

2022 年 2 月 26 日，民勤融媒发出题为《民勤实验中学：百年再出发喜迎二十大》的报道，其中一部分就是"打造'1247N 平安细胞'建设工程"。在全市乡镇政法委员、综治中心主任培训班观摩和"平安甘肃""平安武威"考核组考评验收中，各级领导对我校创建平安校园方面所做的工作给予充分肯定、高度赞扬。

效果比道理更重要，过程比结果更重要！

功成不必在我，功成一定有我！时代没有辜负我们近两年的努力。2022 年 10 月，民勤实验中学被中共武威市委、武威市人民政府授予"平安武威建设先进集体"荣誉称号！

这个荣誉太棒了！可以给我校的年终考核带来优秀比例上浮 5‰ 的政策红利。我们的团队因此士气大振，我们的学生及其家长对学校信心大增。感谢各级领导的指导，感谢时代的偏爱！

我们将自己的做法梳理细化成《"1247N"细胞，唱响平安校园歌》方案，上报省里接受更高层次的检阅！2023 年 1 月，由甘肃省委政法委、甘肃日报社支持，西北师范大学市域社会治理研究院联合甘肃新媒体集团主办的第二届甘肃省市域社会治理创新实践案例评选结果出炉，民勤实验中学《"1247N"细胞，唱响平安校园歌》方案入选百强案例。强调一下，全省参与评选的方案有 440 多个！

2023 年 3 月，全县教育系统安全管理典型经验观摩交流活动在民勤实验中学举行，民勤融媒、武威市教育局对此活动先后进行报道宣传。

劳动教育、安全教育使我校"一生一案·小案大爱"新时代综合育人评价体系内涵更加丰富！

2021 年，学校接受县政府的教育督导评估，评估组对我们的平安校园创建工作给予充分肯定和高度评价。2022 年 8 月 30 日，武威市人民政府公众号发布文章《民勤实验中学努力打造安全营养餐》。经典平安校园建设成功了！此时，"1247N"安全管理模式还在发酵！

在平安中国、法治中国建设的时代浪潮中，平安甘肃、法治甘肃建设掀起了高潮！平安校园建设更离不开法律的守护。

2020 年 12 月 5 日，民勤实验中学开展"送法进校园"活动，民勤融媒对此进行了报道。

我在 2020 年底的一次民勤司法局调研工作接待中，曾向司法局局长提议，请司法局协助我校打造学校模拟法庭，我们已经初步达成倾向性协议。2021 年春季开学，原司法局局长调任民勤县教育局局长，新任司法局局长又是我认识的一位富有创新思维的领导。一次机缘巧合，我向两任司法局局长汇报了过去的想法，得到了他们的大力支持，形成打造升级民勤县青少年法治宣传基地的规划雏形。平安民勤、法治民勤建设的时代画卷中，《"1247N"细胞，唱响平安校园歌》成为我校和司法局合作的美丽桥梁！我校的"法治教育十个一工程"在全县教育系统推广。2021 年 11 月 30 日，中共民勤县委宣传部官方账号发布题为《学深悟透习近平法治思想，谱写新时代依法治校新篇章——民勤实验中学举行 2021 年"宪法宣传周"活动》的文章，对我校为期一周的法治宣传教育活动进行了深入报道。

2022 年 12 月，我校和民勤县司法系统合力打造的民勤县青少年法治宣传基地成功评选为甘肃省首批全省法治宣传教育基地。2023 年 6 月 8 日，甘肃省全国法治宣传教育基地揭牌仪式暨全省法治文化论坛在庆阳市华池县南梁革命纪念馆举行。全省首批 15 个法治宣传教育基地，民勤实验中学是唯一获此殊荣的学校，我本人是全省教育系统唯一出席此次盛会的领奖人！

2023 年 3 月，中共民勤县委宣传部官方账号发布题为《民勤实验中学：守护花季护航青春》的文章，对我校邀请县城关派出所民警开展"法治教育进校园"活动进行报道。这次"法治教育进校园"活动，既是一堂严肃的法治课，又是一堂生动的心理健康课，提高了全校师生对一些违法犯罪行为的认知和防范能力，强化了广大师生的法治意识和自我保护能力，也为我校"1247N平安细胞工程"建设注入了新的活力，有力助推了我校经典平安校园、经典法治校园的创建。

2023年8月5日，甘肃省委政法委同志亲临民勤实验中学调研工作，我有幸向领导们汇报了基层学校的法治建设情况。2023年，我们在全省主动创稳工作中获得了四项省级荣誉。第一项荣誉是：1月，《"1247N"细胞，唱响平安校园歌》成功入选2022年甘肃省市域社会治理创新实践百强案例；第二项荣誉是：4月，《"一生一案·小案大爱"综合育人评价体系》入选甘肃省教育综合改革试点培育项目；第三项荣誉是：5月，我们被确定为甘肃省劳动教育特色学校培育创建单位；第四项荣誉是：6月，我校入选第一批"全省法治宣传教育基地"。省委政法委同志充分肯定了我们的做法，并批示在全省政法系统推广我们学校的做法。《加强关爱帮扶做实法治教育深化在校未成年人违法犯罪预防治理工作》被《甘肃政法》予以刊发，我校法治教育经验供各地学校学习借鉴。中共甘肃省委政法委员会官方账号"陇原剑"发布长文《武威：加强关爱帮扶 做实法治教育 深化在校未成年人违法犯罪预防治理工作》，将我校以"1247N"平安细胞建设工程为支撑，扎实开展平安校园建设和预防未成年人违法犯罪工作，主动探索实践工作机制、实践路径和运行模式在全省推广。

2023年9月，"甘肃省发电"，"经省委领导同志同意，决定召开全省预防治理未成年人违法犯罪教育工作现场会"，"会议主题：进一步贯彻落实全省预防治理未成年人违法犯罪工作会议精神，推广武威市民勤实验中学法治教育工作经验，对全省预防治理未成年人违法犯罪工作再部署，再推进"。

甘肃省委政法委、武威市委政法委、甘肃省教育厅相关领导先后到我校指导现场会准备情况。

紧锣密鼓，我们开始打磨现场会的文案，组织彩排。我的报告必须经得起上级的检验，我们开始反复修改并提交上级审核！

题目出来了——《"5×5"模式显效应 护航成长向未来——民勤实验中学预防治理未成年人违法犯罪工作汇报》，几经推敲，有了"凤头"，内容反复锤炼，结尾经上级部门再三修订，呈现如下：

未成年人是祖国的未来和民族的希望，让每个孩子健康成长是学校义不容辞的责任。民勤实验中学将坚持以习近平新时代中国特色社会主义思想为指导，以更加坚实的步伐，更加务实的举措，落实立德树人根本任务，用心用情为未成年人托起晴朗的天空，尽心尽力呵护孩子们健康快乐成长！

2023年10月12日，全省预防治理未成年人违法犯罪现场会在民勤县召开。这个会议的重要性需要我专门汇报一下。

2023 年 10 月 15 日，甘肃省公安厅官方账号"平安甘肃"针对这次会议发文《全省预防治理未成年人违法犯罪工作现场会召开》，文中这样说：这次会议深入学习贯彻习近平总书记关于未成年人保护工作的重要论述，全面落实全省预防治理未成年人违法犯罪工作会议精神，总结阶段性工作成效，交流经验做法，研判形势任务，对做好下一步工作再部署、再推进。省委政法委常务副书记徐永胜出席现场会并讲话，省委政法委副书记韩世峰主持会议。

我在现场会代表民勤实验中学做交流发言。

2023 年 10 月 25 日，甘肃省教育厅发出文件《关于学习借鉴民勤实验中学预防治理未成年人违法犯罪工作有关经验做法的通知》，并在全省教育系统印发我校发言资料。10 月 26 日，中共中央政法委员会中国长安网发布文章《致力于未成年人违法犯罪预防工作！这个寄宿制中学的"5×5"模式获甘肃全省推广！》，文中说："民勤这块'地理孤岛'以连续多年的教育大丰收赢得了'教育名县'的盛誉。位于县城西北角，有一所寄宿制初中——民勤实验中学。该校在完成教学的同时，致力于未成年人违法犯罪的预防工作，坚持德法并重、五育融合，并探索形成'5×5'模式。"天马剑、陇原网和中共中央政法委主管的中国长安网等平台相继报道我校"5×5"模式。2023 年 12 月 4 日是第十个国家宪法日，中央宣传部、司法部、全国普法办联合印发通知，于 12 月 1 日至 7 日在全国开展 2023 年"宪法宣传周"活动。期间，中国甘肃网"甘快说"发布《让宪法精神抵达每个公民心中》一文，作为特例列举了民勤实验中学"135"常态化普法经验，并给予高度肯定。12 月，我校上报的案例《实施"135"常态化普法，着力提升青少年学生法治素养》被确定为"甘肃省 2023 年普法依法治理十大创新案例"，入选首届《法治时代》创新论坛分论坛"2023 年法治创新案例"。

2024 年 1 月 6 日，甘肃卫视《法治伴你行》栏目播出《加强关爱帮扶 做实法治教育》。1 月 13 日，中国教育电视台播出《魅力中国之法治同行护航青春》，对民勤实验中学法治教育典型案例予以推广。4 月，《法治同行护航青春——民勤实验中学法治教育纪实》在《中国教育报》刊载。4 月，民勤实验中学荣获甘肃省第一批依法治校示范校和第一批国家级依法治校示范校殊荣。武威市新时代文明实践基地正在创建中。

经典法治校园建设到此完美收官，前景灿烂！其经典意义，可以从另一个角度以管窥豹地闪耀一下。

2024 年 1 月 25 日，民勤县委政法委在"天马剑"（武威市委政法委微信公众平台）发表文章《奋楫笃行担使命　政法为民结硕果》，特别指出：民勤实验中学《实施"135"常态化普法，着力提升青少年学生法治素养》入选"甘肃省 2023 年普法依法治理十大创新案例"，创新实践的"5×5"模式被作为典型经验在全省推广。

2024 年 1 月 23 日，武威市委政法委在"陇原剑"（甘肃省委政法委微信公众平台）发文《初心如磐守护"天马"平安》称：将预防治理未成年人违法犯罪工作纳入主动创稳行动专题督导调研，高标准推动落实，构建了各方力量齐抓共管的工作体系，推动预防治理常态长效。特别强调全省预防治理未成年人违法犯罪工作现场会在武威市民勤县召开。民勤，因我们的经典法治校园创建而再一次受到媒体的关注！

下一步，打造经典文化校园，我们又整装出发！

关于经典文化校园建设，我一直在思考：一个学校文化建设的内涵，究竟怎样做才能和经典搭配？是与生俱来、最有说服力地整合梳理富有传统魅力和现代气息的符号文化，还是硬着头皮，坐井观天式地打造我们作为农村寄宿制初级中学的经典文化校园？

其实，对一所学校的文化建设的思考，我的思维起点是非常低的。2019 年中秋节，我有缘到了四川省广元市苍溪县唤马镇小学，一所占地面积不到 6 亩的老牌小学，在中国教育界却有两个文化符号，令人叹为观止！一个符号是剪纸艺术，有 4 件剪纸被国家博物馆收藏，18 件作品入编四川省中小学美术教材，以传统文化立校，以特色亮校，让这所乡村学校走出了属于自己的路。校园里处处有剪纸：办公室、教室、走廊、墙壁文化、宣传文化，移步不换景，入眼皆剪纸！中国红，红色文化、吉祥热烈的红、欣欣向荣的红、红红火火的红，全校山河一片红，震撼了我，吸引了我，定格了我的呼吸和思维！第二个文化符号是出校门的山坡上有一条街，叫教师街。全国以"教师"命名的街道有几条？我就是一名教师啊！敏感的神经让我记住了这个文化符号！我上任以后，经常思考：一个学校的文化究竟怎样建设才无愧时代，而且在传统继承上"删繁就简三秋树，领异标新二月花"！

我行也思考，坐也思考，突发奇想：我们的经典校园是与生俱来的，天赋异禀！琴棋书画四重奏，是我对这所学校文化建设定位思考时蹦出来的灵光！

琴棋书画这个词语，从语文的角度解读，有它的表层意义，家喻户晓，无须赘述；它的深层意义、人文意义、社会意义、哲学意义，才是我们追求的教育真谛！

第一层面：自然意义，建筑美。建筑是凝固的文化，"琴苑、棋苑、书苑、画苑"是静态的、躺着的"琴棋书画"。环境改变气质，我们用环境育人。漫步实中校园，我感到实中的历史在说话，现实在说话，植物在说话，墙壁在说话，我感觉每一届实中人都不曾真正离开实中，他们把自己青春的亮色叠加了起来，成为学校发展的精神坐标和学子成长的人生指向。

现在，让我带你看看民勤实验中学的样子！教学楼、综合实验楼、办公楼、餐饮楼、图书馆、体育馆、教师公寓等11幢主体建筑拔地而起，蔚为壮观，错落有致！人在实中走，仿佛画中游！

"六苑两亭一林三广场"特色分布，数字"6213"，意指"留爱一生"。"六苑"指"琴苑""棋苑""书苑""画苑""桃李苑""和雅苑"。"两亭"指宿舍楼前的"钟灵阁"和"毓秀亭"。"一林"指胡杨林。"三广场"指"国旗广场""勤勉广场""和雅广场"。我们又添加一个"3"，3个劳动教育基地——"沁园春""满庭芳""蝶恋花"。

我一次次行走在教学楼的长廊，领悟和吸纳各楼层的文化馨香，传统文化葳蕤怒放：《兰亭序》《劝学》《弟子规》《三字经》《朱子家训》，字字珠玑，读来满口含香，想来意义久远。

在学校发展的第七个年头，我开始梳理先行者的思考，17部楼梯间主题文化的概念油然而生：励志文化长廊、传统文化长廊、世界名校文化长廊、中国名校文化长廊、优秀学子风采长廊、汽车外形设计文化长廊、神舟系列飞船文化长廊、计算机发展史文化长廊、心理健康文化长廊、红色文化长廊、家国情怀文化长廊、师德礼仪文化长廊、师生书画长廊、学生公寓"家"文化长廊、"和"文化长廊、二十四节气文化长廊、中国传统节日文化长廊。它们主题鲜明，含义隽永。会说话的楼梯间，浸润我们的心灵，也开阔着我们的胸襟！

走廊文化：汉字演变历史长廊、中国历史朝代演变文化长廊、中国名画文化长廊、世界名画文化长廊、中国书法文化长廊、音乐艺术文化长廊、民勤书法家作品长廊。文渊厅、文海厅、博雅厅、尔雅厅等20个开放阅览厅隔空相望，文风洋溢。处处是文化、时时有提醒的校园文化体系，以文化人，以文塑魂。

第二层面：人文意义、社会意义，内涵美，立体的"琴棋书画"用文育人。

学校是文化殿堂，建筑凝固的是文化，装饰展现的是文化，教育全过程渗透文化，全体师生身处浓厚的文化氛围，以文化滋润身心发展，以文化蕴含优雅气质，腹有诗书气自华，培育书卷气、文化味，以天地正气立德树人、培根铸魂。教育学生努力向学，蔚为国用！

课堂主阵地：暮鼓晨钟，披星戴月，书声琅琅。德智体美劳，学科开齐开足，教学对标对表，素质教育名副其实！

这里的琴棋书画，应该是各种教学手段。玉树临风，亭亭玉立，你盛装走进教室，是一道风景，更是一幅画；你打开教科书，打开一体机，挥动粉笔，出口成章，教育的诗歌朗朗上口；手挥五弦，翩翩起舞，奏响钢琴协奏曲，吹响葫芦丝；你引吭高歌，示范滑步舞；一道弧线投中三分，五指张开抓住排球；一排排红对勾，放飞学生理想的翅膀，一个个红叉叉，矫正学生作业中的失误。

红色文化、传统文化、法治文化、农耕文化、生态文化，培根铸魂，启智润心！

第三层面：绘画美，活动的"琴棋书画"，用活动育人。

社团活动、校本课程、周末课后服务，我们用最美的协奏曲演绎农村教育的"琴棋书画"乐章。

体育大课间：队队行行，龙腾虎跃，番号响亮，步履铿锵；中考项目训练，想学生之所想，急家长之所急，雪中送炭；特色活动，谋社会之所谋，为学生未来发展锦上添花！

科技馆：琴棋书画，翰墨飘香，吹拉弹唱，百花齐放！学生社团如雨后春笋，校本课程似星火燎原！

天文馆：坐地日行八万里，巡天遥看一千河。日月之行，若出其中；星汉灿烂，若出其里。

地理馆：宇宙洪荒，天地玄黄。山舞银蛇，原驰蜡象！恰同学少年，风华正茂；书生意气，挥斥方遒。指点江山，激扬文字，粪土当年万户侯。

沙生植物标本室：根茎叶花果实，春种夏长秋收冬藏，识庄稼五味，知稼穑之苦！

实验室：大胆假设，小心求真；脚踏实地，仰望星空！

劳动教室、音美课堂：艺术教育的大旗呼呼作响！

家国情怀系列：三楼国家情怀（剪出的百年党史）、四楼家乡情怀（苏武牧羊、苏武传说两套版画和党的二十大版图）。

实中的文化特色大旗高高飘扬！

第四层面：哲学意义，终极评价的"琴棋书画"，全面育人，全面发展！

全面贯彻党的教育方针，落实立德树人根本任务，发展素质教育，推进教育公平，培养德智体美劳全面发展的社会主义建设者和接班人。

习近平总书记在致首届全民阅读大会举办的贺信中指出："阅读是人类获取知识、启智增慧、培养道德的重要途径，可以让人得到思想启发，树立崇高理想，涵养浩然之气。"

习近平总书记的重要论述深刻揭示了阅读对于人类发展的重要意义，对于个人成长的重要性。我们要把阅读作为成长的重要途径，通过阅读获取知识，启智增慧，培养道德。

2021年秋季开始，我就思考：怎样为教师队伍造血赋能？唯有读书！

　　打造经典书香校园，我们有三大优势：一是学校图书馆藏书 20 万册（8 万册纸质图书，12 万册电子图书）；二是学校图书馆有近 600 个阅览位；三是 2018 年学校图书馆荣获"全国最美校园书屋"荣誉称号。

　　我们坚持以新课程理念为指导，走书香育人的特色发展之路，积极落实"双减"政策和"五项管理"，持续开展校园"书香"、课堂"书香"、活动"书香"三大系列活动，创新构建"4569"师生阅读工作机制，常态化开展系列读书活动，丰厚学校文化底蕴，提升学校办学品位。与此同时，深化阅读综合评价，做好"一生一案·小案大爱"综合育人评价体系建设，发挥育人评价改革示范带动作用。

　　为了让教师在课程理念上有所改变，积极构建"自本"理念下的高效课堂。在北京市十一学校潘从红老师的竭诚帮助下，东华股份公司董玉锁先生慷慨解囊，启动"'东华'甘肃教育援助计划"教师培训项目。教育援助，造福桑梓，功在当代，利在千秋！这是民勤县教育系统近十年来，义务教育学校培训走的地方最远、派出人员最多、培训时间最长、培训效果最好的培训。如果机会、机缘、机遇成熟，我们就是第一个吃螃蟹的人，是教育改革的先行者！关于培训的详情，我将在本书第六章第三节做具体分享。

　　学生读书计划是长期的、系统的，薪火相传，弦歌不断！我们打造的"文渊厅""文海厅""博雅厅""尔雅厅"等 20 个开放阅览厅，随时随地用文化喂养我们的孩子！这 20 个阅览亭分布在教学楼二、三、四楼的楼梯间，餐厅一、二、三楼的东西两侧，学生公寓二、三、四、五楼的大厅。孩子们人人争做读书人，校园里处处皆是读书地！

　　学校积极开展"书香校园"活动。2022 年始，学校纵深推进群文阅读和整本书阅读教学。2023 年，学校承办了"全县师生阅读论坛"活动。

　　2023 年 7 月，学校被武威市教育局评为第二批"武威市新时代语言文字示范校"。11 月，学校被甘肃省教育厅评为"2023 年省级新时代语言文字示范校"。在中国关工委健体中心家庭教育培训计划 2023 年"阳光家庭文学作品征集活动"之"中国梦劳动美"主题作文征集中，学校荣获优秀组织单位奖。在甘肃省语言文字工作委员会办公室（省语委办）组织开展的第 26 届推普周甘肃省中小学生语言文字答题挑战活动中，2 名学生获"推普答题挑战达人"称号，学校被评为"推普答题挑战优秀团队"。

　　思想的高度，决定了师生阅读的方向和思考的维度。经典思政校园建设，我们也必须有自己的思考，必须慎重叙述！

　　思政课是落实立德树人根本任务的关键课程。习近平总书记强调，"大思政课"

我们要善用之，一定要跟现实结合起来。上好思政课，要自觉遵循思想政治工作规律、教书育人规律、学生成长规律，深刻认识和把握"大思政课"的教育逻辑，将现实的宏大体系、多样主题、丰富内容、广阔空间整合起来，灵活运用，在伟大的时代、鲜活的现实中引领学生明大道、育大德、立大志、成大才，实现思政课培根铸魂的目的。

我们的大思政课有四个维度：基地思政、活动思政、课程思政和思政课程！

基地思政建设，我们积极整合社会资源，借"东风"发展自己，把思政基地建成爱国主义教育基地、预防治理未成年人违法犯罪教育基地。

从 2018 年到 2023 年，我们分别和民勤县公安局、民勤县统战部、民勤县退役军人事务局、民勤县文体广电和旅游局合作，分别建成民勤县青少年禁毒教育基地、民勤县铸牢中华民族共同体意识教育基地、民勤县国防教育基地、民俗文化和农耕文化长廊！十大思政基地，根植社会主义核心价值观，赓续红色血脉，传承红色基因，弘扬法治文化，传递法治理念，教育青少年阳光成长、健康成长、全面发展！

活动思政建设，通过"六个精彩一百年""九重致敬二十大""'八经典'校园绘蓝图""禁毒教育五个一""铸牢中华民族共同体意识教育十个一""法治教育十个一""国防教育十个一""交通安全教育十个一""反邪教教育十个一""反欺凌教育十个一""反诈骗教育十个一"等活动，以浸透式教育和体验式教育，发挥爱国主义教育基地的强大育人功能，体现全过程、全员化、全方位环境育人、文化育人、活动育人的功能，真正实现培根铸魂、启智润心的教育目的。

经典科技校园建设还在路上，虽然我们是农村学校，但我们还是有底气的！

我们有一幢楼叫科技馆，建筑面积达 1405.6 平方米，先后投入 150 万元购置科普设备，建有科技馆、天文馆、地理馆、机器人体验馆、科学探究体验馆、声光体验馆、运动旋律体验馆、物理探究实验室、化学探究实验室、基础搭建实验室、创意编程实验室、机器人竞赛室、创客竞赛实验室、3D 教室等，共有科技展品 120 余件，探究器材 100 余套，为进行科普教育提供了设施保障。

我校先后被评为"武威市科普教育基地""中国流动科技馆""甘肃省巡展活动先进集体""省级智慧教育标杆校""全国青少年人工智能活动特色单位"，2021 年成功申建"小平科技创新实验室"。在"乐华维"杯机器人竞赛、青少年机器人比赛、中国青少年机器人（甘肃赛区）竞赛 FLL 机器人工程挑战赛中，我校屡创佳绩。

2023 年 2 月 21 日，习近平总书记在中共中央政治局第三次集体学习时强调，要在教育"双减"中做好科学教育加法。

2023 年 5 月 9 日，教育部办公厅印发《基础教育课程教学改革深化行动方案》，推进实施"基础教育课程教学改革深化行动"，将"科学素养提升行动"作为重点任务之一。

2023年5月29日，教育部等十八部门印发《关于加强新时代中小学科学教育工作的意见》，将"在教育'双减'中做好科学教育加法的各项措施全面落地"写入主要目标；在竞赛活动管理、拔尖创新人才选拔培养模式、中高考内容改革等方面提出要求，并提出试点建设科技高中、鼓励本科阶段开设"科学技术史"选修课等。时代呼唤科技人才，经典科技校园建设，我们蓄势待发！

经典绿色校园打造，我们有得天独厚的条件。学校占地面积130亩，绿化面积就达36亩！我们的校园是花园式学校，可以说是甘肃省最漂亮的学校之一。校园内乔灌木草123种。树种有槭树、桑树、山楂树、银杏树、暴马丁香树、文冠果树等！我们可以设想，不久的将来"六苑两亭一林三广场"会发展到"十二苑""二十四苑"！

我们以可持续发展理念为指导，构筑起学校为主导、学生为主体、课堂为载体、师生共同参与的学校绿色教育机制，积极开展绿色校园建设，把环境建设、德育工作与教学工作同步纳入发展轨道，落实素质教育，让绿色、和谐、共生理念深入人心，实现"人与自然的和谐统一"。

2020年5月，学校被甘肃省委办公厅、甘肃省人民政府办公厅评为"节约型公共机构示范单位"。2023年12月，学校被甘肃省机关事务工作先进集体和先进个人评选表彰工作领导小组办公室评为"甘肃省机关事务工作先进集体"。2024年1月18日，我来到宁卧庄宾馆参加颁奖典礼，出席会议的一位省领导说，这次会议是2018年机构改革以来的第一次颁奖会，也是三年疫情结束后的第一次总结表彰会。全省表彰的先进集体79个，只有我们一所学校获奖！而且，这个奖项也带来了年终考核优秀比例上浮5%的福利！算上这次，我们学校已连续两年年终考核优秀比例上浮5%了。民勤融媒在2024年1月10日发布文章《民勤实验中学：算好"节能账"引领新风尚》，内容摘录如下："近日，甘肃省机关事务管理局公布了2023年全省机关事务工作先进集体和先进个人表彰对象名单，民勤实验中学获先进集体荣誉称号。"

在经典绿色校园建设的路上，我们将引导师生做绿色生活的先行者、倡导者和践行者，充分发挥全省机关事务工作先进集体示范效应，为实现资源节约型和环境友好型校园建设做出新的更大贡献。时代的橄榄枝伸向了我们，绿色学校，我们孕育着又一个绿色的希望！

校园文化建设，内涵丰富，弱水三千，我只饮一瓢！三年磨剑，四年突围，十年一歌！时代是命题人，我们是答卷人，人民是阅卷人！我以赤子之目看教育，以赤子之心办教育，把我的思考奉献给新时代的教育！

为天地立心，为生民立命，为往圣继绝学，为万世开太平！事之大者，我们不敢谋全局！扎根于民勤大地、陇原大地，我们身为苔花如米小，也学牡丹霸气开！办好人民满意的教育，我们始终在路上！

2024 年，实验中学建校十周年！

谨以此书志庆学校诞辰十周年！感谢这片热土！感谢我的团队！感谢我的孩子们！

是为序！

祁世英

2023 年 7 月

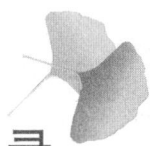

CONTENTS目 录

第一章 经典劳动校园 ··· （ 1 ）

第一节 新时代劳动教育产生的背景和条件 ·················· （ 2 ）

第二节 学校劳动教育理念 ····································· （ 4 ）

第三节 学校劳动教育实践 ····································· （ 8 ）

第四节 学校劳动教育成果及意义 ····························· （ 26 ）

第二章 经典平安校园 ··· （ 31 ）

第一节 "1247N"平安细胞建设工程简介 ··················· （ 32 ）

第二节 "1247N"平安细胞建设工程实施 ··················· （ 33 ）

第三节 "1247N"平安细胞建设工程宣传 ··················· （ 40 ）

第三章 经典法治校园 ··· （ 51 ）

第一节 多措并举拓宽法治教育渠道 ·························· （ 52 ）

第二节 特色普法"十个一"活动 ···························· （ 54 ）

第三节 禁毒教育"五个一"活动 ···························· （ 59 ）

第四节 "5×5"模式 ·· （ 62 ）

第四章 经典文化校园 ··· （ 67 ）

第一节 厚植传统文化 ·· （ 69 ）

第二节 励志文化 ··· （114）

第三节 科技文化 ··· （125）

第四节 校本文化 ··· （132）

第五节 本土文化及其他 ·· （148）

第五章　经典思政校园 ·· (162)

第一节　基地＋思政：巧借社会东风　整合思政资源 ·········· (163)

第二节　版画＋思政：非遗进校园　印出二十大版图 ·········· (163)

第三节　剪纸＋思政：巧手剪党史　致敬二十大 ·············· (187)

第四节　活动＋思政：六个精彩一百年　九重致敬二十大 ······ (194)

第六章　经典书香校园 ·· (204)

第一节　营造 "书香" 校园 ······························· (205)

第二节　开展 "书香" 活动 ······························· (207)

第三节　打造 "书香" 课堂 ······························· (210)

第七章　经典科技校园 ·· (213)

第一节　炫彩科技馆 ····································· (215)

第二节　魅力实中人 ····································· (221)

第八章　经典绿色校园 ·· (231)

第一节　 "6213" 培育绿色校园文化 ······················ (232)

第二节　打造节能环保绿色校园 ··························· (235)

第三节　展望 "绿色校园" 的效益 ························· (236)

第九章　荣誉表彰 ·· (237)

第十章　 "八经典" 校园　吸引媒体眼球 ····················· (248)

尾　声 ·· (262)

第一章 〉 经典劳动校园

经典劳动校园的构建，我们是从新时代劳动教育的背景入手，通过劳动理论和劳动实践探索，积极构建具有民勤实验中学特色的新时代学校劳动教育的成长模式。

2022年秋季学期，劳动教育课已经正式纳入中小学课程体系。早在2020年初，我们就以陶行知的生活教育理论"生活即教育""社会即学校""教学做合一"为理论支撑，将劳动教育与德育、智育、体育、美育相结合，探索适合我校学生特点的"点—线—面—体"劳动教育发展思路及实施路径，从理论和实践层面积极构建劳动教育"1345"工程。我校将劳动教育有机融入学校日常教育教学工作，在劳动教育的内涵化、精细化、卓越化发展上精耕细作，努力打造出具有民勤实验中学特色的经典劳动校园。

从劳动教育"1345"工程的探索构建，全县劳动教育现场观摩会在我校的成功举办，到首批全省中小学劳动教育实践基地的成功申报，再到全省劳动教育特色学校的创建，我校的劳动教育受到了各级教育部门的高度关注和特别支持。

春生夏长，秋收冬藏。经过几年校园劳动教育的摸索和沉淀，我们的劳动教育终于惊艳亮相了。经典劳动校园，一方面展示我校的劳动教育成果，激发学生的劳动积极性，丰富"一生一案·小案大爱"综合育人评价体系；另一方面使新时代劳动教育理念深入学生心灵，进一步提升学生综合素养，做到为家国树人，为未来奠基。

第一节　新时代劳动教育产生的背景和条件

一、开展劳动教育是新时代的召唤

2018 年 9 月 10 日，习近平总书记在全国教育大会上提出"培养德智体美劳全面发展的社会主义建设者和接班人"。2020 年 3 月 20 日，中共中央、国务院正式下达《中共中央 国务院关于全面加强新时代大中小学劳动教育的意见》。2020 年 7 月 7 日，教育部出台《大中小学劳动教育指导纲要（试行）》。甘发〔2021〕5 号文件正式向全省下达《中共甘肃省委 甘肃省政府印发〈关于全面加强新时代大中小学劳动教育的若干措施〉的通知》。

民勤实验中学开展劳动教育是贯彻落实新时代党和国家对劳动教育的新要求的体现，也是新时代发展的迫切需要，学校劳动育人功能也亟待加强。

二、开展劳动教育是民勤的县情需要

（一）开展劳动教育是对民勤"勤朴坚韧、尚学求真"精神的传承

民勤县以"俗朴风醇，人民勤劳"而得名，"民勤"二字蕴含着民勤人对生活的信仰——民生在勤，勤则不匮。这片生机勃勃的绿洲，孕育了古老的沙井文化，素有"人居长城之外，文在诸夏之先"的美誉。民勤人骨子里有着勤劳坚韧、尚学求真的品性，他们用汗水谱写着一代代民勤人的劳动赞歌。作为民勤的孩子，传承和发扬这种精神是我们义不容辞的责任。

（二）开展劳动教育是对民勤"勤朴坚韧、不畏艰辛、众志成城、久久为功"治沙精神的传承

现在的民勤已变成了腾格里沙漠与巴丹吉林沙漠"夹击"中岌岌可危的小小绿洲，成了全国干旱和土地荒漠化最严重的地区之一，是全国沙尘暴策源区和输送路径之一，更是全国防沙治沙桥头堡。民勤人顽强地与风沙搏斗，在两大沙漠之间筑牢屏障，用自己的行动，与风沙展开阻击战，有效阻止了腾格里沙漠与巴丹吉林沙漠合拢

的趋势，确保民勤绿洲不成为第二个罗布泊。他们用勤朴坚韧、众志成城、筑牢屏障、永保绿洲的治沙精神改写着戈壁沙海的历史。

在民勤，学校开展劳动教育既是一种精神传承，也是当前我县生态治理的需要，更是新时代对学生成长提出的新要求。

三、我校为劳动教育开展提供了有力的保障

（一）人力保障

我校约有教职工 200 名、学生 1200 名，全员参与劳动教育实践，为学校开展劳动教育提供了有力的人力保障。

民勤实验中学是 2014 年新建的一所寄宿制初级中学，但有开展劳动教育的坚实基础，因为学生大多来自农村，父辈多是农民出身，他们从小耳濡目染，对劳动有比较直观的认知。我校教师绝大多数来自本县，自小经历过吃苦耐劳的成长教育，也都十分热爱劳动。

（二）技术保障

我校邀请到了中华人民共和国教育部劳动教育专家高国君、郝玲做劳动教育理论指导；多次邀请石述柱等劳动模范、治沙英雄亲临现场指导学生劳动教育。我校部分教师拥有良好的劳动技能与劳动专长。这些为我校高质量开设劳动课提供了必需的技术保障。我校作为"家庭教育工作示范校"，素来有家校联教的优良传统，劳动技术成熟的家长也为我校家庭劳动教育提供了必要的技术保障。

（三）场地保障

我校作为全日制寄宿制学校，总占地面积 130 亩，绿化面积 36 亩，主体建筑 11 栋，学生公寓 4 栋，学生餐厅 3 层。学校大面积的绿化、清洁、美化工作为开展劳动教育提供了充裕的场地保障。

第二节　学校劳动教育理念

一、两个"1345"工程

我校劳动教育课程的基本理念源自陶行知的生活教育理论"教育即生活""社会即学校""教学做合一"。在这一理论的支撑下，遵循劳动教育"点—线—面—体"发展历程及实施路径，我校形成了一套实施新时代劳动教育的方案，构建了两个"1345"工程。

（一）理论层面的"1345"工程

在深入理解上级文件精神的基础上，结合学校学生的实际情况，我校首先从理论上对明确新时代劳动教育进行了积极构建，最终形成了理论层面的"1345"工程：一个核心、"三进"、"四最"、"五育"并举。

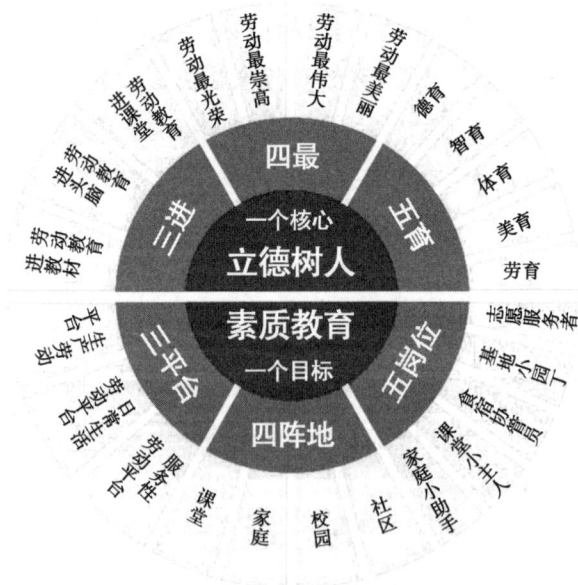

图 1-1　劳动教育两个"1345"工程

一个核心：立德树人。

"三进"：劳动教育进教材、进头脑、进课堂。

"四最"：劳动最光荣、最崇高、最伟大、最美丽。

"五育"：德智体美劳五育并举，培养社会主义建设者和接班人。

（二）实践层面的"1345"工程

依据初中生的认知规律，结合新时代中小学生劳动素养发展目标，以及我校学生的学情，我们将新时代劳动教育核心目标从实践层面进行了可操作化的构建，形成了实践层面的"1345"工程。

一个目标：素质教育。

三个平台：养成教育、住宿文化建设、餐饮文化建设。

四块阵地：课堂、家庭、校园、社区。

五种岗位：家庭小助手、课堂小主人、食宿协管员、基地小园丁、服务志愿兵。

二、我校劳动教育的发展思路

我校尝试以生物课为劳动教育试点课程，以植物的认知为起点，以"劳动理论教育—劳动实践教育—劳动教育体系构建"为主线，从学校自理劳动到家庭生产劳动再到社会服务劳动教育，形成劳动教育辐射面，达到立德、增智、强体、育美、创新的目标。

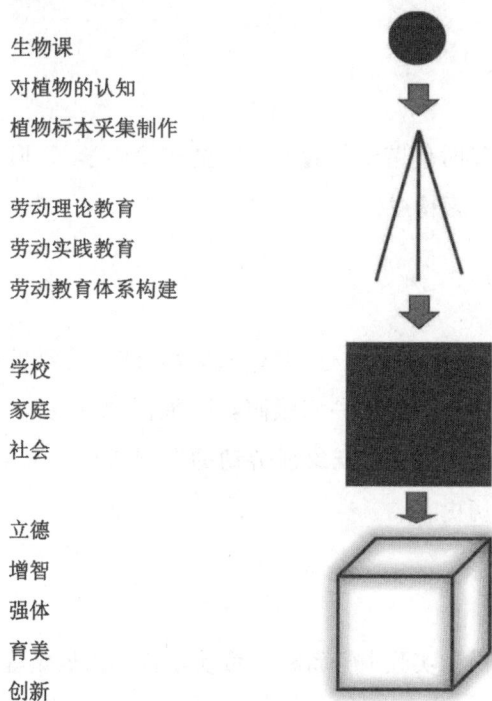

生物课
对植物的认知
植物标本采集制作

劳动理论教育
劳动实践教育
劳动教育体系构建

学校
家庭
社会

立德
增智
强体
育美
创新

图 1-2　劳动教育发展思路图

三、劳动教育也可以品牌化

我校有开展劳动教育得天独厚的条件，这是许多大城市学校不具备的，是我们的亮色，也是我们的机遇。所以，我们在劳动教育的构建上，一开始就将其定位为我校特色教育品牌，致力于走劳动教育品牌化发展的道路，实现以劳立德、以劳增智、以劳强体、以劳育美、以劳创新的劳动教育目标。为了彰显品牌的力量，我们专门精心设计了劳动教育徽标。

图 1-3　民勤实验中学新时代劳动教育徽标

（一）徽标构成元素

整个徽标由汉字"新时代劳动教育""民勤实验中学"，形似车轮的"劳动"二字，以及幼苗、麦穗等元素构成。

（二）徽标主题释义

"劳动"二字的变体艺术字是徽标的核心部分，体现劳动的律动美，整体形似一辆大型劳动机器，机器的车轮如同一双眼睛，既象征"着眼"劳动本原，培根塑魂，又象征"放眼"世界，创造未来；既象征劳动的发展历史，又象征教育的发展历史，更象征社会文明的发展历史。

（三）徽标整体寓意

以幼苗作基，托起民勤实验中学新时代劳动教育"培根塑魂、启智润心"育人工程的美好明天。

四、网格化运行模式

为了确保劳动教育课程的常态化开展，我校专门成立了以书记、校长为双组长的领导机构，建立了以劳动教育工作委员会统领各处室项目实施的网格化运行模式，将工作分类到处室，责任分解到个人。

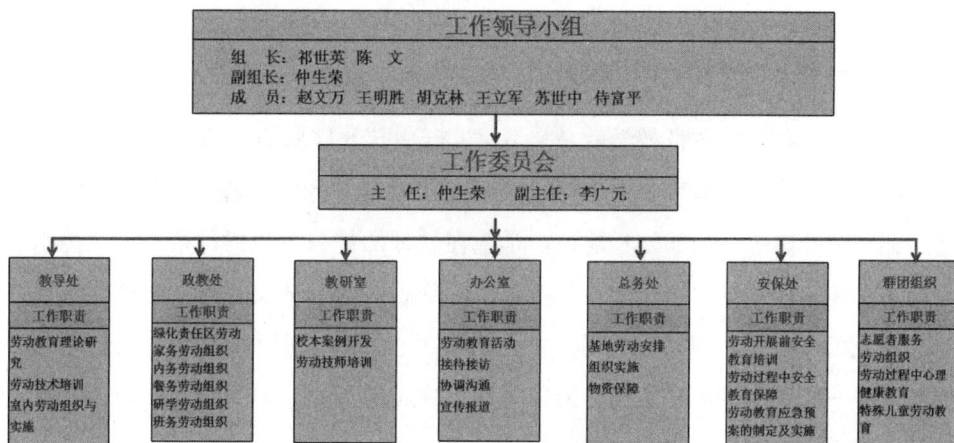

图 1-4　劳动教育网格化运行模式

五、三位一体劳动教育体系建构

我校在劳动教育的探索中，不断完善劳动教育体系，推动劳动实践深入开展，明确课时，确定劳动内容，丰富劳动形式，强化劳动教育，构建了"五化共育"的学校劳动教育、"三小当家"的家庭劳动教育、"四心归一"的社会劳动教育三位一体的劳动教育体系。

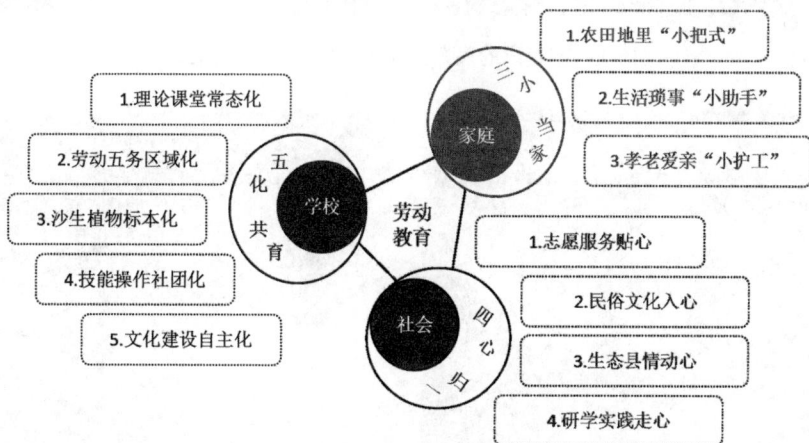

图 1-5　三位一体劳动教育体系

第三节 学校劳动教育实践

一、劳动教育与学校发展同行

建校之初，我校的教育教学就是从劳动实践中拉开序幕的。2014年秋，我校初步建成招生，当时只有几幢教学楼、宿舍楼，可以说是"家徒四壁"。全体师生从清理工地的瓦砾中开始了学校的初步建设，学生在教师的带领下栽树种草、种花浇水、清理垃圾、安装床柜、美化墙壁等，几多艰辛，砥砺前行。学校的每一个角落、每一块墙壁都烙上了师生劳动的印记，每一寸土地都洒下了师生劳动的汗水。我们用自己的辛勤劳动将一穷二白的新建学校打造成了环境优美的花园、学生求知的乐园、孩子们生活的家园。

图1-6 刚建成的民勤实验中学——"家徒四壁"

图1-7 现在的民勤实验中学——花园、乐园、家园

图 1-7　现在的民勤实验中学——花园、乐园、家园（续）

二、劳动是师生每日的必修课

我校是一所寄宿制初级中学，90％以上的学生住校。我校占地面积 8.67 万平方米，建筑面积 5.7 万平方米，绿化面积 2.4 万平方米，主体建筑 11 栋，学生公寓 4 栋，学生餐厅 3 层。我校占地面积大，绿化面积广，绿化保洁、住宿餐饮、卫生打扫工作量极大，加上刚刚起步的学校需要开销的地方实在太多，为保证教育教学各项工作正常开展、节省经费，

图 1-8　民勤实验中学平面图

学校绿化保洁、住宿餐饮工作需要全体师生共同参与。

三、让劳动教育真实地发生

我们尝试将劳动教育贯穿于家庭、学校、社会的方方面面，把家庭当作劳动教育的起锚地，把学校当作劳动教育的操练场，把社会当作劳动教育的主战场，最终实现立德、增智、强体、育美、创新的育人目标，让学生得到立体化综合式发展，即做到"五育"并举。

（一）学校劳动教育"五化共育"模式

我校采用"必修＋选修"课程模式，其中，必修课有劳动理论、劳动"五务"、标本制作，选修课有社团活动和文化建设。

五化共育，推动劳动教育的具体实施，达到立德树人、启智润心的目标。"五化"

就是我们具体实施劳动教育时采取的措施方法的简称，即理论课堂常态化、劳动五务区域化、沙生植物标本化、技能操作社团化、文化建设自主化。

表 1-1　劳动教育 "五化共育" 模式一览

序号	三维环境	项目	形式	内容	目标	时间安排
采用 "必修＋选修" 模式，五化共育，推动劳动教育的具体实施。其中，必修课有劳动理论、劳动 "五务"、标本制作；选修课有社团活动和文化建设	学校（五化共育）	理论课堂常态化	必修课	劳动技术、劳动观念	学会劳动知识，掌握劳动技术	每周一课
				劳动教育的学科渗透	从课堂教学中感悟劳动精神，锻炼劳动意志品质	常规课
		劳动五务区域化		校务责任区劳动	学会除草、浇水、维护，培养劳动意识	每周一次
				班务包干区劳动	学会打扫卫生、垃圾分类，培养良好的卫生习惯	每天早晚
				内务自理区劳动	学会整理床铺、被褥，打扫卫生等，形成良好的卫生习惯	一日两整
				农务自留区劳动	亲历培土、浇水、采摘过程，观察蔬菜发芽、长叶、成熟的过程，感受劳动之美，收获劳动喜悦	两周一次
				餐务自助区劳动	学会自己取放餐具、整理收餐台、打扫餐厅，珍惜劳动成果	一日三餐
		沙生植物标本化		标本采集制作	学会标本制作、植物种植，从劳动过程中认识植物生长过程，学习种植技术	每学年
			选修课	植物种植	亲历培土、浇水、采摘过程，观察植物发芽、长叶、成熟的过程，掌握植物生长习性，收获分享劳动喜悦	每周一次
		技能操作社团化		社团活动、社团徽标设计制作	通过参加社团活动，学会1—2个特长，学会团结合作，锻炼意志品质	每周一次
		文化建设自主化		校园文化建设	参与文化建设，提高审美能力，美化校园	每学年
				班级文化建设	合作劳动，制作班级文化墙、学习园地，增强班级凝聚力	每学期

1. 理论课堂常态化

我校每周安排一节劳动教育理论课，分级预设教育内容，将其纳入学校 "一生一案·小案大爱" 综合育人评价体系，有理论讲解，有实践操作指导。

表 1-2 "一生一案·小案大爱"综合育人评价体系——七年级劳动教育

序号	劳动内容	参与时间	学生自我评价	学生评价老师	老师评价学生	处室综合评价
1	每周一课（理论）					
2	生态县情教育活动					
3	劳动精神、劳动课的认识					
4	班务包干区劳动					
5	生活琐事"小助手"					
6	农务自留劳动					
7	校务责任区劳动					
8	内务自理区劳动					
9	餐务自主区劳动					
10	社团劳动竞赛					
11	学年评价					

2. 劳动五务区域化

我们对校园劳动从内容上进行划分，形成劳动"五务"，即校务、农务、班务、内务、餐务；基于学生活动场所的不同，进行区域划分，分为校园责任区、农务自留区、班级包干区、内务自主区、餐务自助区。

（1）校园责任区

总务处绿化办配合政教处把全校的绿化区域按班级划分为 38 块，每班承包一块，要求学生在本班承包的绿化区域内负责花木的栽种、浇水、施肥、修剪、养护以及垃圾和枯枝败叶的清理等劳动。这些极具眼力的劳动，既可以帮助学生提高审美水平，掌握劳动技术，又可以使学生在团队

图 1-9 清理残枝败叶

协作中完成劳动，养成团队合作意识，体会到互利共赢的快乐，更有利于学生发现队员身上的闪光点，增进友谊。

（2）农务自留区

伸一双手，护一片绿，我们的教育只此青绿。学校打造了"六苑""两亭""一

图 1-10　牡丹花

林" "三广场" 等绿化区，简称 "6213"，谐音是 "留爱一生"，内涵为让学生在劳动中接受 "爱的教育"，匠心独运，用意颇深。校园绿化区内共栽种花木 123 种，绿篱约 800 平方米。校园绿化是劳动实践教育的另一主要内容。学校规划了 "满庭芳" "蝶恋花" "沁园春" 3 个劳动种植基地，由师生共同经营，使之成为民勤沙生植物和沙生农作物的 "复活区"。

图 1-11　诗意栖居

学校共设置种植区 51 个，每个种植区种植 1 种作物，分为蔬菜类、沙生植物类、农作物类、林木类和花草类 5 大类，按班级分区域种植、养护。如：2023 年，我们在种植区内共种植蔬菜 27 种、沙生植物 9 种、沙生农作物 15 种，要求每个班为他们的特色作物设计一个既能体现作物特点，又富含诗词韵意的铭牌。学生通过查资料，了解特色作物的性状、形状、功能等，既增长了知识，又磨炼了心性。

图 1-12　沙生植物梭梭

无论开展哪一种劳动体验活动，学校都要求师生共同参与，教师一定要有讲解、有示范，学生务必动手动脑，认真观察，用心领悟，做好观察笔记，写出感悟日记。学生通过劳动感知植物生长过程，受到成长启迪，学习劳动技术，收获劳动成果。

图 1-13　细节决定成败

（3）班级包干区

偌大的校园和诸多主体建筑的卫生清洁工作，是我校学生劳动实践的主要内容。教导处联手总务处，将教学楼、综合楼、餐饮楼的公共区域卫生按班级进行细致划分，明确责任区域，包干到人，在醒目位置张贴负责学生的照片，标明学生姓名、所在班级和班主任姓名，明确职责范围。要求相关区域负责学生每天早晨、大课间、活动时间做到"三扫""三拖"，部分区域做到"三捡"；每周进行一次卫生大扫除，主要对墙体、宣传栏、橱窗、校门等公共设施进行彻底清洁。

（4）内务自主区

学生公寓采取自主管理模式，引导学生尝试自理劳动。每栋公寓楼都设有学生自治管理楼管会，具体落实卫生管理的各项制度和规定。对宿舍及公共区域的卫生清洁，实行责任管理、量化管理、目标管理，坚持每天"两拖两擦、随时拾捡"；学生个人物品做到对应床位序号定位摆放、分类整理，整齐洁净，取用方便。达到"每天洗一次脚，每周洗一次澡，每月洗一次床单被套"的目标要求。

（5）餐务自助区

餐务劳动是学生必备的劳动技能。我校学生在语文教师和英语教师的引导下进行"餐前诵读"，每天诵读经典古诗文和英语句子、片段，做到自主管

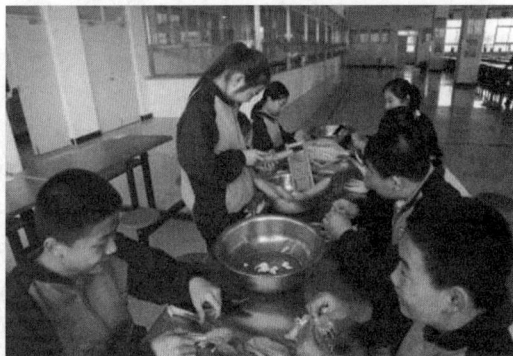

图 1-14　餐务自助

理。政教处安排学生参与监督上下楼梯、餐前卫生、取餐排队、文明用餐、餐具收放及剩菜剩饭入桶等一系列餐务劳动，引导学生了解饮食健康、提升劳动技能、养成良好的卫生习惯。亲历劳动过程，提升劳动技能，珍惜劳动成果，形成劳动品质。

3. 沙生植物标本化

我校的沙生植物标本室自 2015 年开始筹建，2018 年底完成一期建设，2020 年完成扩建。扩建后，216 平方米的标本室给学生的沙生植物标本提供了陈列、记录和展示的空间。馆内现陈列沙生植物腊叶标本 63 科 276 种，沙生植物种子 39 科 205 种，29 组记录民勤沙生植物四季生长过程的图片，30 幅展现民勤生态变迁的照片，26 幅讲述民勤压沙历史的照片。这些标本的素材都是师生利用双休、节假日，在不同季节采集来的；标本的制作是学生在教师的带领下亲自动手完成的。教师将一个个相对独立的项目交给学生自己处理，材料收集、方案设计、项目实施都由学生自己负责，学生通过标本制作，了解并把握整个过程及每一个环节中的基本要求。学生还给每个标本制作二维码，二维码一扫，知识点一目了然。在采集素材和制作标本的过程中，学生充分体会到劳动最光荣、最崇高、最伟大、最美丽。

图 1-15　沙生植物标本室

图 1-16　标本制作中

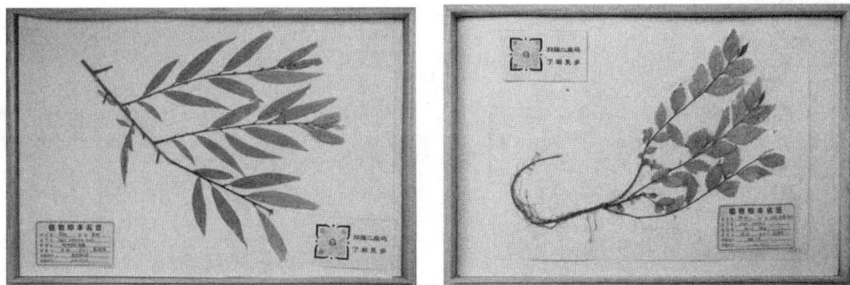

图 1-17 制作二维码拓宽学习渠道

（1）沙生植物腊叶标本

霸王，蒺藜科，灌木，是干旱荒山造林的先锋树种之一，可与白刺、野枸杞、沙棘、柠条、柽柳、紫穗槐、梭梭、花棒等混交，进行水土保持和荒山绿化造林。

图 1-18 沙生植物腊叶标本——霸王

稗子，禾本科，一年生草本植物。茎叶似稻无毛，籽实如小米。

图 1-19 沙生植物腊叶标本——稗子

刺蒺藜，蒺藜科，一年生草本植物。果入药，有散风、平肝、明目之效。嫩茎叶可治皮肤瘙痒症，种子可榨油，茎皮纤维供造纸。

图 1-20　沙生植物腊叶标本——刺蒺藜

大蓟，中药，为菊科植物蓟的干燥地上部分，有凉血止血、祛瘀消肿的功效。

图 1-21　沙生植物腊叶标本——大蓟

甘草，豆科，多年生草本植物。根系发达，入土深，喜光、抗旱、抗盐碱、怕积水，根和根状茎供药用，有"十药九草"之称。

图1-22　沙生植物腊叶标本——甘草

黄芪，豆科，多年生草本植物，有增强机体免疫功能、保肝、利尿、抗衰老、抗应激、降压和较广泛的抗菌作用。

图1-23　沙生植物腊叶标本——黄芪

锦鸡儿，豆科，属落叶灌木。瓣端稍尖，旁分两瓣，势如飞雀，色金黄，故名"金雀花"。

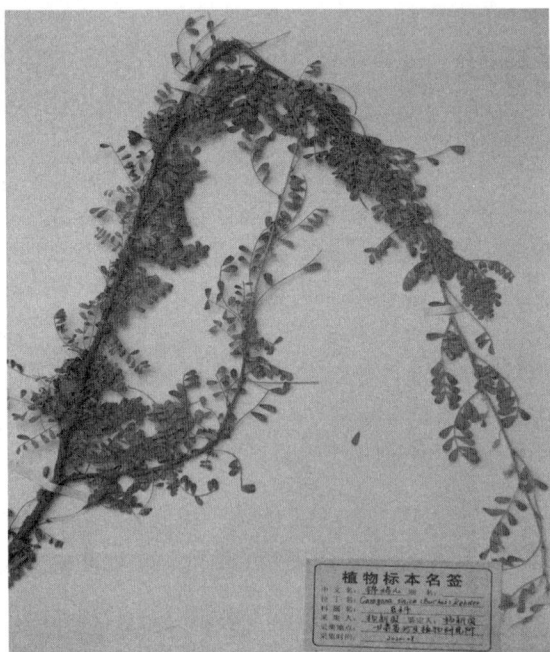

图 1-24 沙生植物腊叶标本——锦鸡儿

苦马豆，豆科，多年生草本植物。多生于盐化草甸、河滩林下、草原、沙质地、碱地、溪流附近、农田和沟渠边缘。

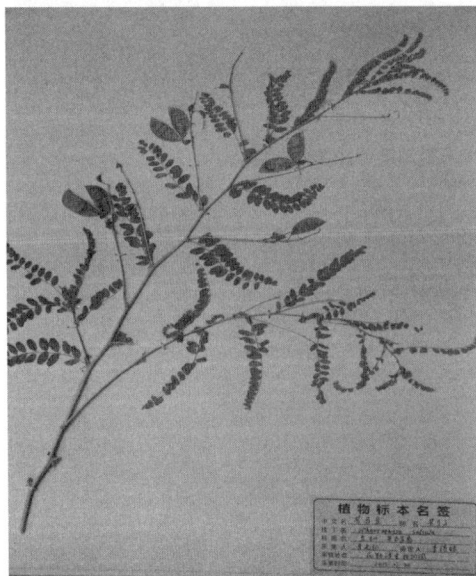

图 1-25 沙生植物腊叶标本——苦马豆

木贼麻黄，麻黄科，属直立小灌木，是重要的药用植物，生物碱的含量较其他种类高，是提制麻黄碱的重要原料。

图 1-26 沙生植物腊叶标本——木贼麻黄

柠条锦鸡儿，豆科灌木，生长于半固定和固定沙地，是西北地区营造防风固沙林及水土保持林的重要树种。

图 1-27 沙生植物腊叶标本——柠条锦鸡儿

　　沙拐枣，蓼科灌木，生于沙丘、沙地、沙砾质荒漠和砾质荒漠的粗沙积聚处，是防风固沙的先锋植物。

图1-28　沙生植物腊叶标本——沙拐枣

　　沙木蓼，蓼科，属直立灌木，生长在海拔1000—1500米的流动沙丘低地及半固定沙丘，为良好的蜜源植物和固沙树种。

图1-29　沙生植物腊叶标本——沙木蓼

宿根亚麻，多年生宿根花卉，可作一年生栽培。耐寒，耐肥，不耐湿。

图 1-30 沙生植物腊叶标本——宿根亚麻

中麻黄，麻黄科，灌木。在风沙土、砂壤土及轻、中度盐渍化土壤中生长良好，可药用。

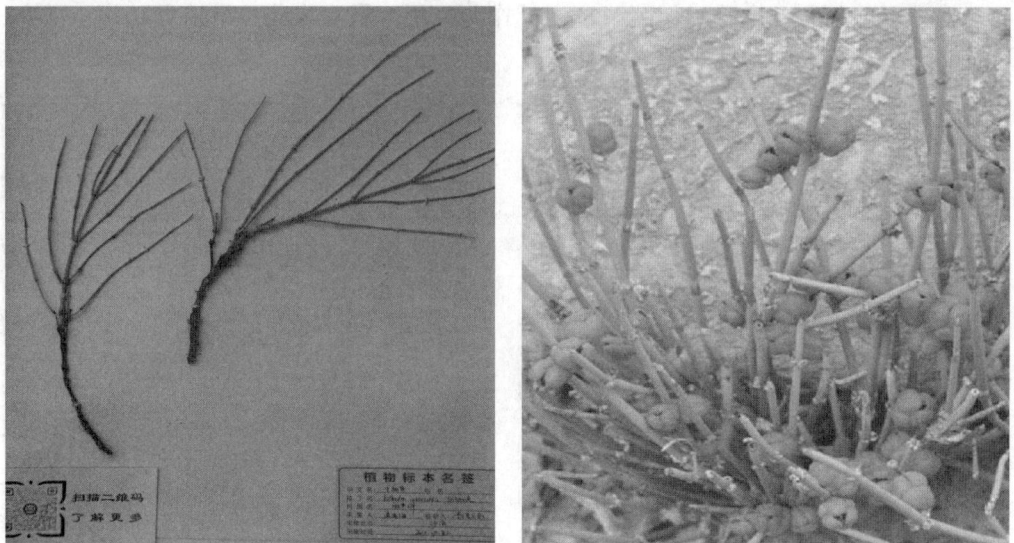

图 1-31 沙生植物腊叶标本——中麻黄

牛毛草，中药，莎草科，植物球柱草的全草，具有凉血止血之功效。

图 1-32　沙生植物腊叶标本——牛毛草

（2）沙生植物种子标本

茴香，伞形科。嫩叶可作蔬菜食用或作调味用。果实入药，有祛风祛痰、散寒、健胃和止痛之效。

图 1-33　沙生植物腊叶标本——茴香

蜜瓜，葫芦科，一年生蔓性草本植物。瓜形为圆球形、扁圆球形或椭圆形，表皮光滑或有裂纹，皮金黄或青绿色，肉脆汁多，味极甜。

图 1-34 沙生植物腊叶标本——蜜瓜

棉花，锦葵科，是世界上最主要的农作物之一，产量大，生产成本低。棉纤维能制成多种规格的织物。

图 1-35 沙生植物腊叶标本——棉花

沙枣，胡颓子科。其叶和果是羊的优质饲料。沙枣除饲用外，还是很好的造林、绿化、防风、固沙树种。

图 1-36 沙生植物腊叶标本——沙枣

4. 技能操作社团化

为了让学生手脑并用，开发学生多种劳动潜能，我校共开设 5 大类 28 门校本课程，成立 31 个社团。我校的社团活动每周开展两次，一次集中组织，一次社团自主活动。每个社团都有各自的章程、一个响亮的名字、一个醒目的徽标、一位专业教师、一位民主推选的社团长。31 个社团各显特色，社团徽标的设计由师生共同完成，突出特色，彰显个性，形式简单，内涵深厚，既寄寓着希望，又展示着青春的灵动。这些创意徽标的设计，是孩子们青春路上熠熠生辉的靓丽符号。

表 1-3　民勤实验中学社团一览表

分类	课程基础	社团名称	辅导教师	社长	人数	分类	课程基础	社团名称	辅导教师	社长	人数
身心素质类	滑步舞	舞之魅	石晓青	杨帆	44	艺术修养类	电子琴	韵飞琴艺	王国红	刘泽宇	23
	男子篮球	姚之篮	白铖兴	白珂	47		布艺	手随心动	委菲	郭贺	10
	男子排球	扣响青春	王伟	潘毅	32		葫芦丝	竹韵天音	闫成龙	陶蓉	19
	男子足球	绿茵小子	陈鹏	潘子谦	60		民族舞	舞之韵	杨晓丽	孙瑞君	13
	女子排球	巾帼风	李柱元	何自怡	24		古筝	国乐筝韵	安雪梅	王韬	11
	女子足球	铿锵玫瑰	马维生	许蓉	31		国画	丹青苑	范芳	吴殷恺	38
	乒乓球	启明星	任家荣	王欣亮	74		合唱	百灵合唱团	马科政	徐玮	50
学科拓展类	写作	诗与远方	张兆云	/	/		剪纸	剪韵苑	许玉梅	陈睿娟	32
	播音主持	金话筒	王迎春	/	/		书法	翰墨飘香	李永国 谢宗恩	李晶	64
	文学	书香清韵	郭菊兰	马金婷	13		装饰画	创绘艺苑	石文辉	李雅蓉	36
	物理	趣味物理	张琛中	/	/		素描	乐图苑	富春年	杨阳	50
	电脑绘画	云绘苑	徐建民	王浩	45	综合实践类	劳动教育	食宿协管员	生活组	/	/
科学技术类	机器人	人工智能	聂兆科 柴兆森	雷壮	48			家庭小帮手	年级组组	/	/
								课堂小主人	教导处组	/	/
								基地小园丁	总务处组	/	/
	网页制作	网页制作与欣赏	李荣	李成诗	50		研学旅行	生态县情主题活动	教研室 政教处 团委 少先队组	/	/
							社会服务	志愿服务者	团队妇组织	/	/

5. 文化建设自主化

我校充分挖掘学生的主人翁意识，在校园文化建设上采取自愿报名、竞赛投标、优胜劣汰等方法，让学生参与校园文化建设活动。在我们的校园随处可见学生参与校园文化建设的印记。有的孩子毕业好几年了，重回母校，依然能在校园的某一个角落找到自己的名字。他们积极参与社团徽标设计，那是他们青春的符号；他们参与路灯励志铭牌标语的推荐，每一个路灯架上都有四则名言警句，并标明推荐者的班级、姓名，这是他们青春的足迹；他们更是班级文化建设的主力军，在文化建设中增加感悟和智慧，在劳动过程中健全心智，这是他们成长的印记。

（二）家庭劳动教育"三小当家"

我们的学生基本上来自农村家庭，我们要求学生在农田地里搭手帮忙，除草、施肥、收麦、打场、卖瓜、打包等，干得有模有样，样样在行，堪称农田地里的"小把式"。学生利用周末和节假日，整理家务，洒扫庭院，喂养牲畜，洗洗刷刷，帮厨抹灶，成为父母生活琐事的"小助手"。学生根据各自家庭的实际状况，利用周末、节假日接过侍候祖辈、照顾幼

图 1-37 **学生积极参与农活**

小的任务，担任起家庭"小护工"的角色。我们把这三种劳动身份亲切地称为"三小当家"，让学生从小就养成爱家、护家、承担家庭责任的习惯。

（三）社会劳动教育"四心归一"

从日常生活自理劳动到生产劳动，再到社会服务性劳动，我们努力使学校劳动教育做到面上开花。学校积极开展校外活动，与其他单位联手，给学生创造参与实践、切身体会服务劳动的机会，做到"四心归一"。学校少先队、共青团、妇委会积极开展主题多样的志愿者服务活动，鼓励学生争当志愿者，引导学生进行"创造性劳动"，引领学生走出校门，去更好地服务于社会。街头巷尾的清洁、周末的交通协管、室内重大活动的场务、室外各种赛事的服务……我们积极引导学生自觉自愿、认真负责、安全规范、坚持不懈地参与志愿者服务，养成踏实奉献、吃苦耐劳的品质，继承敬业乐业的优良传统。

1. 志愿服务贴心

我校积极与社区联手，开展形式多样的志愿服务活动。我们曾开展以"传承雷锋

精神，弘扬时代新风"为主题的学雷锋活动，打扫社区卫生；以"弘扬敬老美德，推崇时代风尚"为主题的敬老活动，在老年公寓帮助独居老人干各种零碎杂活。这些活动不仅要求学生细心，更要求学生在语言细节等方面贴心暖心，用劳动塑造美好的心灵。

2. 民俗文化入心

我校组织学生进行研学旅行，通过参观乡村记忆博物馆等景点，了解与乡村劳动符号相关的民俗文化。

3. 生态县情动心

我校组织学生植树压沙，参观宋和治沙纪念碑、红崖山水库、黄案滩生态治理区、防沙治沙纪念馆、聚酯沙障治理示范区等，让学生切身了解和感受民勤县生态的历史变迁和现状。

4. 研学实践走心

我校积极与多方协调，开发了三条研学旅行精品路线。红旗谷生态种植园、时光廊道、沙雕创作营、摘星小镇等一个个地域特点鲜明的景点，让学生研有所思，学有所获，感受劳动创造的价值，体会劳动之美。

第四节　学校劳动教育成果及意义

一、劳动教育成就斐然

图1-38　大麦

图1-39　杏子熟了

我们的校园内有100余种作物，涵盖了100余种植物生长试验，涉及100余种栽培技术，保证1000多名学生收获各色的劳动体验。学生体验过一粒种子从生根、发芽、开花到结果的惊喜；体验过从付出汗水辛勤耕耘，到收获硕果的快乐；体验过创意劳动、诗意栖居的美感；也体验过花花草草在风雨中历练的艰辛；更获得了在团结协作中成长的乐趣！

　　劳动创造美，劳动美化心灵，我们在劳动中培养家国情怀，以学生动手、动脑、动情、动心的动感美，为建党一百周年献礼，向党的二十大致敬。在"精彩画出一百年经典"活动中，共征集作品 1000 余幅，展出精选作品 100 幅；在"精彩剪出一百年史册"活动中，共征集剪纸作品 600 余幅，展出精选作品 100 幅；在"精彩写出一百年心声"活动中，评选出获奖作品 48 篇，刊出校刊《胡杨林》特刊一期；在"精彩唱响一百年精神"活动中，千人唱响红歌，心心感念党恩。五育并举，九重致敬二十大系列——剪出二十大历程——巧手剪党史；画出二十大神韵——勿忘百年沧桑，无愧担当使命；印出二十大版图——妙手印华章，丹心颂党恩；舞出二十大风骨——擦亮青春底色，舞出时代气韵；聆听二十大声音——盛会催人奋进，初心历久弥坚。

图 1-40　建党一百周年献礼

　　根据上级指导精神，结合民勤生态实际，我校教师编写了"每周一课""沙生植物'标本复活'"等劳动教育指导手册 32 本；收集劳动教育成功案例，形成了《我是家庭的"小帮手"》《我是校园的"小主人"》等"实中印象"系列劳动教育案例画册 11 本。学生自主设计完成 84 幅墙体绘画作品，长度超过 150 米；完成串珠、毛线编织、折纸等 3 大类 200 多件精选作品；完成民勤特色文化"苏武牧羊，苏武传说"主题系列非遗代表性项目作品 73 幅；创作"伟人风采"和"伟大征程"两大系列版画作品 100 余幅。

图 1-41　沙生植物"标本复活"
劳动教育指导手册

图 1-42　"实中印象"系列劳动教育案例画册

图 1-43　学生手工作品精选

　　2021 年 7 月 9 日，以"动感教育，牵手未来"为主题的民勤县新时代劳动教育研讨暨现场观摩会在我校举行。全国劳动教育委员会专家，县教育局负责人，县属中小学校长、分管副校长，城区幼儿园园长，各镇教学辅导站站长和校长共 100 多人齐聚民勤实验中学，共话劳动教育未来。这是我校建校以来第一次承办的大型活动，是对我校劳动教育成就的肯定。

　　我校劳动教育致力于培养学生的劳动知识和技能，劳动习惯和品质，劳动观念和精神，引起了劳动教育专家及上级领导的高度关注，得到了他们的充分肯定。

　　一分耕耘，一分收获。我们的劳动教育引起了各级媒体的高度关注，民勤政府网、《武威日报》、每日甘肃、学习强国等报纸和平台相继对我校劳动教育进行跟踪报道。2022 年，全省首批中小学劳动教育基地名单公布，我校位列其中。

二、劳动教育意义非凡

民勤实验中学劳动教育作为"五育"之一，在学校"一生一案·小案大爱"综合育人工程中起着举足轻重的作用。学生不仅收获了劳动果实，更重要的是无论层次、水平如何，都在劳动过程中得到了认可，找到了存在感，体现了与众不同的价值，找到了最好的自己。通过填写综合评价手册，将这一过程中的获得感用文字定格，在未来的日子里，这一定是一份与众不同的青春大礼包。从施教者的角度看，至少有以下意义：

（一）劳动促进德育提升，树立正确的"三观"

都说劳动是最好的德育。学校的一树一木、一花一草都浇灌过学生的汗水，花花草草亦有爱，点点滴滴总关情，这既是人与自然的正确打开方式，也是个人融入集体的具体表现。劳动培养了学生的集体主义精神，帮助学生养成了热爱劳动的习惯，让学生在挥洒汗水的劳动锤炼中树立正确的价值观、人生观、世界观。

（二）劳动激发创造欲望，培养建设者思维

著名儿童教育家陈鹤琴说过："儿童本性中潜藏着强烈的创造欲望，只要我们在教育中注意诱导，并放手让儿童实践探索，就会培养出创造能力，使儿童最终成为出类拔萃的、符合时代要求的人才。"我校生源参差不齐，大多数学生来自农村，从分数上比城区学生稍逊，但我们的学生有着良好的劳动基础，劳动也是启发学生心智、培养学生创造力的重要手段，我们的教育不是培养会考试的学习机器，而是培养有创造力、对家庭和社会能做出贡献的有用的人。我们与家长、社会携手，对学校劳动教育和家庭劳动教育进行巧妙设计，组织和引导学生对司空见惯的劳动充满无穷兴趣和创造欲望，正确引导学生在劳动中进行创造，注重学生的创造性体验，让学生从小就建立起通过创造性劳动建设美好家园的思想。

（三）劳动增强学生体魄，提高体育成绩

我校的体育成绩历来是中考亮点，在与兄弟学校的竞争中所向披靡，这得益于我校学生有着规范的"阳光大课间"体育训练和体育课的专业指导，更得益于我校学生积极参加劳动。劳动实践增强了学生的体质，促进了学生体格的发育，让学生在增强

体魄的同时获得体育高分，增强荣誉感，在中考中争得一席之地。

（四）劳动提升学生审美，劳动本身最美丽

笔墨丹青国画长廊，笔走龙蛇书法走廊，惟妙惟肖油画展厅，厚重博学历史连廊，博大精深的国学馆，自信涂鸦绘画墙，藏书丰厚的图书馆……每一处建设都离不开学生的积极参与，每一处的设计都是师生审美的体现。学生既感受劳动的艰辛，也收获劳动的快乐，增强了获得感、成就感、荣誉感。

我们开展审美教育活动，不仅要提高学生的审美能力，而且要培养学生创造美、表现美的能力。在学生创造美、表现美的过程中，又含有劳动技术教育的因素，如手工制作、美化环境等。学生通过这些实践活动，既锻炼了劳动技能，受到了劳动教育，又提高了审美能力。

（五）劳动弘扬传统文化，厚植家国情怀

爱国爱家爱劳动，厚植家国情怀。我们通过向党的一百周年献礼、九重致敬二十大等系列活动，进一步弘扬中华优秀传统文化，赓续红色血脉，培育和践行社会主义核心价值观，丰富校园文化，让学生在课余时间体验劳动的乐趣；通过研学旅行，让学生了解家乡，热爱家乡，从小立志建设家乡。

第二章 　经典平安校园

据中华人民共和国教育部基础教育司的统计，我国每年有20000多名中小学生非正常死亡。保护好每位学生，把意外伤害降到最低限度，让他们能够健康成长，已经成为当前教育的重大责任。在这些死亡事故中，排除不可预见的自然灾害和人力不可抗拒的重大事故外，约有80％的非正常死亡本可以通过预防措施和应急处理得到避免。这足以说明青少年的自我保护意识差，增强他们的安全防范意识变得十分重要。我校学生绝大多数来自农村，学生父母的安全意识较差，平安校园建设显得尤为重要。

《2023年全国中小学幼儿园"护校安园"专项工作方案》印发，公安部、中央政法委、教育部决定，从即日起至2024年1月底，在全国范围内继续开展"护校安园"专项工作，扎实抓好防风险、保安全、护稳定各项措施的落实，全力构建内外结合、整体防控、科技助力的校园安全防控体系。

我校乘着政策的东风，积极响应上级号召，秉承"大平安、大稳定"理念，着力打造经典平安校园。我校的平安校园建设之所以称得上经典，首先是因为内容丰富，涵盖校园安全建设各个领域，包括预防新型冠状病毒、交通安全、防火防震防溺水安全、网络安全教育、心理和生理健康教育、饮食卫生安全教育等；其次是因为模式新颖，思路清晰，以"1247N"平安细胞建设工程统揽学校安全大局，既注重领导引领作用，也兼顾个体的积极参与，既有理论知识，也有操作技能。我们努力做到安全应知教育在先，安全演练在后，全面增强学生的防范意识，提高学生的自护自救能力，为学生的平安成长保驾护航。

第一节 "1247N" 平安细胞建设工程简介

"1"就是"一张网"——安全管理网格图;"2"就是"二平台"——视频监控系统和一键报警系统;"4"就是"四队伍"——党员队伍、管理队伍、教师队伍、学生队伍;"7"就是"七链条"——安全管理、安全责任、安全教育、安全监管、食品安全、消防安全、交通安全;"N"就是 N 细胞——一个个学生就是一个个安全细胞,将安全管理延伸到学校组织的最小单位。

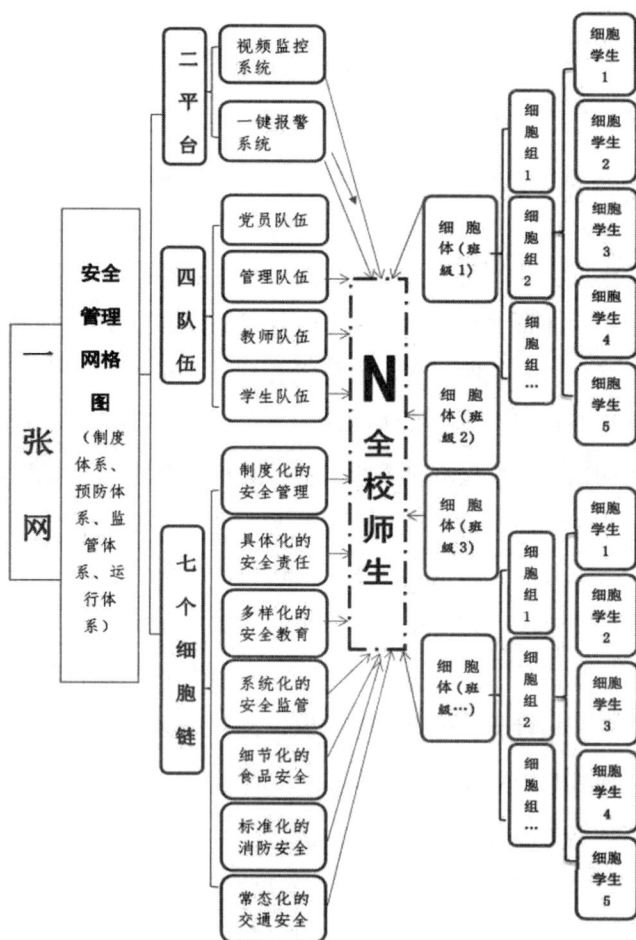

图 2-1 "1247N"平安细胞建设工程示意图

第二节 "1247N"平安细胞建设工程实施

一、纲举目张,"一张网"统揽学校安全细胞

学校健全完善"全员化、网络化、全过程化、全方位化"的"四化"安全细胞工程模式,一张"民勤实验中学安全管理网络图"统揽学校安全工作。

在平安校园建设过程中,我校将安全工作具体化、细分化,形成了"校长—处室—级组—班主任—教师"五级网格化管理新模式。5位校级领导为一级网格安全责任人,全面负责学校安全的日常监督检查工作,对学校全局性的安全问题进行宏观调控和管理;10位处室主任为二级网格安全责任人,负责处室及属地的安全管理工作,并组织开展与本处室有关的各项安全教育活动;3位级组长和8位教研组长为三级网格安全责任人,负责本年级或本教研组的安全管理工作,及时了解师生的思想动态,组织师生学习各类安全知识,增强师生的自我防护能力;36位班主任为四级网格安全责任人,负责对本班学生进行安全知识教育,增强学生的自我防范意识,杜绝各类安全事故的发生;其他174位教师为五级网格安全责任人,根据自己的工作性质和内容,落实安全责任,做到守土有责、守土尽责。通过五级网格化管理体系的运行,学校安全工作逐步形成了"人在格中,责在心中"的安全局面,营造了人人抓安全、事事讲安全的良好安全氛围,学校安全工作切实做到"教师安全工作靠实到组上,学生安全工作落实到班上",使安全工作纵向到底,横向到边,严丝合缝,不留死角。

二、重点突出,"两平台"彰显学校安全亮点

防范胜于救险。我校积极按照上级文件要求,提高防范等级,加强纵深防护,人防、物防、技防、共防,严格落实3个100%(封闭化管理达到100%,一键式紧急报警、视频监控系统与属地公安机关联网率达到100%,专职保安员配备率达到100%);建设两个平台(一键式紧急报警系统、视频远程监控系统),杜绝校园聚众斗殴、欺凌等恶性事件发生,提升学校对于突发安全事件的应急处置能力。

图 2-2 共架设远程监控摄像头 320 余个，
实现校园全覆盖

图 2-3 一键式紧急报警与属地公安机关
联网率达到 100%

学校共架设远程监控摄像头 320 余个，监控摄像头布局合理，能够覆盖学校大门区域、主要道路、餐厅、教学楼、公寓楼、办公楼、科技馆等主要活动场所。在此基础上，设立视频监控室，有专人负责对师生在校期间的活动进行远程监控管理；学校还在校园内主要场所安装了 15 个与公安联网的一键报警系统键，师生在人身安全受到威胁时可以及时一键报警。两个平台在加强学校治安管理、及时发现和处置以学生为主要侵犯对象的突发性事件、保障师生的人身财产安全等方面发挥了积极的作用。

三、精准施策，"四队伍"搭建学校安全框架

学校安全工作以"四支队伍建设"为基础，坚持"点上突破，线上贯通"的原则，狠抓党建队伍、管理队伍、教师队伍和学生队伍建设，搭建学校安全教育的"四梁八柱"。

（一）党建队伍从严落实安全管理责任

学校党支部以党建提升行动为突破口，按照"党政同责""全局化、总体化、系统化"要求，在学校安全管理工作中，充分发挥战斗堡垒和统领全局的作用，强化基础设施建设，提升安全硬件保障水平，增强服务意识，提升组织战斗力，不断激发学校党建活力，充分发挥党员的模范带头作用，切实解决难点、痛点问题。

我校共有党员 52 名，逐渐形成了"三有六化"的党建特色。"三有"，即持续开展标准化党支部建设，切实做到"有形"；持续做好党的政策宣传工作，切实做到"有声"；持续推进党教深度融合发展，切实做到"有效"。"六化"，即规范队伍建设，实现基本队伍优质化；规范阵地建设，实现基本阵地标准化；优化组织设置，实现组织设置规范化；规范组织生活，实现组织生活标准化；注重提升投入，实现基本保障

机制化；建立健全制度，实现工作运行标准化。逐步形成了支部成员为安全把舵定向，党员干部人人示范带动的良好局面。

（二）管理队伍严格落实"一岗双责"要求

学校实行"业务＋安全"的管理模式。我校现有管理人员 37 人，为平安校园建设提供了一支素质高、业务精、能力强的管理队伍。根据学校实际，形成了"十管十必须"的安全管理特色，即管党建必须管安全、管教学必须管安全、管教研必须管安全、管思想建设必须管安全、管后勤服务必须管安全、管课后服务必须管安全、管劳动教育必须管安全、管团队活动必须管安全、管年级组必须管安全、管妇女工作必须管安全。

（三）教师队伍抓好"1234"工程

抓好一个主题：提高师生安全防范意识；强化两种意识：强化安全第一意识，强化以人为本意识；突出三个结合：突出安全教育与课堂教学相结合，突出安全教育与日常生活相结合，突出安全教育与劳动实践相结合；做好四件事：上好一节安全教育课，开好一次安全主题班会，出好一期安全黑板报，教好一项安全自救方法。在具体实施过程中，充分发挥班主任、副班主任、任课教师、心理辅导员、宿舍管理员等的安全教育作用，形成处处有人管安全、时时有人管安全的良好安全工作氛围，真正做到安全无死角，安全无空缺，使学校安全管理水平在精细化上得到全面提升。

（四）学生队伍安全"自治"活动经常化

学校团委和少工委以"扣好人生第一粒扣子"为主题，深化思想道德教育，广泛组织开展"新时代好少年"学习宣传、"传承红色基因"系列教育、"热爱劳动"社会实践、"阳光成长"心理健康等实践活动，培养学生的责任意识、担当思想。学校已经逐步形成"1＋2"学生安全协管员制度，即每班推荐 3 名责任心强的学生作为学校安全协管员，其中 1 名同学协助班主任做好班内学生矛盾和心理异常学生的排查工作，另外 2 名同学协助值日教师做好课间学生活动、上下楼梯、路队、就餐等时段的安全检查等工作；安全教育经常化，安全演练常态化，及时向学生传授遇到危险时的自护自救知识，确保学生在遇到危险时能及时、科学进行自护自救，确保健康和生命不受到伤害。

四、精细管理,"七＋N"护航学校安全行程

(一)"七"是指制度化的安全管理、具体化的安全责任、多样化的安全教育、系统化的安全监管、细节化的食品安全、标准化的消防安全、常态化的交通安全

安全管理制度化。"没有规矩,不成方圆。"制度是学校安全工作的基础。在安全管理中,学校制定了《民勤实验中学"平安细胞"工程和"平安校园"创建五年规划》《民勤实验中学"平安校园"创建实施方案》,以及《学校安全隐患分析评估制度》《学生课间活动安全管理制度》《学生晚自习安全管理制度》《学生外出实习期间安全管理制度》《组织学生外出活动安全管理制度》《体育活动及体育教学安全管理制度》《学校突发事件信息报告制度》等 6 大类 42 个支撑点的管理和使用制度,使学校安全制度的规范和约束作用得到充分发挥。

安全责任具体化,是各类安全规章制度得到贯彻执行的重要保障。学校严格落实"尽职免责,失职追责"制度,做到安全责任追根溯源,并将安全工作进一步具体化,将学校安全管理工作细化到每个有可能存在安全隐患的"点"上,涵盖课堂教学、师生活动、上下学交通、消防、自然灾害、疫情防控、食宿等 20 多个安全点;将安全责任压实到组上,安全工作落实到班上,逐步形成"以安全点带动安全线,以安全线构建安全校"的良好格局。

我校将安全教育细胞工程纳入"一生一案·小案大爱"综合育人评价体系,一个"导师"负责 5 个学生,形成一个安全"细胞组",由导师负责落实一组学生一种教育策略细胞,一个活动一个实施档案细胞,一个学生一种培养方案细胞,一个学生一个成长档案细胞。把学生参与的系列安全教育活动记录在学生的成长档案袋中,让平安意识伴随学生一生。

安全教育多样化。我校安全教育将线上教育与线下活动相结合,传统项目与创新载体相结合,理论提升与实践检验相结合,效果显著。我校积极开展安全教育专题讲座,发放安全告知书,通过武威市安全教育平台、青骄第二课堂、普法知识竞赛等平台,通过国旗下演讲、校园广播站、校园电视台、剪纸、手抄报、绘画、唱红歌等途径,对学生进行国家安全教育、防诈骗教育、网络安全教育、防溺水教育、疫情防控知识教育等。采取在家校群转载、推送经典安全案例、关于安全常识的文章,把枯燥乏味的安全培训,通过文字、图片、视频等方式呈现给更多的家庭,产生安全"细胞"裂变效应。利用学校安全教育基地,不定期组织学生参观学习,对学生进行禁毒教育、生命安全教育等,先后有 10000 多名学生受益。

学校积极开展安全教育细胞工程"十个一"教育活动，即举办一次以安全教育为主题的升旗仪式、参观一次安全教育基地、看一部安全教育影片、开一次安全教育主题班会、创作一幅安全教育书画作品、办一期安全教育黑板板报或墙报、制作一幅安全教育手抄报、组织开展一次安全教育主题征文、组织开展一次安全教育演讲比赛、开展一次安全教育主题团队活动，全面提升学生的安全知识水平和自救自护能力。

安全监管系统化。学校秉持安全发展、和谐发展的理念，建立安全监管长效机制，不间断地组织开展全面、系统的安全大督查，彻底消除各类安全隐患，确保师生安全、校园稳定，有效防范重特大事故发生。

排查化解干预。安保处每周不定期对管制刀具、易燃易爆等危险物品进行一次检查，防止校内意外事故的发生；每学期进行一次防火、防灾、防震演练，对演练情况进行研判，及时发现预案中存在的问题和不足，并加以改进。

每学期由专业的心理辅导教师对师生至少进行一次心理问卷调查，根据问卷结果对有心理异常的师生及时进行心理健康干预；通过校长信箱、个别谈话等方式及时排查化解师生之间、生生之间甚至师生与校外人员的矛盾纠纷，营造轻松和谐的社交氛围。

勤巡视细检查。主管安全的副校长和安保主任每天对校园安全和校园周边环境安全巡查一次，各处室管理人员每周安排专人对本部门负责场地的水、电、暖等设施的安全问题进行一次排查，安保处组织人员每月对校内和校园周边环境进行一次排查。所有检查有记录，并建立安全隐患排查台账，实行闭环管理，将安全事故扼杀在萌芽状态。

排查整改报备。坚持做到排查出的安全问题及时整改，重大安全隐患不过夜，一般安全隐患不过周。隐患整改结束后，根据安全隐患整改时限要求，再次组织人员进行安全隐患整改落实情况复查，并记入安全台账。对于未按时限整改的安全隐患，要追究相关责任人的责任。建立安全事故强制报备制度，事故发生后及时向教育行政部门上报事故信息，并积极做好事故调查处理工作，严格落实"尽职免责，失职追责"制度。

严防控重教育。为有效防控传染性疾病，学校成立以校长为组长的疫情防控工作领导小组，全面负责学校疫情防控工作的组织领导。建立学校—班级—师生—家长四级防控工作联系网络，随时关注师生健康状况，注重师生、家长防控知识宣传教育。制定和完善疫情防控工作方案和制度，突发公共卫生事件应急预案、传染病疫情及突发公共卫生事件的报告制度，学生晨、午、晚检制度，因病缺勤登记、病因追踪制度，复学证明查验制度，学生健康管理制度，通风、消毒制度，传染病防控健康教育制度。严格落实学校封闭式管理要求，外来人员一律不准进入学校。建立专门档案，做到有档可查，将疫情防控责任落实到具体部门、具体人，切实把疫情阻断在校园之外。加强与地方卫生健康部门、疾控机构、就近医疗机构的沟通协调，取得专业技术支持，配合有关部门积极开展联防联控。

食品安全细节化。食品安全管理是个动态管理的过程，贵在平时，贵在细节，贵在建立科学的管理机制。我校成立了膳食委员会，专门负责餐厅日常管理工作，并制定《民勤实验中学食堂管理暂行办法》，严格落实各项管理制度。

一是严把食品原材料采购关。要求采购人员必须到持有食品卫生许可证的单位或个人处采购食品及原材料，并严格实行"索证"制度。食品、原材料的采购实行登记、验收制度，专人负责，双方签字，验收记录按月装订保存，以备查验，切实做到出现问题可追溯。

二是结合"互联网＋明厨亮灶"工作，安装视频监控，强化师生对学校食堂食品加工的监督监管，确保学校食堂食品安全。

三是加强饮食从业人员的安全知识教育和管理。要求食堂从业人员必须每学期提供一次"无犯罪记录"证明，每年提供一次健康证明并持证上岗，不符合要求者一律不得上岗。

四是狠抓餐具消毒工作。食堂中所用的各类餐具和器具必须每天按规定进行清洗和消毒，未经消毒严禁使用。

五是积极开展学校食品专项整治活动，严禁"三无"食品、过期食品和不宜在校内销售的食品等在校内出售。

消防安全标准化。我校以保稳定、促发展为中心，积极开展消防安全标准化建设，加大消防设施更新维护投入力度，强化和完善消防安全管理网络，增强全校防控火灾能力，减少火灾隐患和火灾危害。

一是对学生宿舍、食堂、实验室、教室、图书馆、多功能报告厅等人群集中的重点场所，每周进行一次消防安全检查。二是严格规范用火用电等消防安全管理，对使用大功率电器、私自敷设用电线路的进行拆除。三是每周对消防通道的疏通情况、防火门的闭合情况、烟感报警器的工作情况、应急照明灯及疏散标志的工作情况进行一次安全排查。四是每周检查一次消防储水水箱、消防水泵的工作情况。五是实行专人24小时消防监控系统值班制度和定时消防安全巡查制度，分楼体、分处室，每天巡查一次，有事报预警，无事报平安。

交通安全常态化。一直以来，我校把交通安全教育作为学校安全工作的重中之重，切实加强对学生的交通法规教育，增强广大师生的交通安全意识和安全自护能力，从根本上预防道路交通事故的发生。

一是开展交通安全社会实践活动。让学生在实践中掌握相关安全法规常识，明白交通安全的重要性。二是开展交通志愿服务活动。在学校团委和少工委的统一组织下，每学年开展一次"十班百生"交通安全志愿服务活动。通过志愿服务活动，进一步提升校园交通安全管理工作水平，净化校园周边道路交通环境，增强学生的守法意识、安全意识、文明意识，预防和减少涉及学生的道路交通事故；通过"小手拉大手"带动教师、学校、家长以及社会各方面力量，创新交通安全管理思路和模式，推动校园交通安全管理工作再上新台阶。三是组织学生观看交通安全教育宣传片，通过电影中的一些场景感染学生，并通过写观后感提高学生的安全意识。四是通过刊出交通安全主题黑板报、设置交通安全标语和宣传画、举行"关爱生命，安全出行"主题征文、举行交通安全主题班会等，广泛开展交通安全宣传活动。五是通过家长会等形式，对家长进行交通安全教育。要求家长配合学校对子女进行必要的出行安全提醒，教会孩子严格遵守交通法规。

（二）"N"指学校的"平安细胞"建设

关于"N"这个"平安细胞"，我们从两个层面加以解读。第一层含义：每一个学生作为一个细胞（N），1170名学生组成1170个细胞；每5（N）个学生构成一个细胞组，每个组指定一名教师做服务指导；几个细胞组结成一个细胞体（班级），全校36个班级就是36个细胞体，36个细胞体守望相助，形成学校安全教育的强大生命力。第二层含义：整个学校就是一个细胞，学生就是细胞核（核心）；校园环境就是细胞液；教师队伍就是细胞膜，为学生提供第一层保护，也是最直接的保护；管理人员就是细胞壁，防止外界病菌的入侵，在保护学生的同时保护教师。

通过"7＋N"的支撑，我们全方位立体式为师生的安全保驾护航，为学生的健康成长营造一个和谐、安全的环境。

表 2-1　九年级七班平安"细胞"工程学生分组表（样表）

细胞组	学生姓名	导师	细胞组	学生姓名	导师	备注
第一组	柴　相	杨树德	第五组	王　童	王莉芳	1. 每一个学生为一个"细胞"（n）。 2. 每5个左右的"n"为一个"细胞组"。 3. 一个细胞组由一名老师（导师）负责。 4. 整个班级由班主任负责（朱明寿）。 5. 一位处室主任负责两个班级（王立军） 6. 两位校级领导负责一个年级组（赵文万、侍富平）。 7. 全校学生组成"N"
第一组	李金龙	杨树德	第五组	吴来喜	王莉芳	
第一组	李辉春	杨树德	第五组	吴来杰	王莉芳	
第一组	高玉娇	杨树德	第五组	吴海旺	王莉芳	
第一组	陈凯文	杨树德	第五组	魏　昊	王莉芳	
第二组	李玉昊	胡建华	第六组	谢生玺	聂兆科	
第二组	马金婷	胡建华	第六组	许明科	聂兆科	
第二组	马　辰	胡建华	第六组	许　乐	聂兆科	
第二组	刘嘉贤	胡建华	第六组	许浩馨	聂兆科	
第二组	李治楠	胡建华	第六组	徐基阳	聂兆科	
第三组	马　乐	柏银花	第七组	许亚伟	陈海英	
第三组	裴馨慧	柏银花	第七组	赵心语	陈海英	
第三组	庞盛天	柏银花	第七组	张院萍	陈海英	
第三组	潘　桃	柏银花	第七组	张有文	陈海英	
第三组	马依萱	柏银花	第七组		陈海英	
第四组	裴仔娟	李柱元	第八组	俞亚霏	王国红	
第四组	汪文涛	李柱元	第八组	俞瑞鑫	王国红	
第四组	陶心雨	李柱元	第八组	侍世栋	王国红	
第四组	孙硕远	李柱元	第八组	张启朝	王国红	

第三节　"1247N"平安细胞建设工程宣传

　　除了按时引导学生完成安全教育平台的作业外，在"1247N"平安细胞建设工程的实施过程中，我们通过多种形式的宣传，如编唱《校园安全歌》，开展"十个一"活动，在公众号发布文章，"小手拉大手"致家长一封信，不仅带动家长的安全意识，也让每个学生都明确自身的安全责任，树牢安全意识，明白他们自己就是一个个"平安细胞"，既是自身平安的守卫者，也是他人安全的守护者。

一、师生共唱《校园安全歌》

我们精心编写了快板词《校园安全歌》，要求各班学生利用安全教育主题班会学会快板词，并和教师一起精心编排快板节目，师生同台演出，在安全教育日通过大屏幕滚动播放。传唱《校园安全歌》，既增强了师生的安全意识，也是我校"五育并举'八经典'校园绘蓝图"教育共识的一次全面普及。

校园安全歌

引子

大竹板，小竹板，安全教育开新篇。

今天我来做宣传，先向大家道声安。

竹板响，我开言，三抓三促重安全。

主动创稳走在前，全省人民喜开颜。

平安甘肃要实现，"八五"普法很关键。

前言

说安全，道安全，安全工作大如天。

学校工作千千万，做好安全是底线。

消防安全很重要，师生疏散有通道。

校园内外不打闹，上下楼梯不乱跑。

游戏活动有危险，学生矛盾早发现。

骄奢淫逸不能要，心理健康有依靠。

食品知识要记牢，生活安全最重要。

法制宣传是良药，一五六九最有效。

建设美丽新武威，宣传教育进校园。

我们争做好少年，创建平安民勤县。

校园安全（一）

我实中，有亮点，处处彰显平安美。

教学区，生活区，安全走在最前面。

导师组建细胞组，安全自治常自检。

五级管理新模式，全员参与上台阶。

四化工程一张网，精细管理无漏点。

层层把关重落实，校园安全上保险。

校园安全 (二)

我实中，校园美，安全措施站前沿。

规章全，政策清，精细管理七＋N。

一生一案育新生，五育融合重过程，

小案大爱责任明，安全教育"十个一"。

法纪校规牢牢记，平安知识人人知。

广播站，手抄报，安全教育扎了根。

公众号，班会课，安全意识树得深。

结言

竹板响，竹板亮，平安歌曲人人唱。

九重致敬二十大，平安校园心向党。

六个精彩一百年，红色记忆永传唱。

我们唱起安全歌，这是一支普法的歌、

激情的歌、豪迈的歌、团结的歌、鼓励的歌，校园安全唱新歌。

"八经典"校园奏凯歌，奏——凯——歌！

二、开展安全教育细胞工程"十个一"教育活动

"十个一"教育活动，即举办一次以安全教育为主题的升旗仪式、参观一次安全教育基地、观看一部安全教育影片、召开一次安全教育主题班会、创作一幅安全教育书画作品、创办一期安全教育黑板板报或墙报、制作一幅安全教育手抄报、开展一次安全教育主题征文、开展一次安全教育演讲比赛、开展一次安全教育主题团队活动，全面提升学生的安全知识水平和自救自护能力。

下面就安全教育主题班会的开展为例，窥斑见豹，对活动略作介绍。我们要求每班每学期至少开四次安全宣传主题班会，主题由政教处统一安排，班主任在每一期主题班会都要通过课件展示一首安全主题小诗，普及安全小常识，然后针对本班安全隐患自由发挥。如：

(一) 预防新型冠状病毒感染主题班会

1. 班会小诗

爱之花盛开的地方

生命一定欣欣向荣

那些"天使"的守护

让我们懂得坚守的意义

安心抗"疫"

遇见更好的自己

2. 预防新型冠状病毒感染常识

(1) 戴好口罩。

(2) 养成勤洗手、勤消毒、常通风的良好生活习惯。

(3) 保持"一米线"的社交距离。

(4) 遵守"非必要不外出"的规定。

(5) 坚持少聚集、不扎堆、用公筷的社交方式和生活方式。

(6) 落实自身和共同居住人常态化核酸检测。

(7) 进出校门必须佩戴口罩，必须测温、扫码、打卡。

(8) 周日返校，必须提供自己和共同居住人 24 小时核酸检测阴性证明。

图 2-4　召开专题会议布置疫情防控工作

图 2-5　学校举行疫情防控知识讲座

(二) 交通安全主题班会

1. 班会小诗

道路千万条

安全第一条

迈好每一步

天地更广阔

走好脚下路

荆棘化坦途

"一慢,二看,三通过"

共赴美好的未来

2. 交通安全注意事项

(1) 行路安全。过马路时,要遵守交通规则,横穿马路要走斑马线,自觉做到"红灯停,绿灯行",务必做到"一慢,二看,三通过"。

(2) 骑车安全。骑单车不得载人,禁止学生骑电动车、摩托车上下学。

(3) 乘车安全。乘坐小汽车时要系好安全带,不得乘坐农用车、电动车、摩托车、报废车等。

图 2-6 "全国交通安全日"志愿者服务活动

（三）防火、防震、防溺水安全主题班会

1. 班会小诗

种安全的花

结平安的果

护己周全

全家幸福

不容懈怠，不可大意

珍爱生命，未来可期

2. 防火安全知识

（1）不准携带火柴、打火机等火种进入校园，更不能将烟花、爆竹等易燃易爆物品带入校园。

（2）不用湿手触摸电器，不用沾水的物品擦拭电器。

（3）不准随意拆卸、安装电源线路、插座、插头等。

（4）实验课需要使用酒精灯和一些易燃的化学药品时，要在教师的指导下严格按照操作要求去做，时刻小心谨慎，严防发生用火危险。

（5）打扫卫生时，将枯枝落叶等垃圾倒入垃圾箱，不准随意焚烧。

图 2-7　学生在消防员的指导下使用灭火器

3. 防震安全知识

（1）如果上课时发生地震，要在教师的指挥下抱头，尽量蜷曲身体，迅速躲在各自的课桌下。

（2）如果在操场或室外时发生地震，可原地蹲下，双手保护头部。注意避开高大建筑物或危险物。

（3）地震后应迅速撤离。地震发生后，受损的房屋是最危险的场所，一旦地震停止，要马上撤离。

4. 防溺水安全"六不准"

（1）不准私自下水游泳。

（2）不准擅自与他人结伴游泳。

（3）不准在无家长或教师陪同下游泳。

（4）不准到不熟悉的水域游泳。

（5）不准到无安全设施、无救护人员的水域游泳。

（6）不准不会水的学生擅自下水施救。

（四）网络安全主题班会

1. 班会小诗

网络诈骗要预防，安全意识须加强。

父母陪，老师导，上网时间不要超。

对网页，快鉴别，不健康的即离开。

网络环境创健康，国家未来宏图展。

2. 网络安全注意事项

（1）网络交友要警惕，注意区分网络与现实，避免沉迷于网络。

（2）不要在不信任的网站上留下任何个人真实信息（包括姓名、年龄、住址以及就读学校、班级等），或者把这些信息透露给网友。

（3）在网络活动中应守法自律，对网络上散播的一些有害的、不实的公众信息进行分辨，不受不良言论和

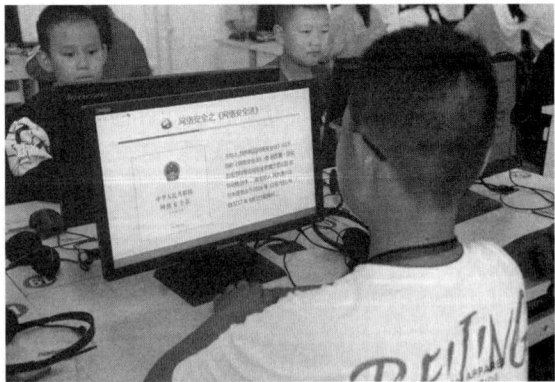

图 2-8　学习网络安全知识

信息的误导，不参与有害和无用信息的制造和传播。

（4）在不了解对方的情况下要避免和网友直接会面或参与各种联谊活动，以免不法分子有机可乘，危及自身安全。

（5）应在家长的帮助和指导下进行网络购物或交易，事先对商品信息或交易情况进行核实，不轻易向对方付款或提供银行卡密码，警惕网络诈骗。

（五）心理、生理健康主题班会

1. 班会小诗

我阳光，我快乐

我智慧，我成长

我自信，我自强

生命的精彩由我书写

无限可能我来解锁

我要勇敢做自己

2. 心理、生理健康注意事项

（1）找到一项自己感兴趣的运动项目，如篮球、足球、乒乓球等，并坚持下去，一生受用。

（2）遇到学习成绩不佳、感情纠结、家庭矛盾、校园欺凌等问题时，及时与家长、教师、同学沟通，请求帮助，相信周围的人一定能带给你心理突围的良机。

（3）关注生理和心理健康，拒绝早恋。人的成长是有规律的，切不可受电影、电视等成人因素影响而深陷早恋泥淖。

（4）注意青春期个人卫生。

图 2-9　健康知识进校园

图 2-10　学校领导与学生亲切交谈

（六）"珍爱生命　远离毒品"主题班会

1. 班会小诗

毒品对生命的摧毁

连发丝都不放过

一朝陷毒瘾，终生难自拔

永不尝试，永不触碰

2. 禁毒教育注意事项

（1）加强学习，筑牢抵御毒品的思想防线，以防为主，不让毒品近身。

（2）树立正确的人生观，不盲目追求享受、寻求刺激、赶时髦。

（3）不听信毒品能治病、毒品能摆脱烦恼和痛苦、毒品能给人带来快乐等花言巧语。

（4）了解毒品的危害，不结交有吸毒、贩毒史的人。如发现亲朋好友中有吸毒、贩毒行为的人，一要劝阻，二要远离，三要报告公安机关。

图 2-11　邀请民警对学生进行禁毒教育

三、多媒体扩大宣传面，积极赋能校园安全

我校高效利用学校公众号平台，发布学校安全教育活动动态，充分调动各级媒体为我校平安校园建设积极赋能。2023 年 1 月，由甘肃省委政法委、甘肃日报社支持，西北师范大学市域社会治理研究院联合甘肃新媒体集团主办的第二届甘肃省市域社会治理创新实践案例评选结果出炉，民勤实验中学《"1247N" 细胞，唱响平安校园歌》方案入选百强案例。2023 年 3 月，全县教育系统安全管理典型经验观摩交流活动在民

勤实验中学举行，民勤融媒、武威市教育局对此次活动先后进行了报道宣传。

2021年，学校接受县政府教育督导评估，评估组对我校平安校园创建工作给予充分肯定和高度评价。2022年8月30日，武威市人民政府公众号发布文章《民勤实验中学努力打造安全营养餐》。

不绷紧安全的弦，就弹不出平安的调。我校始终坚持把建设平安校园工作摆在学校的重要位置，先后取得"全国农村义务教育学生营养改善计划省级试点学校"，省级"健康校园""德育示范学校""甘肃省卫生单位""禁毒教育示范学校""食品安全示范学校食堂"，市级"文明校园""平安武威建设先进集体""教育工作先进集体""消防安全管理示范单位"等国家级、省级、市级、县级荣誉100余项。

不忘初心、牢记使命，党的教育事业永远在路上，学校的安全工作时刻不松懈！关于进一步强化平安校园建设力度，与家庭、社会密切配合、通力协作，使学校安全工作进一步常态化、制度化、社会化，我们的思考从未停止，行动还在继续。

附：

民勤实验中学
关于道路交通安全致家长的一封信

尊敬的家长：

您好！随着经济的发展，人们在享受着现代交通带来便利和快捷的同时，交通事故不断增多。这些交通事故的发生给很多家庭带来了痛苦、不幸和灾难性的打击。孩子是我们的未来，明天的希望。在关注孩子健康成长的同时，学校和家长都有义务对孩子加强交通安全教育，增强"交通安全无小事"的意识，教育孩子了解交通安全常识，培养和提高孩子的自救自护能力，做到责任到位，确保交通安全。为了能一如既往地做好安全教育工作，学校希望家长配合学校切实做好以下几点：

1. 自觉遵守交通法规，积极维护交通秩序，讲文明，注意安全，做孩子的榜样。

2. 教育孩子拒乘超载车、农用车、电动车、摩托车、报废车等，也请您不要使用摩托车、电动三轮车接送孩子上下学。家在农村的学生家长不要使用报废车、农用车等安全系数低的交通工具接送学生。接送学生的家长不要把车辆停在校门口和交通要道上，以免造成交通堵塞和交通事故。

3. 针对骑自行车上学的学生，家长要教育他们不骑快车，不要双手离把、俯身并行或曲折竞驶等；不与机动车抢道，不逆行，不带人，不闯红灯，做到红灯停、绿灯行，自觉遵守交通规则，爱护交通设施。家长还要定期对孩子的自行车进行检修，避免因车闸失灵等引发交通事故。

4.《道路交通安全管理条例》中明文规定："16周岁以下未成年人不得骑电动车、摩托车上路。"希望引起家长的高度重视，也请家长不要给孩子提供电动车、摩托车。

5. 经常提醒孩子不要在马路上打闹、嬉戏或追逐，不要翻越道路隔离护栏或在车辆临近时突然横穿马路。

6. 教育孩子改掉边走边吃零食的习惯，并教育孩子不要戴着耳机边走边听音乐，以免发生交通事故。

家校共护，确保平安，让孩子健康成长是我们共同的愿望，望家长们阅读此信后，务必教育孩子出行时遵照执行，并恳请家长们留下宝贵意见和建议。

民勤实验中学

2021 年 3 月 5 日

第三章 〉 经典法治校园

让我们先看我校的一组数据：学校现有教学班 28 个，学生 972 人，其中 90％以上的学生吃住在校。有不少学生是由祖父母，甚至非亲属监管。现有 3 名孤儿、5 名残疾学生、27 名事实单亲学生、102 名离异家庭学生、53 名农村留守儿童、139 名脱贫户学生，共计 329 名特殊群体学生，约占在校学生总数的 34％。我校学生的父母文化知识相对贫乏，很多学生在回家后缺乏有效监管，有的甚至缺失监管。几年前的某次抽样调查显示，某东部省份留守儿童犯罪率高达 17％，近几年青少年犯罪率居高不下，这些触目惊心的数据无不在考问我们，我们的基础教育应该教给学生什么？家庭教育严重缺失时学校应该怎么办？提升青少年的法治素养，提升师生的法治能力，依法治校，依法执教，经典法治校园建设是我们给出的答案之一！

2020 年 12 月 5 日，我校第一次开展"送法进校园"活动。2022 年 12 月，我校和司法系统合力打造的民勤县青少年法治宣传基地被成功评选为甘肃省首批法治宣传教育基地。我校经典法治校园建设从"送法进校园"入手，利用民勤县青少年法治宣传基地优势，多种途径开展青少年法治教育宣传，以特色普法"十个一"活动为载体，以禁毒教育为底线教育，开展生动有趣的法治宣传和警示教育，普及法治知识。普法活动的开展，使学生初步了解并掌握了个人成长和参与社会生活必需的法律常识，学会用法律来规范日常行为，做事有边界感、规则感和底线意识，不触碰法律红线。在致力于未成年人违法犯罪的预防工作中，我们坚持德法并重、五育融合，探索形成独具民勤实验中学特色的"5×5"模式。

第一节 多措并举拓宽法治教育渠道

我校借着全省法治教育现场会的东风，凭着青少年法治宣传基地的优势，在上级有关部门的指导下，充分动员教师、家长、社会力量，全方位拓宽法治教育渠道。

一、成立组织机构，让法治教育规范化

学校法治教育不是一朝一夕一蹴而就的，必须有规范的引领，有相应的制度和组织保障。为此，我校专门成立了以校长为组长，法治副校长、分管副校长、政教主任、团委书记、班主任、法治课教师等组成的法治教育工作领导小组，依据不同时期的普法工作重点，完善各项普法规章制度，制定和落实相应的年度工作计划和具体目标。

学校法治教育工作领导小组，定期召开专题会议，落实学校法治教育的重点事项。组织广大教师学习应知应会的法律常识，统一思想，提高全体教职员工对法治教育工作的重视程度。政教处与班主任签订目标责任书，将目标细化分解，并及时督查，将具体工作落到实处，从而建立起法治工作科学管理的立体网络和激励机制，让法治教育工作规范化。

二、抓好宣传教育，让日常普法实效化

为了借助学校优势，有的放矢地宣传与青少年相关的法律知识，我校常态化开展以下工作，确保普法宣传落到实处。

（一）挖掘法治教育资源

一是教师资源。学校从司法局聘请法治副校长，由政治课教师和班主任担任法治教育的专业课教师。二是教材资源。我们给每个学生配发一本《道德与法治》作为法治教育教材。三是课程资源。学校规定每班每周安排两节道德与法治课，每两周召开一次法治与安全主题班会。四是硬件资源。学校建有法治教育基地、禁毒教育基地，每个教室都配备了一体机，购置了法治专业书刊，刊出了内容丰富多彩的宣传专栏、专板。这些都是我们构建法治校园的显性资源。从事法律工作的家长们是我们开展法

治教育的隐性资源。

（二）营造法治教育浓厚氛围

学校一方面开辟法治宣传专栏，专人负责定期更换专栏内容，向全校师生宣传法律法规知识，传播学法、守法、用法理念，营造"墙壁会说话、橱窗能发声、屏幕教你做"的法治宣传环境；另一方面充分利用班会、晨会、校园广播、电视台、电子大屏等开展法治教育。先后组织师生认真学习了《宪法》《未成年人保护法》《预防未成年人犯罪法》《治安管理处罚条例》《禁毒条例》《禁止赌博条例》《道路交通管理条例》等。这些法律法规的学习，树立了宪法的权威，弘扬了宪法精神，增强了学生的法治观念。

（三）抓好法治课堂主阵地

法治课是我们法治教育的主阵地，由政治课教师和班主任给学生讲授《未成年人保护法》《预防青少年犯罪》及交通、治安等法律法规。在我校，人人参与法治校园建设，学校要求各学科加大学科融合力度，寻找本学科与法治教育的结合点，在自己的课堂教学中渗透法治教育，各学科教师备课时要充分挖掘教材中的法律元素，并有机渗透到教学中，做到了法治教育人人有责。我们还由校团委牵头，利用团队活动时间，组织学生观看法治教育警示片，使学生得到法律警示教育，知道法不可违。

三、丰富活动形式，实现普法教育多样化

我校是一所寄宿制学校，学生全周寄宿在学校，学生在校学习之余有大量空闲时间，学校将这些时间有效利用，用来提升学生的综合素养。我校经常性组织开展形式多样的法治教育系列活动，落实普法教育"十个一"工程，即：举行一次以法治教育为主题的升旗仪式，参观一次法治教育基地，观看一部法治教育影片，开一次法治教育主题班会，创作一幅法治教育书画作品，办一期法治教育黑板报或墙报，制作一幅法治教育手抄报，组织开展一次法治教育主题征文，组织开展一次法治教育演讲比赛，举行一次法治教育报告大会。

四、实施家校共育，实现法治教育社会化

"带法回家"是我校进行普法宣传教育的重要途径之一。我校每学期的"家长学校"都会邀请法律专家、家庭教育专家、心理专家等到校给家长进行集中指导，法治

宣传教育是必不可少的内容之一。我们的初衷是通过专家的引导和讲解，增强家长的法律意识，让家长认识到法治教育的重要性。学校还经常开展"小手拉大手"活动，通过学生向家长宣传法律法规常识。班主任利用班级微信群、QQ群定期转发有关法治教育的图片链接供家长学习，与家长共同做好学生的法治教育工作。

预防未成年人犯罪是一个时代命题，学校普法教育是一项长久的工作，我们虽然不能从根本上消除未成年人违法犯罪现象，但我们多措并举，努力拓宽学校法治教育渠道，是时代的迫切需求，是我校实际情况的需要，更是素质教育的真实体现。

第二节　特色普法"十个一"活动

初中的孩子，稚气未脱，青春已来。在青春路上，孩子们收获美好，体验快乐，但也可能遭遇恶的侵袭、欲的引诱，误入歧途。我们通过特色普法"十个一"活动，用法律为孩子们竖起一座灯塔，让孩子们在青春路上少迷茫，前进路上有方向。在活动开展期间，我们通过多种渠道陆陆续续向学生普及了《宪法》《未成年人保护法》《预防未成年人犯罪法》《治安管理处罚条例》《禁毒条例》《禁止赌博条例》《道路交通管理条例》等与青少年息息相关的法律法规，让学生懂得在行使自己的民主权利的时候，不得损害国家、社会和集体的利益以及人民的民主权利；懂得宪法是国家的根本大法，是制定一切法律的依据，是保证建设现代化社会主义强国的强大武器；懂得每个中华人民共和国的公民都享有宪法和法律规定的权利，同时又必须履行宪法和法律规定的义务；懂得人人都要养成遵守宪法、维护宪法的观念和习惯，同违反和破坏宪法的行为进行斗争；懂得运用法律武器，保护自身权益；懂得法不可违，违法必究，任何人只要触犯了法律，就要承担相应的法律责任（包括青少年）。我们都清楚法治素养的养成是一个潜移默化的过程，具有长期性、持久性、挑战性，我们的这些活动开展一两次肯定收效甚微，法治教育是一个水滴石穿、持之以恒的常态化过程。

一、举行一次法治教育主题升旗仪式

升旗仪式是学校德育的重要载体，也是法治教育的重要载体。我校多方挖掘升旗仪式的教育价值，多角度地提高升旗仪式的教育效果，多层次地发挥升旗仪式的教育功能。每周的升旗仪式都有一个德育主题，每学期至少有四个法治教育周，在周一升旗仪式前，国旗下演讲的同学和学校领导都必须统一主题和方向，以当前青少年犯罪中的热点或经典案例为出发点，向学生普及法律知识。每一期的普法教育都有对案例的深层分析，让学生明白"小时偷针，大时偷金"的朴素道理，意识到一些不良行为就是日后违法犯罪的萌芽；有针对我校学生的不良行为的纠错，教导学生"勿以恶小而为之"。

二、举办一场法治教育报告会

我校专门聘请了县司法局的专职人员担任法治副校长，每学期邀请法治副校长到学校举行法治教育报告大会，向师生面对面进行普法教育。法治副校长以案说法、以案说纪，从身边案例入手，将正面说理和反面事例相结合，校内小事和校外大案相结合，法治教育和弘扬美德相结合，深入浅出地讲解"青少年犯罪的表现""违法犯罪的危害""青少年如何加强自我保护""如何远离违法犯罪"等法治常识，用鲜活的案例分析把枯燥的法律条文形象化、生动化，在学生心中种下一颗法治的种子，引导学生提高日常安全防范意识，改正日常生活中的不良习惯；同时，警醒教师要对标学习，躬身践行，依法执教，严守法律"底线"，修身律己，做好学生的"引路人"。法治报告为我校法治校园建设提供了外援，增强了力量，为我们营造了良好的法治教育环境，帮助学生系好法治的第一粒扣子。

三、观看一部法治教育影片

图 3-1　法治教育影片

当前比较流行的法治教育方法多是以成年人的视角讲述未成年人的故事，以成年人的说教代替未成年人对世界的感悟。而在法治教育专题影视资源里，是由中学生来演绎法治故事，讲述法治知识，更容易引起同龄人的共鸣，可以更加有效地将法治精神植入青少年的内心。每学年，政教处都要精心选择一些适合青少年观看的法制影片，如：《法官妈妈》《阳光路上》《为了母亲的微笑》《黑白记忆》《少年警醒录》《第二十条》等，或者选一些普法教育短视频等，组织各班学生在教室里或拒毒防毒多媒体放映厅观看，让学生在观看中感悟，在交流中提升对法治的认识，在潜移默化中提升法治素养，同时拓宽法治教育的广度和吸引度，拓宽学生的法治视野。

四、召开一次法治教育主题班会

我校的法治教育主题班会是以班主任讲解、学生参与互动、法治班长总结的形式开展的。班主任从生活实际出发，用通俗易懂的例子，结合社会上学生违纪违法的典型个案，进行全面而深入的剖析，教育学生在校做个好学生，在家做个好儿女，在社会做个好公民。学生可以就教师描述的案例讨论，或分析案例中当事人应该怎样做才能避免悲剧的发生，或分析当事人的心理动机，或换位思考如果自己是当事人会怎么做，或分析这些案例产生的家庭影响和社会影响等。法治班长要对同学们的发言进行小结，最后班主任总结。主题班会的开展丰富了学生的法治知识储备，提升了学生的法治素养和法治技能，也锻炼了学生的思维能力和口语表达能力，一定程度上弥补了农村孩子口语表达欠佳的不足。

五、创作一幅法治教育书画作品

新一轮的美术教育课程改革对美术教师素养有新的要求，我校的经典法治校园建设也对美术教师提出了更高的要求，要求美术教师在美术课程教学改革的实践中结合自身的综合素养、教育理念、个性修养、专业技能等积极大胆地进行跨学科教学尝试，让法治教育的阳光照进美术课堂，用美术的技巧给法治披上五彩的外衣。美术教师要引导学生利用法治元素、美术色彩来表达法治意识。

我校的法治教育书画作品征集活动以培育和践行社会主义核心价值观为宗旨，以法治为切入点，通过在学生中开展绘画、国画、书法、剪纸、装饰画等书画活动，用艺术的手法将法治理念根植于学生的内心。这是在潜移默化中提升学生的法治素养的一个有效手段。

六、创办一期法治教育黑板报或墙报

学校利用黑板报或墙报，打造班级法治宣传教育"阵地"。从办报的思路、理念到亲自动手创作，学生都积极参与其中。他们紧紧围绕主题收集资料、精心编排，板报内容丰富、主题突出、版面多样、布局美观、图文并茂。学生用五颜六色的粉笔、简明的线条，将法律知识跃然于黑板或墙壁上，营造出了学法、普法的浓厚氛围。这既锻炼了学生的书写、绘画、创新能力，又让学生了解了法律知识，懂得了法在日常生活和学习中的重要性，丰富了学生的课余生活。

七、制作一幅法治教育手抄报

活动要求学生充分发挥想象力，动手、动脑、动心，紧扣"法治"主题，联系自己的学习生活实际，采用儿歌、小故事、法治常识、案例等灵活多样的形式，精心设计版面，工整书写文字，配上恰当而富有创意的插图、漫画，制作出主题鲜明、内容丰富的手抄报。法治手抄报制作活动，使学生在学习和动手过程中接受了深刻的法治教育，增强了学生的法治观念和守法意识，让法治的种子在学生心中生根、发芽，用规则守护学生的青春，用法治点亮学生的未来。

八、开展一次法治教育主题征文活动

法治征文活动是语文教师跨学科整合的习惯性尝试之一，语文教师结合语文学科特点，综合学生的语文能力和语文素养，加上学生对法治的理解，指导学生写一篇以"法治"为话题的作文。本活动以宣传法治理念为核心，旨在通过文字的形式，让更多的人了解法治的重要性，要求学生把学到的法律知识，把对法律法规的认识理解内化于心并生动地表达出来，用心体会，做事思法，从而警示自己和他人在日常生活中依法自律，依法办事，营造良好的法治社会环境。征文活动也让那些平时性格内向、不擅长表达自我的学生得到了一次展示自我、建立自信的机会。

九、组织一次法治教育演讲比赛

组织法治教育演讲比赛是语文教师的学科特长。语文教师精心挑选有演讲特长的参赛选手，对他们的演讲稿、着装、仪态、手势语、语气、语调等加以指导。通过法治教育演讲比赛，选手们用生动鲜活的事例、喜闻乐见的故事解读遵纪守法的重要性，列举发生在自己身边因不懂法、一时冲动而导致的惨痛悲剧，用特长当好小小"普法"宣传员。学生在震撼、警示中有所启发：法律是人们必须遵循的最基本的行为准则，是最刚性的社会规则，不违法是人们行为的底线，要敬规则，守底线，做文明中学生。同时，还锻炼了学生的语言表达能力、随机应变的控场能力，增加了学生在学校里的"人气"，提升了学生的综合素养。

图 3-2   法治教育主题演讲比赛

十、参观一次法治教育基地

为了打破学校法治教育以传授法律法规为主、教学模式单一、教育资源不足等困局，着力转变法治教育方法，灵活运用校内外教育资源，形成以法治观念培养为核心，实践教学、探究学习等几种模式结合的法治教育格局，达到全面提高全校师生法治教育的目的性、实效性，我校积极与司法局领导沟通，把民勤县青少年法治教育实践基地建在我们学校。这是我们和司法系统合作的美好产物，我们也得到了近水楼台的红利。我校每年组织学生走进基地，"零距离"参观体验，上了一堂堂生动又有意义的法治教育课。学生在讲解员的带领下饶有兴致地参观禁毒教育和法治教育展览厅，生动的文字、真实的案例、形象的配图，像涓涓细流滋润着学生的心田。学生在耳濡目染中慢慢明白了遵纪守法的意义，提高了明辨是非、自我约束、自我保护的能力。

今天的青少年，就是明天的国之栋梁，决定着我们国家的未来。我校法治教育"十个一"活动在潜移默化中帮助学生"扣好人生第一粒扣子"，积极践行社会主义核心价值观，自觉学法、认真守法、善于用法，让学生谨慎把握好人生的航向，信心百倍迎接未来。

第三节　禁毒教育"五个一"活动

据国家禁毒办最新发布的《2023 年中国毒情形势报告》，截至 2023 年底，中国共有吸毒人员 89.6 万名。《中国日报网》2024 年 6 月 25 日发布《最高检：去年 1 月至今年 5 月起诉毒品犯罪 6.5 万余人　警惕青少年群体涉成瘾性物质问题》，记者从最高检新闻发布会获悉，2023 年 1 月至 2024 年 5 月，全国检察机关共批捕毒品犯罪 6.1 万余人。文章特别强调了青少年由于好奇心强，自控和辨别能力不够，容易被不法分子引诱、教唆、欺骗吸毒、贩毒，特别是青少年群体涉新型毒品、麻精药品等成瘾性物质问题较为突出，社会危害大，必须高度警惕。

《中华人民共和国刑法》第三百五十三条　引诱、教唆、欺骗他人吸食、注射毒品的，处三年以下有期徒刑、拘役或者管制，并处罚金；情节严重的，处三年以上七年以下有期徒刑，并处罚金。

强迫他人吸食、注射毒品的，处三年以上十年以下有期徒刑，并处罚金。

引诱、教唆、欺骗或者强迫未成年人吸食、注射毒品的，从重处罚。

第三百五十四条　容留他人吸食、注射毒品的，处三年以下有期徒刑、拘役或者管制，并处罚金。

图 3-3　远离毒品签名仪式

罚不可谓不重，而且一旦涉毒，后患无穷，可是为什么有些青少年在不知不觉中成了"瘾君子"？吸毒低龄化的原因何在？

猎奇心理是青少年涉毒的原因之一。青少年的世界观、人生观和价值观尚未形成，凡事都有好奇心，凡事都想试一试，但又缺乏辨别是非的能力。大部分青少年涉毒只是想尝试一下，但不了解毒瘾之大、毒害之深。"近朱者赤，近墨者黑"，交友不慎也是青少年涉毒的一个诱因。另外，毒瘾少年很多缺乏有效监管，对自身心理、生理缺乏正确认知。

为进一步加强禁毒教育的针对性和实效性，切实加强学生的识毒、防毒、拒毒意识，我校每学期都会组织毒品预防教育"五个一"活动，帮助学生树立正确的世界观、人生观、价值观，使他们自觉远离毒品，珍爱生命。

一、参观一次禁毒教育基地

民勤县禁毒教育基地建在我们学校，这给我校开展禁毒教育提供了很大的便利。每学期开学初，我们都会组织一次禁毒教育，其中一项活动就是参观禁毒教育基地。基地共有五大展区，学生在这里缅怀禁毒英雄，了解禁毒历史，认识各类毒品，观看禁毒影片，牢记毒品危害。利用高科技合成技术模拟吸毒后人体的变化，学生亲身体验，切身体会自己如果吸毒

图 3-4　学生参观禁毒教育基地

的后果，思想受到强烈的震撼，心灵受到了彻底的洗礼。通过认识毒品的种类，学生知道了花花绿绿的不一定都是糖果。通过参观禁毒教育基地，置身于浓厚的防毒、拒毒教育氛围中，学生认清了毒品的危害，积极参与禁毒活动，自觉远离毒品。通过禁毒宣传和警示教育，学校为学生撑起一片平安健康的蓝天。

二、开展一次主题班会

各班开展形式多样的禁毒教育主题班会，学生从自身角度感受毒品的危害，增强拒毒防毒能力。在主题班会活动中，班主任通过多种形式让学生了解毒品的概念、分类、特征、危害等知识。通过典型案例，学生知道青少年吸毒的原因、染毒渠道、毒品违法犯罪及其处罚、远离毒品需要注意的事项等。在主题班会上，学生积极参与，或通过主题演讲，以引人入胜的故事，以激昂饱满的情绪，以干脆利落的腔调，以自信从容的姿态，展示健康少年的精神风貌；或以小品快板等形式，演绎毒品对家庭和自身的危害；或以身边活生生的事例现身说法，警示同学们远离涉毒者，远离毒品。主题班会的召开，坚定了学生识毒、拒毒、防毒的决心，增强了他们拒毒、防毒、守法的意识，提高了他们自觉抵制毒品的能力。

三、刊出一次禁毒主题黑板报

通过班级黑板报，宣传禁毒知识。学生查阅资料，确定板报主题，斟酌文字，精心配图，力求板报简洁大方且有震慑力。在这个过程中，大量禁毒信息涌入学生大脑，他们必须根据自己的需要做出取舍。然后，学生精心设计版面，放大主题，这样不仅宣传了禁毒知识，而且增进了学生之间的交流，锻炼了学生提取信息的能力和沟通协调能力，也让更多的学生在丰富多彩的板报中，认识到毒品危害人们的身心健康，吞噬人们的肉体和灵魂，直接毁灭人们的美好生活，从而提高警惕，远离毒品，阳光生活！

图 3-5　禁毒主题黑板报

四、开展一次禁毒作品征集活动

学校每学期组织全校师生围绕识毒、反毒、拒毒、缉毒、铲毒等内容，以书法、征文、摄影、绘画、手抄报、诗歌、视频、音频等形式，开展禁毒专题作品征集活动。活动旨在引导师生对禁毒教育展开理性思考，加强禁毒交流与宣传，表达远离毒品、热爱生活、抵制诱惑、防范侵害等积极健康向上的思想，传播禁毒知识，弘扬社会正能量。

五、观看一部禁毒影片

每学期，政教处都组织学生观看禁毒教育影片或禁毒教育小视频，通过影片案例，增强学生的拒毒防毒意识。毒品危害的一幕幕场景，让人观之畏惧，思之后怕，急于逃离。学生直观地了解到吸食毒品的后果，心灵受到震撼而产生的教育效果胜于多少刻板的说教，他们自然会自觉远离毒品。

除定期组织实施毒品预防教育"五个一"活动之外，我校还利用校园广播、大屏、专栏等宣传毒品预防教育知识；组织学生阅读有关禁毒知识的书籍、报刊，学习禁毒知识；利用微机课，组织学生参观数字展览馆；组织学生参加禁毒知识竞赛、禁毒签名或宣誓仪式、禁毒专题讲座、禁毒报告大会等活动，进行禁毒宣传教育。这些活动收到了良好的教育效果。

第四节　"5×5"模式

学校坚持以习近平新时代中国特色社会主义思想为指导，依法治校、依法执教，全面落实"八五"普法规划和全省预防治理未成年人违法犯罪工作会议精神，秉持"育有梦想的学生，做有情怀的老师，办有温度的教育"的教育理念，实行党委领导下的校长负责制，成立以书记、校长为组长，由法治副校长、分管副校长、各处室主任、年级级长、法治辅导员、法治副班主任、法治课教师等组成的普法工作委员会，坚持主动创稳，德法并重，五育融合，综合施策，多管齐下，逐步探索形成预防治理未成年人违法犯罪"5×5"模式，全员化、全过程、全方位推动预防治理未成年人违法犯罪工作走向深入。

一、五化培根，思政铸魂——提升文化修养，铸牢预防治理未成年人违法犯罪思想根基

坚持思政基地、思政活动、思政课程与课程思政同向同行，积极构建"大思政"格局，重点融合五种文化，打造"八经典"校园，着力培育和践行社会主义核心价值观，铸牢未成年人健康成长的思想根基。

二、五大工程，以法导行——做实法治教育，提升预防治理未成年人违法犯罪育人实效

抓住普法工作侧重点，落实法治教育五大工程，教育师生弘扬法治精神，传播法

治理念，自觉做遵法学法守法用法模范。

法治课程教育工程。聘请法治副校长，由分管副校长、道法课教师和班主任担任法治教育的专业课教师；编写校本教材《经典法治校园》，购置 2000 多本法治教育图书；每周安排三节法治教育校本课程，每两周召开一次法治主题班会；强化学科渗透，提升教育实效。

梯级管理制度工程。强化分管校级领导—生活服务中心—生活组长—生活指导老师及班主任—宿舍室长—全体学生的宿舍管理六级网络模式，做实做精普法教育，让学生增强法治意识，自觉遵纪守法，自觉维护校规校纪。

"135" 日常普法工程。"1" 即每天晨读 1 分钟《普法简报》；"3" 即每次集会活动前进行 3 分钟安全培训；"5" 即每周五放学前 5 分钟组织开展 "安全带回家　遵纪守法你我他" 专题微班会。

"十个一" 普法提升工程：举行一次法治教育主题升旗仪式，组织一次案例警示法治教育主题宣讲，观看一部法治教育影片，开展一次法治教育主题班会，创作一幅法治教育书画作品，创办一期法治教育黑板报或墙报，制作一幅法治教育手抄报，开展一次法治教育主题征文，开展一次法治教育演讲比赛，组织一次法治教育基地参观活动。

多方位加强《道路交通安全法》《禁毒法》《预防未成年人犯罪法》等普法教育，增强学生的法律意识。

班级法治实践工程。法治辅导员统筹安排，法治副班主任具体负责，每班每周选派 1 人，组建法治宣传教育小分队，每人每年轮流 1 次，法治副班长和法治宣传员交替轮换，初中 3 年，轮流 6 次，形成班级 "法治双循环" 模式，形式多样地开展防欺凌、远离 "黄赌毒"、谨防电信诈骗等预防治理未成年人违法犯罪教育。

2018 年 12 月，学校被甘肃省禁毒委员会评为 "甘肃省毒品预防教育示范学校"。2022 年 11 月，学校被甘肃省委宣传部、甘肃省委依法治省办公室、甘肃省司法厅确定为第一批 "全省法治宣传教育基地"（全省 15 个）。

三、五环联动，护航平安——创建平安细胞，构建预防治理未成年人违法犯罪联动机制

树牢大平安理念，开展 "平安细胞" 创建工程，建立 "1247N" 五环联动机制，教育学生学会自我保护，增强安全意识，以细胞小平安铸就校园大平安。

"1" 是 "一张安全管理网"。纲举目张统揽学校安全细胞。学校 "书记、校长—

处室一级组—班主任—教师"五级网格化管理模式，构建起"人在格、心在区、责在肩"的安全"责任田"管理格局，使安全工作网格真正实现横向到边，区域明确；纵向到底，职责清晰。

"2"是视频监控系统和一键报警系统"两平台"。视频监控实现全域覆盖，突出重点区域，关注重点时段，紧盯重点人员。专人负责320个远程监控摄像头，及时发现安全隐患，及时处置突发事件。

"4"是党员队伍、管理队伍、教师队伍、学生队伍"四队伍"。搭建学校安全管理队伍框架，纵深管理，全视域、全过程护航学校安全。

"7"是"七链条"。即制度化的安全管理、具体化的安全责任、多样化的安全教育、系统化的安全监管、细节化的食品安全、标准化的消防安全、常态化的交通安全等7个平安细胞链。

"N"是N个细胞。每一个学生就是一个细胞；每5个学生构成一个细胞组，每个组指定一名教师做服务指导；几个细胞组结成一个细胞体（班级），学校28个班级就是28个细胞体。

2022年8月，我校被市委、市政府评为"平安武威建设先进集体"。2023年1月，我校《"1247N"细胞，唱响平安校园歌》成功入选甘肃省第二届市域社会治理创新实践百强案例。2023年3月，全县教育系统学校安全管理典型经验观摩交流大会在我校举行。

四、五育融合，立德树人——坚持融合联动，拓宽预防治理未成年人违法犯罪实践路径

探索构建"一生一案·小案大爱"新时代综合育人评价体系，实现预防治理未成年人违法犯罪与教育教学工作融合联动，改进结果评价，强化过程评价，探索增值评价，健全综合评价，践行"德、智、体、美、劳"五育融合，培养社会主义建设者和接班人。

德育抓细。实施"13456"养成教育，探索开展餐前诵读、餐饮服务、公寓管理等学生自主管理模式。抓细节要求，用细节养成文明；抓活动实践，让文明成为习惯；抓过程管理，用规矩唤醒意识；抓评优树先，让意识引领成长。

智育抓新。坚持落实"五项管理""双减"政策，推行小班额、导师制教学，探索选班走读模式，积极打造"四清课堂"，实现课后服务全覆盖，规范办学行为，促进学生自主学习能力的提升。

体育抓练。通过中考体育训练、阳光大课间、体育社团等，落实体育强人目标，精心打造足球操、滑步舞、太极操、花样跳绳、呼啦青春等大型场地活动项目，培养学生对体育的兴趣，养成终身锻炼的习惯。

美育抓活。从学生实际需要出发，通过艺术教育（艺术社团、校园艺术节、书画展、"精彩画出一百年经典""精彩剪出一百年史册"等），落实艺术育人目标，寓教于乐，寓学于趣，培养兴趣，发展个性，提升创造力。

劳育抓实。扎实开展新时代劳动教育，规划"满庭芳""蝶恋花""沁园春"3个劳动基地，由28个责任班级负责51个种植区的种植、养护，师生共同经营，达到立德、增智、强体、育美、创新的目标。

2023年4月，学校"一生一案·小案大爱"新时代综合育人评价体系被中共甘肃省委教育工作领导小组确定为全省教育综合改革试点培育项目。2023年5月，学校被甘肃省教育厅确定为"全省中小学劳动教育特色学校培育创建单位"。学校先后被评为"全国青少年校园足球特色学校"、"甘肃省中小学德育示范学校"、市级"教育工作先进集体"、"武威市阳光体育示范学校"。

五、五项活动，关爱润心——加强关爱帮扶，创造未成年人健康成长良好环境

针对贫困家庭、单亲离异家庭、孤儿留守儿童、残疾儿童等学生，开展结对关爱帮扶五项活动，建立帮扶台账，帮助学生及其家庭排忧解难，为未成年人健康成长创造良好环境。

学习帮扶强信心。精准把脉，以量身定做的个性化"配餐制"帮扶策略，着力解决帮扶对象学习上的难点卡点问题，在进步提升中增强学习信心。

生活帮扶懂感恩。千方百计解决帮扶对象生活上的急难愁盼问题，涵养感恩情怀，让"学有优教，弱有所扶"的社会主义制度优越性充分彰显。

心理帮扶暖心田。多渠道争取社会各界的关爱帮扶，多形式组织公益捐赠活动和爱心陪读活动；以心理咨询专业教师为骨干，组成由专业教师、班主任、副班主任、生活教师和联级联班领导"五轮"联动的心理服务团队，开展心理疏导，涵养学生的阳光心态。

实践帮扶融身心。学校重视劳动教育和社会实践，统筹学生与城管部门联合开展广告清理、纠正生活陋习实践活动，与交警部门联合开展交通法规宣传和交通安全模拟演练行动，增强学生的服务意识、公德意识和规则意识。

家庭帮扶促和谐。以"小手拉大手""带法回家"等活动实施家庭帮扶，由法律

专家、家庭教育专家以"家长学校"方式集中辅导。开展暑假"大走访、大恳谈"家访活动，引导家长构建和谐健康家庭模式，有效提升家长的监护能力，提高未成年人的自我保护意识和自控能力。

对学校法治教育而言，法治理念是重点与灵魂，法治思维是框架，法治内容是肉体，三者必不可少。我校的法治教育力争将法治理念、思维、内容融为一体，尽可能避免停留在单一的法律知识的介绍灌输上，努力向学生传递法治观念和法治思维，使学生不只限于学习记忆法律规定、概念，而且清楚法律"是什么""为什么"，并关注法律规范承载的价值观念。

第四章 〉 经典文化校园

什么是文化？网上有这么一段精辟的概括：文化是植根于内心的修养，是无须提醒的自觉，是以约束为前提的自由，是为别人着想的善良。

文化既是一种现象，更是一种精神。有文化的人未必有高学历，高学历的人未必有文化。在基础教育阶段的我们应该全方位地为学生打好文化底子，这不仅仅是文化课程教学的目标任务之一，更是我们文化校园建设的初衷。

党的十八大以来，以习近平同志为核心的党中央高度重视社会主义文化建设，大力培育和践行社会主义核心价值观，提高全民族思想道德水平，推动文化事业全面繁荣和文化产业快速发展。2017年1月，中共中央办公厅、国务院办公厅印发《关于实施中华优秀传统文化传承发展工程的意见》。2017年10月，中央文献出版社出版《习近平关于社会主义文化建设论述摘编》。2022年8月，中共中央办公厅、国务院办公厅印发《"十四五"文化发展规划》。中国共产党第二十次全国代表大会报告第八章"增进文化自信自强，铸就社会主义文化新辉煌"对未来我国文化建设做出系统阐述，为实现中华民族伟大复兴的中国梦提供了思想保证、精神力量、道德滋养。

我校以党建和教学"一体"为主线，以"党建红"和"教育蓝"为"两翼"，以养成立德、文化塑魂、课程启智、关爱润心的"四支撑"为举措，以"做最好的自己"为校训，坚持"以师生为本，以素养为重，为家国树人，为未来奠基"的办学理念，紧紧围绕"育有梦想的学生，做有情怀的老师，办有温度的教育"教育思想，聚焦"立德、塑魂、启智、润心"教育目标，以传统文化、励志文化、红色文化、法治文化、生态文化、农耕文化、科技文化、本土文化等的建设为着力点，深挖素质教育的内涵外延，致力于校园文化建设，提升了学校的文化内涵，为学生健康成长提供了良好的环境，润物无声，使学生在潜移默化之中受到文化熏陶，切实推动学校精细化、内涵化、卓越化发展。

需要特别强调一下，我们的校园文化建设是载体，经典文化校园是目标。我们以楼梯、廊道、墙壁、橱窗、绿植等为载体，以育人性、整体性、特色性、发展性为原则，让学校的每一面墙壁、每一条走廊、每一个橱窗、每一棵绿植，都成为一幅"立体的画"，一首"无声的诗"，一种看得见的符号，一种厚重向上的精神。比如，我校楼梯文化内容分为三大主题：经典传统文化、经典励志文化、经典科技文化。世界名校文化长廊、中国名校文化长廊、学校优秀学子风采长廊、汽车外形设计文化长廊、神舟系列飞船文化长廊、计算机发展史文化长廊、心理健康文化长廊、学生公寓"家"文化长廊、学生公寓"和"文化长廊，主题鲜明、含义隽永。汉字演变历史长廊、中国历史朝代演变文化长廊、中国名画文化长廊、世界名画文化长廊、中国书法文化长廊、音乐艺术文化长廊、民勤书法家作品长廊，以史为鉴，彰显文化，富含新时代学校教育以文化人、以文塑魂的重大使命。我校楼廊文化丰富多彩，如诗如画的校园墙壁风光、布局合理的校园墙壁艺术、美观科学的墙壁图案设计、文明健康的立体教育宣传等，无不给人以巨大的精神力量，渗透着相互协作、团结奋进、友好互助的群体氛围，彰显着集体力量的伟大，表达着"国家兴亡，匹夫有责"的家国情怀。每个学生积极参与校园文化建设，为"一生一案·小案大爱"综合育人评价体系注入了新的文化内涵。

第一节 厚植传统文化

作为一所年轻的学校，我校充满着朝气，迸发着锐气，透着灵气，遗憾的是缺少厚重的文化气息，缺少独属于实中的文化心理。为了弥补这一缺憾，我们首先把目光投向了传统文化，通过国学经典的学习，提升师生的文化素养和学校的人文气质。

中华文化积淀着中华民族最深沉的精神追求，是中华民族生生不息、发展壮大的源泉；中华优秀传统文化是中华民族的突出优势，是我们最深厚的文化软实力；中国特色社会主义植根于中华文化沃土，反映中国人民意愿，适应中国和时代发展进步要求，有着深厚的历史渊源和广泛的现实基础。习近平总书记强调，中华优秀传统文化是中华文明的智慧结晶和精华所在，是中华民族的根和魂，是我们在世界文化激荡中站稳脚跟的根基。

继承并发扬中华优秀传统文化，是我们的义务和责任。对于传统文化，我们应取其精华，去其糟粕。对于传统文化中的精华，我们要积极传承，让其为我们的教育教学服务；对于传统文化中的糟粕，我们要坚决摒弃。我们要在传承之上有所创新，传统只有注入时代的内涵，加入实中元素，才能慢慢积淀成实中特色，在不断完善的基础上继承才是健康的传承，才是科学的继承，这样传统文化才能在实中的沃土上结出符合实中特色的精神硕果。

一、国学经典墙壁文化

在学校党委的大力倡导下，我校积极打造国学文化氛围，全校师生深入学习国学和践行传统文化。我们把《兰亭序》《劝学》《弟子规》《三字经》《孝经》《道德经》《论语》《大学》《中庸》《易经》《朱子家训》等经典国学名篇搬上墙壁，将传统经典文化仁、义、礼、智、信等"搬"上墙，这些独具特色的墙壁文化，图文并茂，增加了浓厚的文化气息，让有形的校园成为一笔无形的资产和一本活的教科书。师生们行走在楼道里，就像徜徉在国学经典的海洋，目之所及，皆是文化；行之所至，体现文化。师生在耳濡目染中纠正了不好的言行，在潜移默化中提升了文化素养。一千名师生就会产生一千种感悟，一千种思维的互动激荡就会产生一千种行为，全校师生在一种无意识的熏陶下成了民族文化长河中奔腾不息的一滴滴活水、一朵朵浪花。"天行健"国学馆，更是将传统文化作为一种校本课程，向喜欢国学的学生开了"小灶"，让他们汲取国学养分，同时营造文化厚重、积极向上的校园氛围。将传统经典文化教育融入学生的学习生活，能让学生在潜移默化中学仁、懂礼、明义、守信，引导学生增强民族自信，陶冶学生的身心，培养学生崇尚儒雅、富有活力、乐于学习的良好习惯和品质，既有翰墨韵味，又蕴含着学校教育立德塑魂的深意。

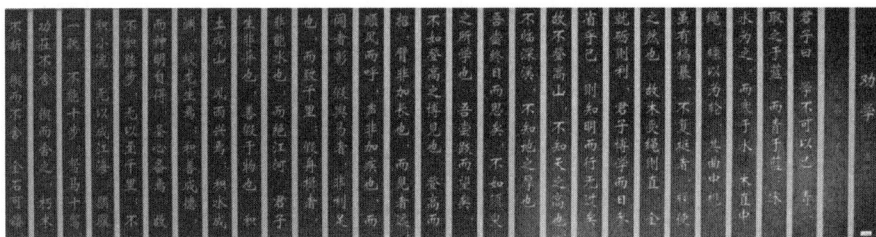

劝学—《荀子》首篇

名称：《劝学》　　　　　作者：荀子
年代：战国后期　　　　　出处：《荀子》
体裁：论说文　　　　　　别名：《劝学篇》

　　《劝学》是战国时期思想家、文学家荀子创作的一篇论说文，是《荀子》一书的首篇。这篇文章分别从学习的重要性、学习的态度以及学习的内容和方法等方面，全面而深刻地论说了有关学习的问题，较为系统地体现了荀子的教育思想。全文可分四段，第一段阐明学习的重要性，第二段说明正确的学习态度，第三段论述学习的内容和途径，第四段阐述学习的最终归宿。

图 4-1　国学经典——《劝学》

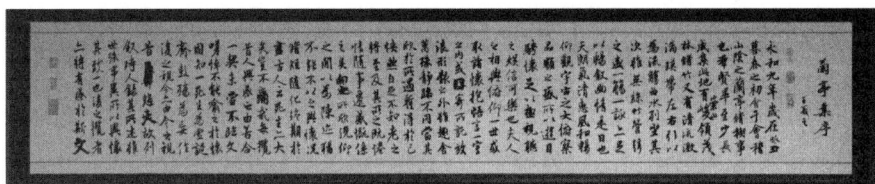

兰亭集序—王羲之所写序文

名称：《兰亭集序》　　　作者：王羲之
体裁：序文　　　　　　　年代：东晋穆帝永和九年（353 年）
别名：《兰亭宴集序》《兰亭序》《临河序》《禊序》和《禊贴》

　　东晋穆帝永和九年（353 年）三月三日，王羲之与谢安、孙绰等四十一位军政高官在山阴（今浙江绍兴）兰亭"修禊"，会上各人作诗，《兰亭集序》是王羲之为他们的诗写的序文手稿。《兰亭集序》中记叙兰亭周围山水之美和聚会的欢乐之情，抒发作者对于生死无常的感慨。

图 4-2　国学经典——《兰亭集序》

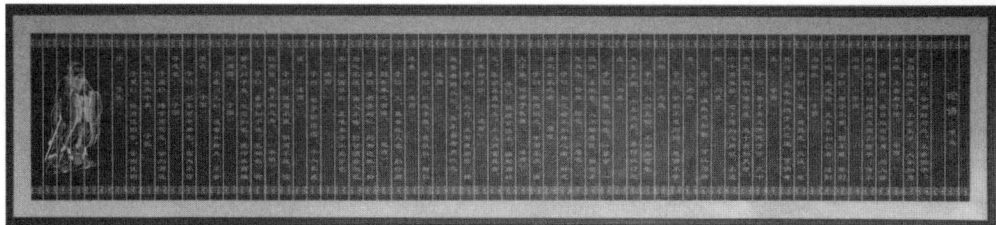

论语 —中国儒家经典

名称：《论语》
作者：孔子和他的弟子及再传弟子
体裁：语录体散文
年代：春秋战国时期
　　《论语》是一部以记言为主的语录体散文集，主要以语录和对话文体的形式记录了孔子及其弟子的言行，集中体现了孔子的政治、审美、道德伦理和功利等价值思想。

图 4-3　国学经典——《论语》

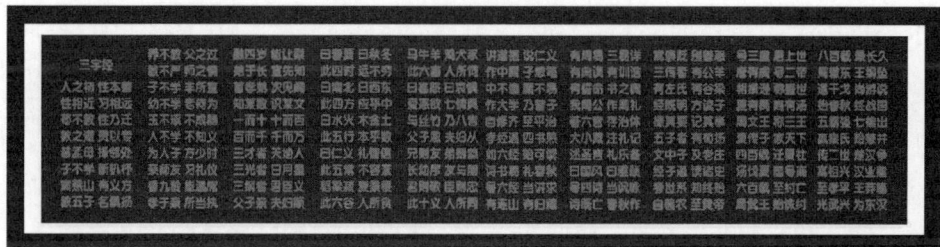

三字经 —中国传统蒙学三大读物之一

名称：《三字经》
作者：王应麟(原著，有争议)、章太炎等(增改)
出处：《三字经》
体裁：三字韵文
年代：宋代(有争议)
　　《三字经》，是中国的传统启蒙教材。在中国古代经典当中，《三字经》是最浅显易懂的读本之一。《三字经》取材典范，包括中国传统文化的文学、历史、哲学、天文地理、人伦义理、忠孝节义等，而其核心思想又包括仁、义、诚、敬、孝。背诵《三字经》的同时，就了解了文化常识、传统国学及历史故事，以及故事内涵中做人做事的道理。

图 4-4　国学经典——《三字经》

弟子规—清朝李毓秀创作的三言韵文

名称：《弟子规》　　　作者：李毓秀
出处：《清麓丛书》　　　体裁：三言韵文
年代：清朝　　　　　　　别名：训蒙文

　　《弟子规》，原名《训蒙文》，是清朝李毓秀所作的三言韵文，约作于康熙年间，后经贾存仁（一说贾有仁）修订改编，命名为《弟子规》。该文一共分为五个部分，其首章"总叙"用三字句对孔子的话进行改编；正文分为"入则孝，出则悌""谨而信""泛爱众，而亲仁""行有余力，则以学文"四个部分，进行了具体、通俗的阐释。主要列举了为人子弟在家、外出、待人、接物、处世、求学时应有的礼仪规范。

图 4-5　国学经典——《弟子规》

二、"中国风" 国画长廊

中国画，作为中华文化的瑰宝之一，在中国传统文化中占有举足轻重的地位，同时在世界范围内享有盛誉。数千年来，中华大地上诞生了无数杰出画家，也留下了无数精美绝伦的画作，在中国及世界艺术史上留下了浓墨重彩的一笔。

中国传统绘画的主要种类，从美术史的角度讲，我们把民国以前的国画统称为古画。中国画在古代无确定名称，一般称之为丹青，主要指的是画在绢、宣纸、帛上并加以装裱的卷轴画；近现代以来，为区别于西方输入的油画（又称西洋画）等外国绘画而称之为中国画，简称"国画"。它是用中国所独有的毛笔、水墨和颜料，依照长期形成的表现形式及艺术法则而创作出的绘画。

中国画按其使用材料和表现方法，又可细分为水墨画、重彩、浅绛、工笔、写意、白描等；按其题材，又有人物画、山水画、花鸟画等。中国画的画幅形式较为多样，横向展开的有长卷（又称手卷）、横批；纵向展开的有条幅、中堂；盈尺大小的有册页、斗方；画在扇面上面的有折扇、团扇等。中国画在思想内容和艺术创作上，反映了中华民族的社会意识和审美情趣，集中体现了中国人对自然、社会及与之相关联的政治、哲学、宗教、道德、文艺等方面的认识。

中国画从绘画内容上主要分为人物、花鸟、山水三大类。之所以分为这三大类，其实是由艺术升华到哲学的思考，三者之合构成了宇宙的整体，相得益彰，是艺术之为艺术的真谛所在。

我们在教学楼和办公楼二楼连廊精心打造了一条中国画长廊，命名为"中国风"。这条绘画长廊从中国画的发展入手，分别介绍了中国绘画的萌芽、新石器时代的绘画艺术、先秦绘画、秦汉绘画、魏晋南北朝绘画、隋代绘画、唐代绘画、五代绘画、辽金时期绘画、宋代绘画、元代绘画、明代绘画、清代早期绘画、清代中期绘画、清代晚期绘画、近现代绘画等时期的绘画特点与风格；然后逐一展示不同时代的代表作品：内蒙古阴山岩画、先秦帛函、西汉画像石、大汶口文化八角纹彩陶、马家窑文化彩陶、汉代画像砖、唐代壁画、阎立本的《历代帝王图》（局部）、五代徐熙的《雪竹图卷》、元代高克恭的《云横秀岭图》、明代周文靖的《古木寒鸦图》、宋代郭熙的《早春图》、明代倪端的《春山图》、辽代的《采药图》、清代仁熊的《柳鸭图》、清代仁佰年的《三老图》、张大千的《荷花图》、李可染的《牧牛图》、黄宾虹的《山水图》、徐悲鸿的《马》、齐白石的《虾》《雄鸡图》。有图画，有介绍，有鉴赏。

师生漫步"中国风"书画长廊，仿佛融入一种中国画艺术与中国人性格之间的关系的哲学思考，流连于名画前，俯仰可拾的都是艺术的美。它们的惟妙惟肖似在深情表达，它们神情自得似在娓娓漫谈，它们颔首低眉似在冥想深思，它们汪洋恣肆，它们是天地，它们是自然，它们是人生……那种出神入化，那种超凡脱俗，那种空灵自然……将自然、人文、绘画、生活巧妙融合，无不让人沉醉迷恋。它们是我们民族精神与民族性格的产物，是中国人刻在骨子里的性格，我校师生在耳濡目染中能或多或少提升美学、道德和文化修养。

图 4-6　中国绘画的萌芽

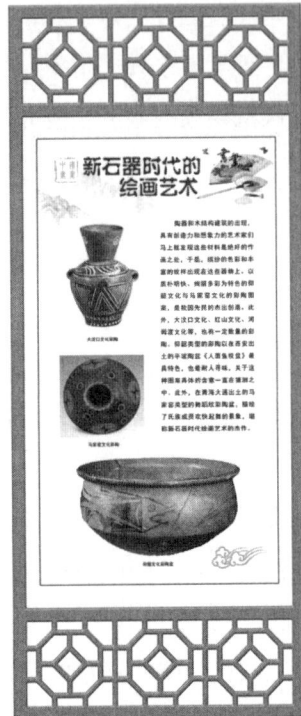

图 4-7　新石器时代的绘画艺术

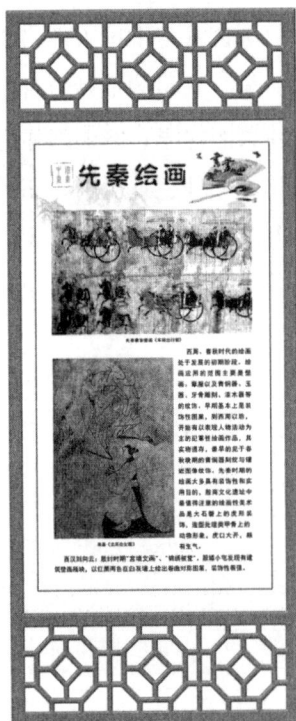

图 4-8　先秦绘画

图 4-9　秦汉绘画

图 4-10 魏晋南北朝绘画

图 4-11 隋代绘画

图 4-12 唐代绘画

图 4-13 五代绘画

图 4-14　辽、金时期绘画

图 4-15　宋代绘画

图 4-16　清代中期绘画

图 4-17　清代晚期绘画

图 4-18　近现代绘画（一）

图 4-19　近现代绘画（二）

图 4-20　内蒙古阴山岩画

图 4-21　新石器时代鳄鱼石斧图陶红

图 4-22　先秦　锦函

图 4-23　西汉　画像石

图 4-24　大汶口文化八角纹彩隐

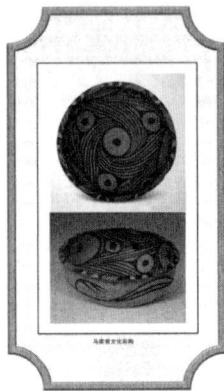

图 4-25　马家窑文化彩陶

图 4-26　汉代　画像砖

图 4-27　唐代　壁画

三、中国书法艺术长廊

中国书法是一门古老的汉字书写艺术，从甲骨文、石鼓文、金文（钟鼎文）演变为大篆、小篆、隶书，至定型于东汉、魏晋的草书、楷书、行书等，一直散发着艺术的魅力。汉字书法为汉族独创的表现艺术，被誉为无言的诗、无行的舞、无图的画、无声的乐。汉字是中国书法中的重要因素，因为中国书法是在中国文化里产生、发展起来的，而汉字是中国文化的基本要素之一。以汉字为依托，是中国书法区别于其他种类书法的主要标志。中国书法史的分期，可将唐代的颜真卿作为一个分界点，以前称作"书体沿革时期"，以后称作"风格流变时期"。书体沿革时期，书法的发展主要倾向为书体的沿革，书法家艺术风格的展现往往与书体相关联。风格流变时期的书体已经具备，无须再创一种新的字体。于是，书法家就提出"尚意"的主张，"书体"已经固定，而"意"是活的，这就进一步加强了作者的主体作用。

中国书法历史悠久，以不同的风貌反映出时代的精神，艺术青春常在。浏览历代书法，"晋人尚韵，唐人尚法，宋人尚意，元、明尚态"。追寻三千年书法发展的轨迹，我们清晰地看到书法与中国社会的发展同步，强烈地反映出每个时代的精神风貌。中国书法艺术是世界上独一无二的瑰宝，是中华文化的灿烂之花。书法艺术最典型地体现了东方艺术之美和东方文化的优秀，是我们民族永远值得自豪的艺术瑰宝。它具有世界上任何艺术都无法比拟的深厚群众基础和艺术特征。

我们在教学楼和科技楼二楼连廊精心打造了一条中国书法艺术长廊。这条书法长廊从中国书法的发展入手，分别介绍了中国先秦书法、秦汉书法、魏晋南北朝书法、隋代书法、唐代书法、五代书法、宋代书法、元代书法、明代书法、清代书法、近现代书法的特点与风格；逐一展示了不同时期著名书法家的"墨宝"，有先秦的金文《大盂鼎铭文》《毛公鼎铭文》《散氏盘》，有秦代李斯的小篆《泰山刻石》，有汉代隶书《马王堆帛书》，有魏晋钟繇的小楷《宣示表》，有"书圣"王羲之的"天下第一行书"《兰亭序》，有东晋王献之的小楷《洛神赋》，有魏晋南北朝时的各种碑帖铭文，有唐代褚遂良的楷书《雁塔圣教序》，有唐代张旭的狂草《肚疼帖》，有唐代颜真卿的《多宝塔感应碑》，有唐代柳公权的楷书《玄秘塔碑》，有北宋苏轼的行楷《赤壁赋》，有黄庭坚的草书《李白忆旧游》，有米芾的草书《论书帖》等；连廊横梁上用不同的书法字体书写了我校的校风"勤勉和雅"，我校的教风"激愤发悱　教学相长"，我校的学风"向善尚美　乐学求真"；连廊两侧则摆放着我校师生的书画作品，历代名家书法作品在上，我校师生作品在下，寓意着我们在仰望名家中有传承、有创造、有发展，让书法艺术源远流长、永不枯竭，更表达了中国人骨子里的谦恭。

图 4-28　中国书法艺术长廊

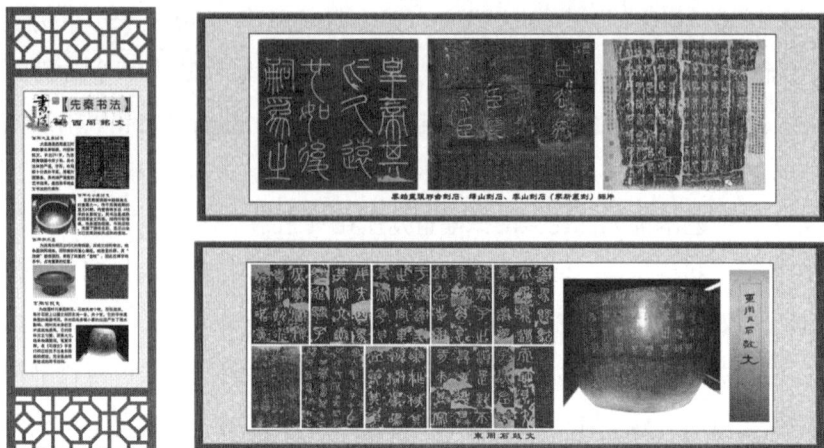

图 4-29　中国书法——先秦书法

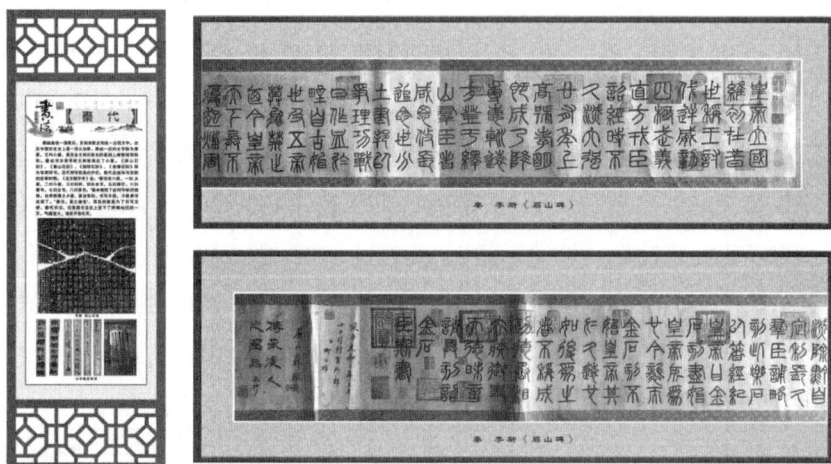

图 4-30　中国书法——秦代书法

图 4-31　中国书法——西汉书法

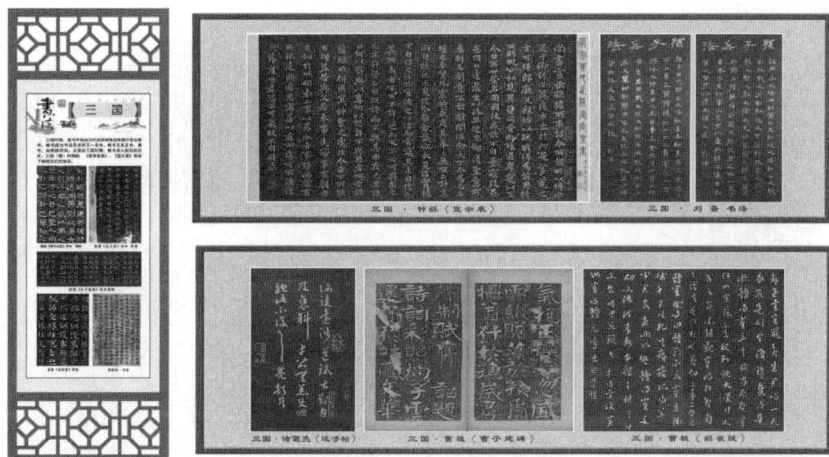

图 4-32　中国书法——三国书法

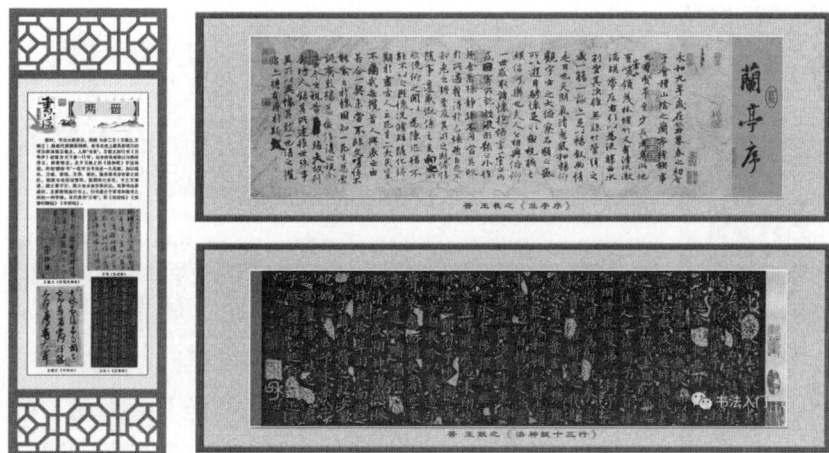

图 4-33　中国书法——两晋书法

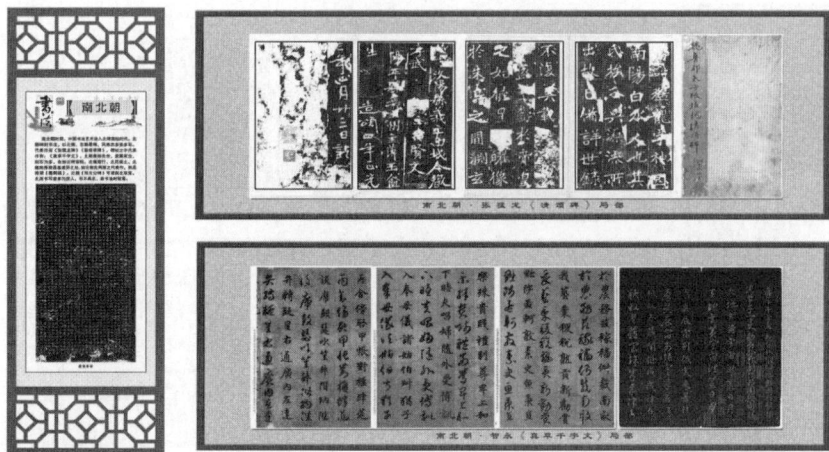

图 4-34　中国书法——南北朝书法

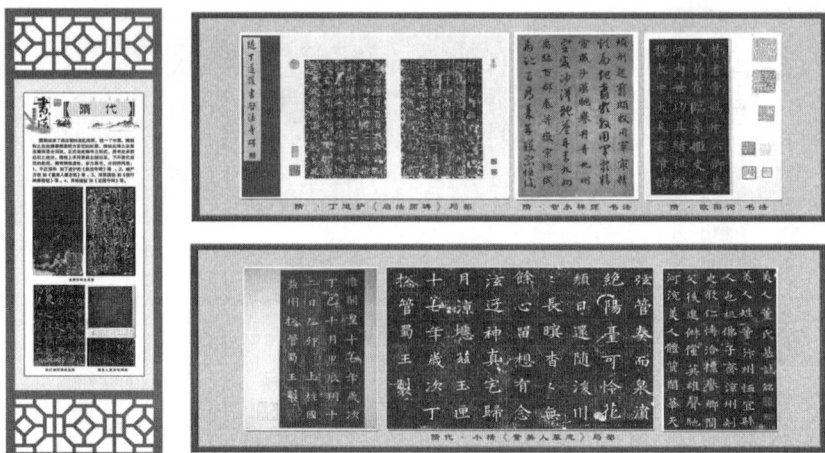

图 4-35　中国书法——隋代书法

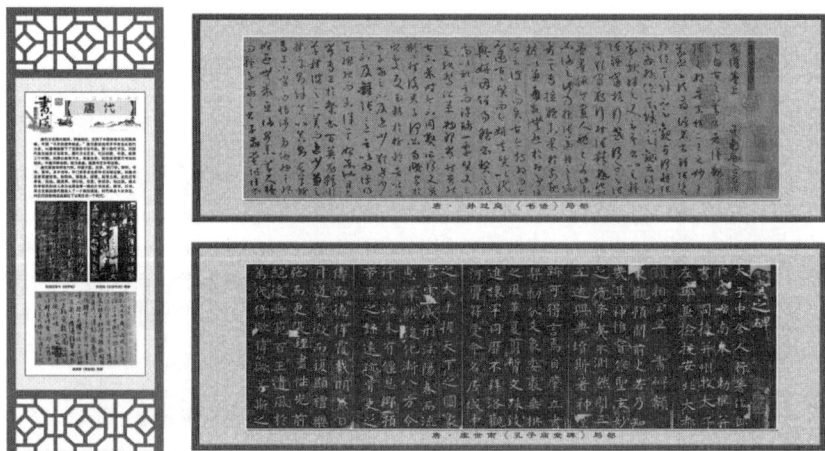

图 4-36　中国书法——唐代书法

图 4-37　中国书法——五代书法

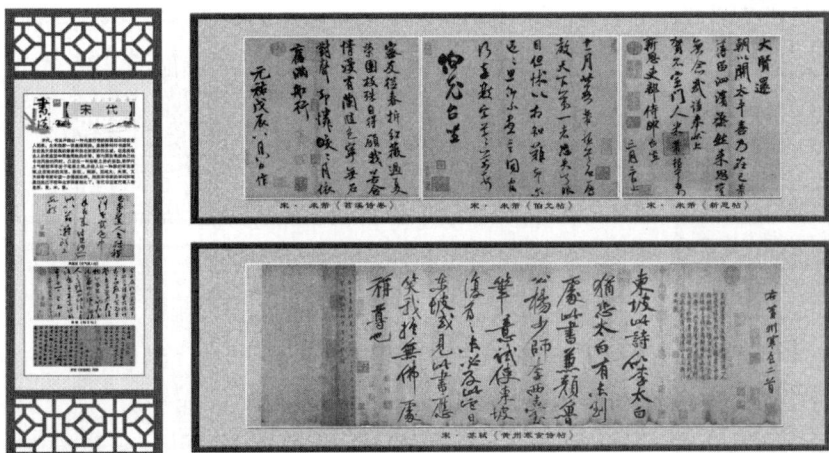

图 4-38　中国书法——宋代书法

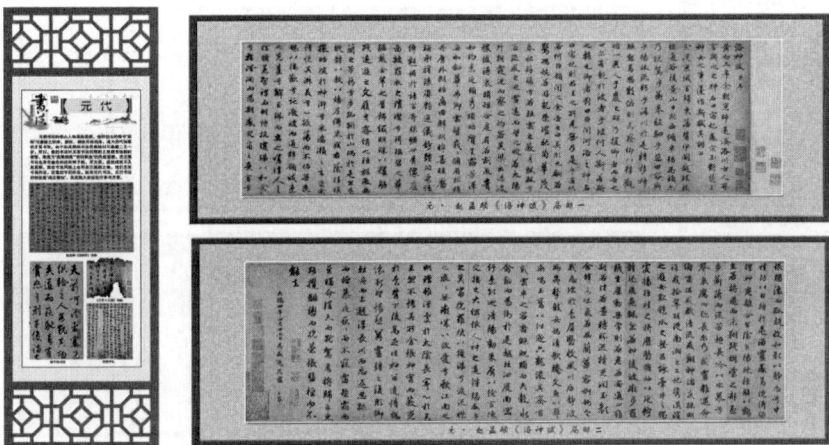

图 4-39　中国书法——元代书法

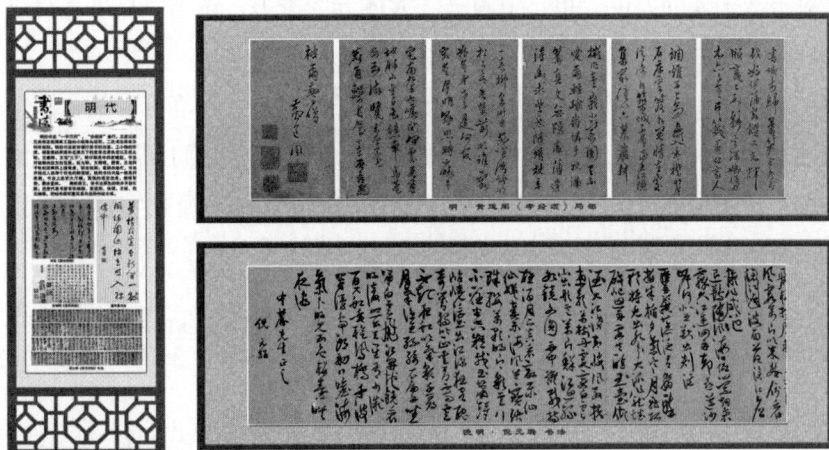

图 4-40　中国书法——明代书法

图 4-41　中国书法——清代书法

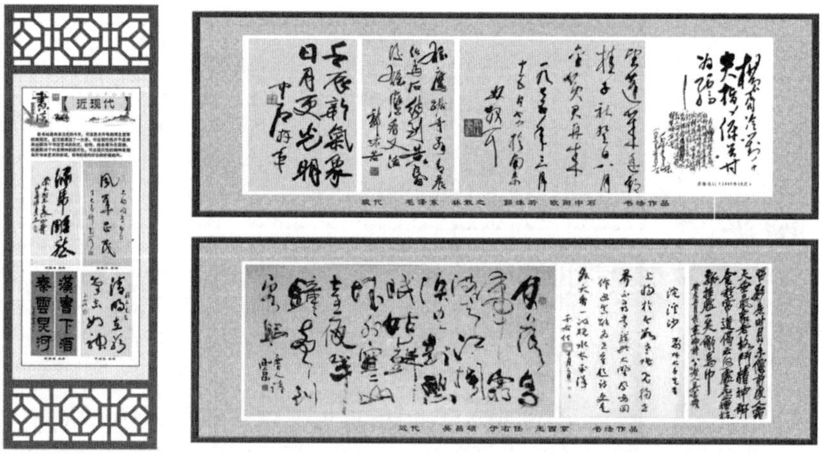

图 4-42　中国书法——近现代书法

还有对书法字体的大体介绍。中国书法大体分为篆书、隶书、草书、行书、楷书五种，各自的特点为：

篆书是大篆、小篆的统称。笔法瘦劲挺拔，直线较多。起笔有方笔、圆笔，也有尖笔，手笔"悬针"较多。大篆指金文、籀文、六国文字，它们保存着古代象形文字的明显特点；小篆也称"秦篆"，是秦国的通用文字，大篆的简化字体，其特点是字体宽扁、左右舒展、平衡对称、整齐均匀。

隶书是由篆书化繁为简、化圆为方、化弧为直演变而来的。其结构特点是字形扁方、左右分展、起笔蚕头、收笔燕尾、化圆为方、化弧为直、变画为点、变连为断，强化提按粗细变化。

草书形成于汉代，是为了书写简便而在隶书基础上演变出来的，特点是结构简省、笔画连绵。

　　行书是介于楷书、草书之间的一种字体，是为了弥补楷书的书写速度太慢和草书的难于辨认而产生的，特点是既工整清晰，又飞洒活泼。

　　楷书也叫正楷、真书、正书，由隶书逐渐演变而来，更趋简化，横平竖直、字体方正、规矩严整。

　　书法绵延，长河奔流。师生们从中国书法艺术长廊穿过，常常流连于笔墨之间，欣赏书法作品仿佛在品读个性十足的书法家。

　　另外，我校还有专门的书法教室，安装了翰和智慧书法教学平台。平台储存了大量的字帖、书写指导视频、现场视频创作教学指导、日常偏旁部首书写技法指导、书法拼字游戏、书法常识及历代书法大家简介等。教室内有多媒体教学一体机、文房四宝等，供我校师生开展社团活动和业余时间练习书法。

　　中国书法，是线条的艺术，是心灵的艺术，更是我们的国粹。中国书法，明心见性，立己达人，对我校师生温润人格的塑造和培养发挥着巨大作用，我们期望全体师生都能在书法的熏染中成长为温润如玉的谦谦君子。

四、中国历史文化长廊

　　我校在教学楼到办公楼的一楼廊道开辟了"中国历史长廊"，长廊从中国历史演变、朝代口诀、"中国"的概念、中国之别名、三皇五帝到宋元明清再到新中国成立的口诀，最后到中国历史概述，将我国上下五千年的历史进程浓缩成短小精悍、朗朗上口的文字，便于师生梳理和记忆。

（一）朝代口诀歌

夏朝殷商与西周，

东周列国分两段，

春秋战国烽火起，

秦朝一统又两汉，

三国鼎立魏蜀吴，

西晋东晋前后传，

南朝北朝两并亡，

隋唐一统后五代，

宋元明清九百年，

辛亥革命皇朝完。

（二）历代歌诀

三皇五帝

轩辕盘古开天地，英武贤能兴华夏。

德代神农收诸侯，千古恢宏一皇帝。

夏

董华为帝万民颂，三十九载帝王事。

不幸南巡他乡崩，传位大统帝王禹。

商

大禹即位国号夏，儿孙代代做帝王。

传到夏桀不修德，被汤推下帝王床。

周

汤灭夏朝称殷商，国君代代是殷子。

传到帝辛最荒淫，乱杀贤臣重妲妃。

君主无德必丧国，一朝衰落一朝起。

西周灭纣建周朝，只称周王不称帝。

秦朝

天苍苍，地茫茫，一段历史一君王。

周国礼德八百年，最后败给秦始皇。

楚汉相争

陈胜吴广举义旗，项羽刘邦逐兴起。

项羽巨鹿灭秦军，刘邦灭楚建汉室。

汉朝

西汉刘邦东汉秀，中间王莽篡汉权。

大汉起分风萧萧，四百余年一瞬间。

三国

曹丕建魏灭大汉，刘备称蜀吴孙权。

三分天下成三国，司马建晋天下圆。

晋朝

西晋东晋分两端，两晋总共百余年。

十六诸侯分割据，五胡乱国在此间。

南北朝

刘裕本是晋朝将，北伐越打名越高。

回朝势大欺晋主，代晋称帝南北朝。

隋朝

隋朝开国是杨坚，能征善战立根基。

自古势大奴欺主，替代周朝刻隋玺。

杨坚虽勇眼不明，废其长儿立次子。

杨广无德天下知，隋朝灭亡唐兴起。

唐朝

李渊叛隋建大唐，玄武之乱太子亡。

让位世民做太宗，自退后宫太上皇。

唐朝一共二十帝，一代不如一代强。

武后还把大周建，朱温灭唐建后梁。

五代十国

朱温本是黄巢将，僖宗时代降了唐。

得势又把后梁建，五代十国乱战忙。

宋朝

大宋开国赵匡胤，陈桥兵变加黄袍。

祖先创得帝王业，子孙八百葬海潮。

辽国

契丹兴起阿宝机，统一边陲建大辽。

铁蹄如风乱大宋，最后败给金王朝。

西夏

西夏建国李元昊，先脱李姓乱宋辽。

皇族后世逐昏庸，无奈投降元王朝。

金国

开国皇帝阿骨打，金国兴起亡大辽。

一百余年兴衰史，最终败给元王朝。

元朝

成吉思汗建元朝，一朝兴起四朝亡。

金刀铁马成一统，最后败给朱元璋。

明朝

明朝开国一布衣，乱世起义做帝王。

最恨为官谋私利，扒皮塞草挂皮囊。

大明江山三百年，七下西洋美名扬。

无奈天下纷乱起，大顺进京崇祯亡。

清朝

明朝一亡大顺亡，满洲女真争权忙。

努尔哈赤清始祖，子孙世代做帝王。

清末昏庸又无能，签约卖国求和平。

国失疆土千古恨，清帝至今留骂名。

中华民国

九传至光绪，维新有康梁。

换位至宣统，民国废末皇。

中华人民共和国

五四风雨骤，建国存新纲。

抗日反内战，五星红旗扬。

朝代口诀

夏朝殷商与西周，
东周列国分两段，
春秋战国烽火起，
秦朝一统又两汉，
三国鼎立魏蜀吴，
西晋东晋前后传，
南朝北朝两并亡，
隋唐一统后五代，
宋元明清九百年，
辛亥革命皇朝完。

历史演变

中国历史是中华民族孕育和发展的历史。中华文明绵延历经原始社会、奴隶社会、封建社会至于现代社会，五千年不断延续发展，是世界上最古老最具影响的文明之一。中国古代曾依靠先进文化和发达的生产力建立诸多鼎盛强大的王朝，文化播及欧亚大陆，尤其对东亚各国具有很大影响。西方工业革命后，由于社会制度和生产力的停滞不前，中国逐渐落后于西方国家。公元1911年辛亥革命推翻帝制，中国开始步入现代社会。中华人民共和国建立后，中国走上了振兴中华的社会主义道路。

中国

"中国"一词，最早出现于《尚书梓材》。其有云："皇天既付中国民，越厥疆土，于先王肆。"范围所指，仅仅是周人对自己所居关中、河洛地区而已。至春秋时，"中国"之涵义逐渐扩展到包括各大小诸侯国在内的黄河中下游地区。而后，又随着各诸侯国疆域的拓展，"中国"亦不断向周边延伸，最终成为当今雄据东方的泱泱大国。

我国历史上第一个朝代为夏朝。其时，黄河流域所居之先民自称"华夏"，或简称"华"、"夏"。"华夏"一词最早见于《左传》襄公二十六年，中有"楚失华夏"之语。唐孔颖达疏云："华夏为中国也。"从字义上来讲，华者，美也，夏者，大也，连缀而用之，其词义雍容至美。

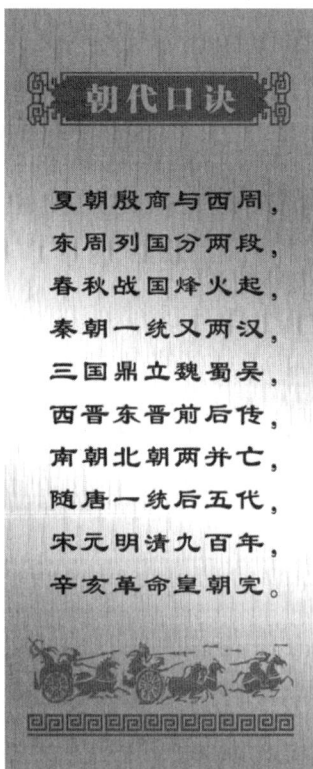

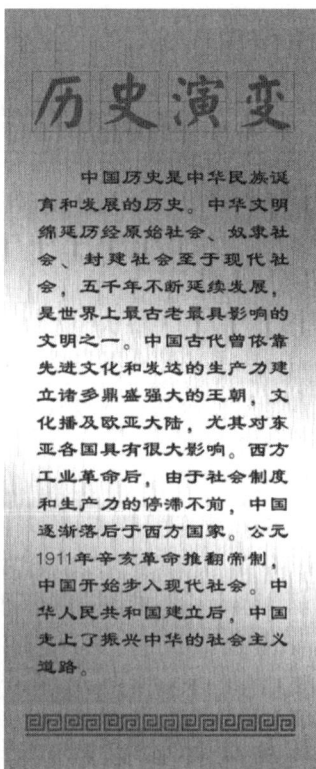

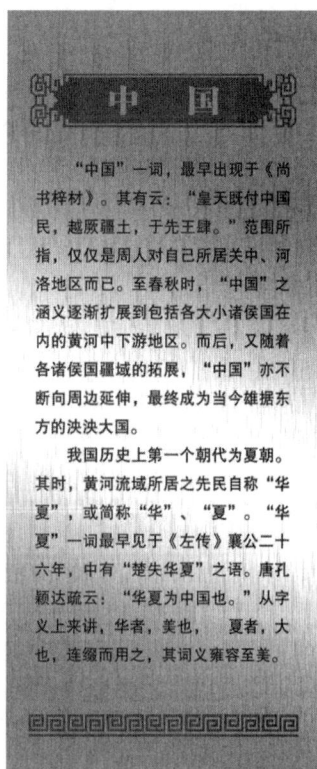

图 4-43　中国历史文化长廊

"中国"之别名

"中国"之别名，除上述的"华夏"外，尚有"中华"、"九州"、"四海"、"神州"等多种称呼。"中华"即"中国"与"华夏"之连缩称，最初指黄河流域一带广大地区。随着版图的扩大，凡属中原王朝所管辖的地方都统称为"中华"，泛指全国。

"九州"之名，最早见于《尚书禹贡》，中有"禹别九州"之语。其它古籍如《尔雅释地》、《周礼职方》、《吕氏春秋》中亦有"九州"的记载。九州之名最为流行的版本是在东汉时期。

古代中国曾有"四海"之称，以古人认为九州四境均有海水环绕而得名。战国时，齐人邹衍凭一时灵感，提出"大九州"之说。他认为，《禹贡》之九州合之只能称之为一州，名"赤县神州"；同样大小之"州"共有九个，仍不过是神海环绕之小九州；如此大小之小九州共有9个，即组成大九州；大九州四周均为大瀛海所环绕。故而"神州"只占天下八十一分之一。事实证明，此说纯属主观想象，但"神州"之名却一直沿用至今。

三皇五帝

轩辕盘古开天地，
英武贤能兴华夏。
德代神农收诸侯，
千古恢宏一皇帝。

神农

夏

董华为帝万民颂，
三十九载帝王事。
不幸南巡他乡崩，
传位大统帝王禹。

大禹治水

商

大禹即位国号夏，
儿孙代代做帝王。
传到夏桀不修德，
被汤推下帝王床。

历法 铜器

周

汤灭夏朝称殷商，
国君代代是殷子。
传到辛帝最荒淫，
乱杀贤臣重妲妃。
君主无德必丧国，
一朝衰落一朝起。
西周灭纣建周朝，
只称周王不称帝。

春秋左传 道德经 尚书
诗、词、风、骚……百家争鸣

汉 朝

西汉刘邦东汉秀，
中间王莽窜汉权。
大汉起兮风萧萧，
四百余年一瞬间。

张仲景

秦 朝

天苍苍，地茫茫，
一段历史一君王。
周国礼德八百年，
最后败给秦始皇。

篆刑 长城

晋 朝

西晋东晋分两端，
两晋总共150余年。
十六诸侯分割据，
五胡乱国在此间。

洛神赋图 书法

三 国

曹丕建魏灭大汉，
刘备称蜀吴孙权。
三分天下成三国，
司马建晋天下圆。

刘 备
指南车

楚汉相争

陈胜吴广举义旗，
项羽刘邦逐兴起。
项羽巨鹿灭秦军，
刘邦灭楚建汉室。

造纸术 龙形佩

南北朝

刘裕本是晋朝将，
北伐越打名越高。
回朝势大欺晋主，
代晋称帝南北朝。

祖冲之 云岗石窟

图 4-43 中国历史文化长廊（续）

隋 朝

隋朝开国是杨坚，能征善战立根基。
自负势大奴欺主，替代周朝刻隋玺。
杨坚虽勇聪不明，废其长儿立次子。
杨广无德天下知，隋朝灭亡唐兴起。

赵州桥

辽 国

契丹兴起阿宝机，
统一边陲建大辽。
铁蹄如风乱大宋，
最后败给金王朝。

以国制制契丹
以汉制治汉人

一国两制   澶州之盟

五代十国

朱温本是黄巢将，僖宗时代降了唐。
得势又把后梁建，五代十国乱战忙。

四时果要

唐 朝

李渊叛隋建大唐，玄武之乱太子亡。
让位世民做太宗，自退后宫当上皇。
唐朝一共二十帝，一代不如一代强。
武后还把大周建，朱温灭唐建后梁。

火药   唐三彩

西 夏

西夏建国李元昊，
先脱李姓乱宋辽。
皇族后世逐昏庸，
无奈投降元王朝。

西夏文字   鲜奇河西夏方塔

宋 朝

大宋开国赵匡胤，
陈桥兵变加黄袍。
祖先创得帝王业，
子孙八百葬海潮。

指南针

印刷术

明 朝

郑和下西洋

明朝开国一布衣，
乱世起义做帝王。
最恨为官谋私利，
扒皮塞草挂皮囊。
大明江山三百年，
七下西洋美名扬。
无奈天下纷乱起，
大顺进京崇祯亡。

金 国

开国皇帝阿骨打，
金国兴起亡大辽。
一百余年兴衰史，
最终败给元王朝。

《金史·百官志》

《女真译语》

中华民国

九传至光绪，
维新有康梁，
换位至宣统，
民国废末皇。

天下为公

民国七年镌文

清 朝

明朝一亡大顺亡，
满洲女真争权忙。
努尔哈赤清史祖，
子孙世代做帝王。
清末昏庸又无能，
签约卖国求和平。
国失疆土千古恨，
清帝至今留骂名。

威远将军炮

连珠火铳
——世界上最早的"机关枪"

元 朝

成吉思汗建元朝，
一朝兴起四朝亡。
金刀铁马成一统，
最后败给朱元璋。

黄道婆

《授时历》

图 4-43 中国历史文化长廊（续）

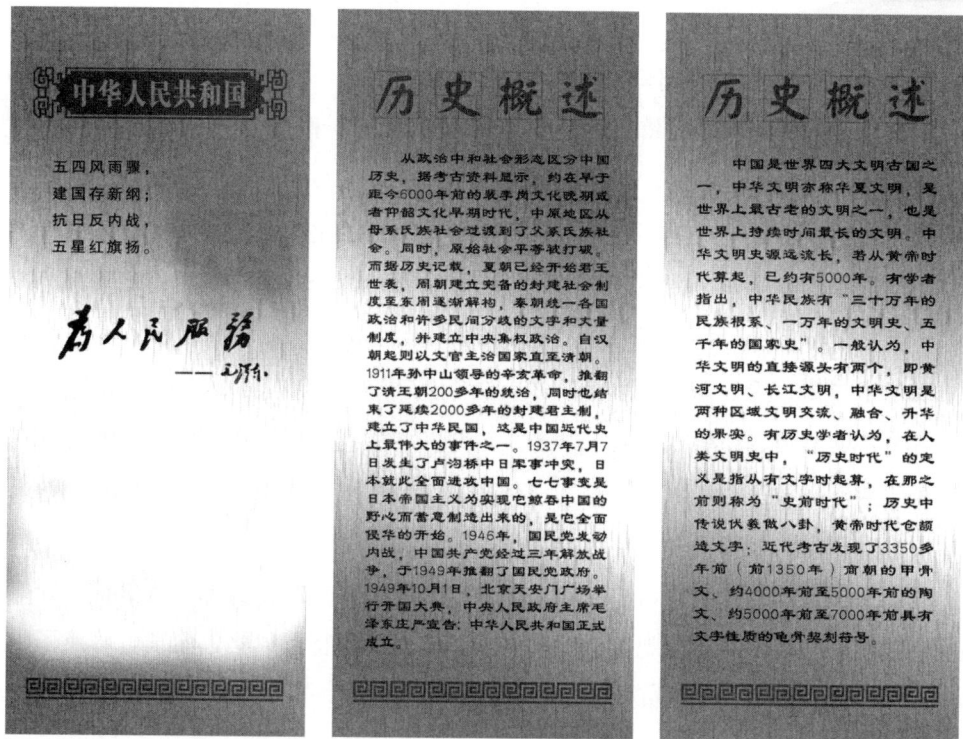

图 4-43　中国历史文化长廊（续）

我校在每一个朝代标牌上都注明存亡时间，或有开国皇帝画像，或有当时最具代表性的文化名人头像、文字以及最突出的科学文化成就，比如商朝的历法和铜鼎，周朝的儒、道、墨、法、兵……百家争鸣，秦朝的货币、长城，汉朝的地动仪、张仲景像，三国时期的指南车，隋朝的赵州桥，唐代的唐三彩、火药、《千金方》，宋朝的印刷术、指南针，西夏时期的西夏文字，元朝的黄道婆，明朝的郑和下西洋，中华民国标牌上画的是孙中山和"天下为公"四个大字，中华人民共和国标牌上是毛泽东的头像和他的亲笔"为人民服务"五个大字。

所有的标牌均采用黄铜色，古色古香，黄底黑字，图文并茂。漫步长廊，可以跨越时空，与历史对话，别具一格的校园历史文化长廊使整个校园充满厚重的历史氛围，为学校师生创造了优美的艺术环境，提升了校园的文化品位，更是校园里一道亮丽的风景线，创造了良好的育人环境。

五、中国汉字文化长廊

汉字是世界上使用时间最久、使用空间最广、使用人数最多的文字之一，汉字的创制和应用不仅推进了中华文化的发展，还对世界文化的发展产生了深远的影响。大约在距今 6000 年的半坡遗址，已经出现刻画符号，共达 50 多种。在中国文字中，各个历史时期所形成的各种字体，有着各自鲜明的艺术特征。比如，篆书古朴典雅；隶书静中有动，富有装饰性；草书风驰电掣、结构紧凑；楷书工整秀丽；行书易识好写，实用性强，且风格多样，个性各异。

汉字的演变过程是汉字字形字体逐步规范化、稳定化的过程。汉字的演变：甲骨文→金文→小篆→隶书→楷书→草书→行书。小篆使每个字的笔画数固定下来；隶书构成了新的笔形系统，字形渐成扁方形；楷书诞生以后，汉字的字形字体就稳定下来，确定了"横、竖、撇、捺、点、挑、折"的基本笔画，笔形得到了进一步的规范，各个字的笔画数和笔顺都固定下来了。1000 多年来，楷书一直是汉字的标准字。汉字是以象形字为基础、以形声字为主体的表意文字体系，总数约有 10 万个，其中最常用的有 3000 个左右。

我们在图书馆连通科技馆的连廊开辟了中国汉字演变文化长廊，从甲骨文开始到现代电脑字体结束，形象直观地展示了不同字体的外形特点风格，向学生普及了汉字的"六书"常识。

（一）汉字演变史标牌

图 4-44　汉字演变

汉字可以算是世界上寿命最长的文字了。它从原始人用以记事的简单图画，经过不断演变发展，最终成为一种兼具音、形、意、韵的独特文字，在世界诸多文字中，绽放着独一无二的光彩。汉字发展演变的历史，也是一部别有风味的中国文化史。这里面有传说的神秘、君王的意志、文人的情怀、艺人的奇想，还有无数人民的大智慧。我们不妨沿着这条汉字铺就的古道，品一品那历史的意蕴。标牌通过"日""月""车""马"四个字的甲骨文、金文、篆书、隶书、楷书、草书、行书、宋体、电脑字体黑体，形象直观地展示汉字的演变。

（二）古陶文标牌

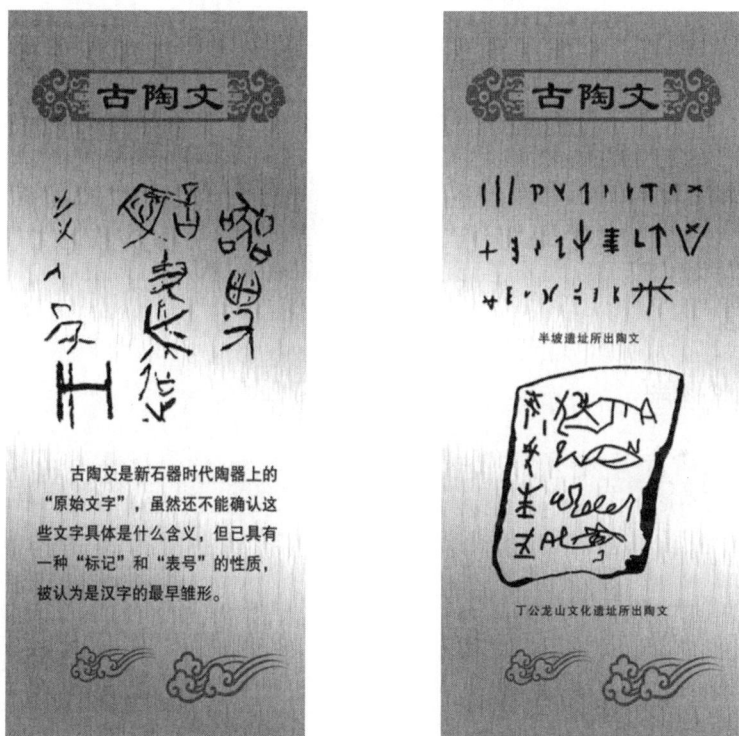

图 4-45　古陶文

古陶文是新石器时代陶器上的"原始文字"，虽然还不能确认这些文字具体有什么含义，但它们已具有一种"标记"和"表号"的性质，被认为是汉字的最早雏形。标牌通过半坡遗址所出土的陶文字体、丁公龙山文化遗址所出土的陶文字体进行直观展示。

（三）甲骨文标牌

甲骨文是中国已发现的古代文字中时代最早、体系较为完整的文字。甲骨文主要指殷墟甲骨文，又称为"殷墟文字"。"殷契"，是殷商时代刻在龟甲兽骨上的文字。标牌通过鼠、牛、虎、兔、龙、蛇、马、羊、猴、鸡、狗、猪十二生肖的甲骨文字体展示。

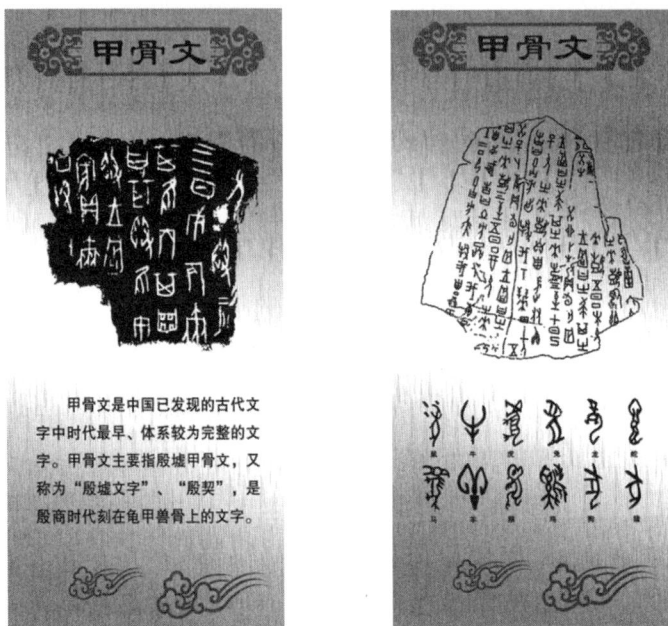

图 4-46　甲骨文

（四）金文标牌

图 4-47　金文

金文是汉字中一种书体的名称，是商、西周、春秋、战国时期铜器上铭文字体的总称，兴盛于周代，是中国书法史上的又一丰碑。它依附于钟、鼎等青铜器，也被称为钟鼎文、器文、古金文。标牌通过金文书法作品展示。

（五）小篆标牌

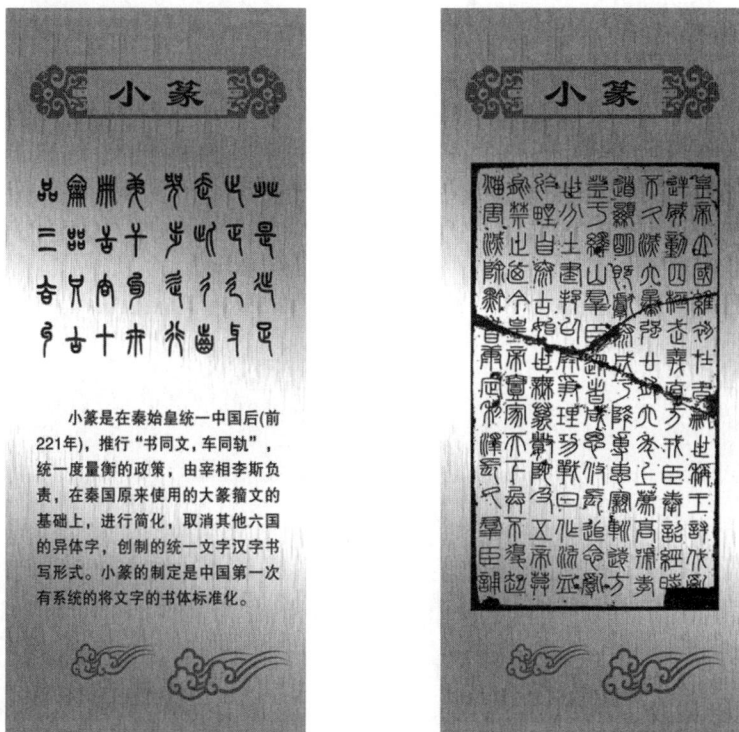

图 4-48　小篆

小篆是在秦始皇统一中国后（前 221 年），推行"书同文，车同轨"，统一度量衡的政策，由宰相李斯负责，在秦国原来使用的大篆籀文的基础上，进行简化，取消其他六国的异体字，创制的统一的汉字书写形式。这是中国第一次有系统地将文字的书体标准化。

（六）隶书标牌

隶书，亦称汉隶，是汉字中常见的一种庄重的字体，书写效果略微宽扁，横画长而直画短，呈长方形状，讲究"蚕头燕尾""一波三折"。隶书的出现是中国文字的又一次大改革，使中国的书法艺术进入了一个新的境界，是汉字演变史上的一个转折点，奠定了楷书的基础。

图 4-49　隶书

（七）楷书标牌

楷书，又称正楷、楷体、正书或真书，是汉字书法中常见的一种字体。其字形较为正方，不像隶书写成扁形。楷书仍是现代汉字手写体的参考标准，也发展出另一种手写体——钢笔字。

（八）宋体标牌

宋体，是在中国宋朝发明的一种汉字印刷字体。笔画有粗细变化，而且一般是横细竖粗，末端有装饰部分（即"字脚"或"衬线"），点、撇、捺、钩等笔画有尖端，属于白体，常用于书籍、杂志、报纸印刷的正文排版。因从明朝传入日本，其又称为明体、明朝体。

（九）行书标牌

行书在楷书的基础上产生，是介于楷书、草书之间的一种字体。行"是"行走"的意思，因此，行书不像草书那样潦草，也不像楷书那样端正。实质上，它是楷书的草化或草书的楷化。行书中楷法多于草法的叫"行楷"，草法多于楷法的叫"行草"。

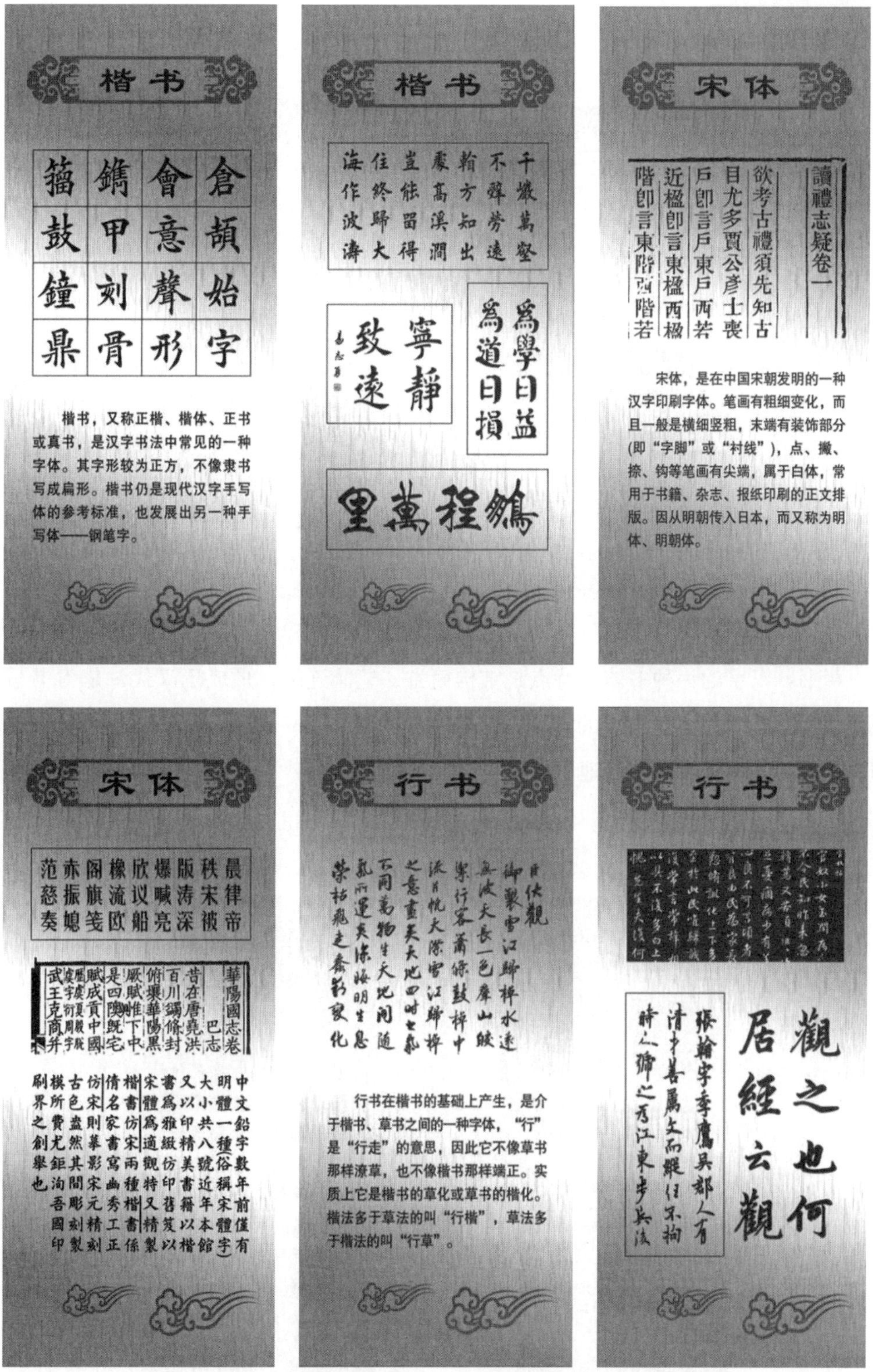
楷书
倉頡始字
會意聲形
鐫甲刻骨
籀鼓鐘鼎
楷书，又称正楷、楷体、正书或真书，是汉字书法中常见的一种字体。其字形较为正方，不像隶书写成扁形。楷书仍是现代汉字手写体的参考标准，也发展出另一种手写体——钢笔字。
楷书
宁静致远
为学日益
为道日损
宋体
宋体，是在中国宋朝发明的一种汉字印刷字体。笔画有粗细变化，而且一般是横细竖粗，末端有装饰部分（即“字脚”或“衬线”），点、撇、捺、钩等笔画有尖端，属于白体，常用于书籍、杂志、报纸印刷的正文排版。因从明朝传入日本，而又称为明体、明朝体。
宋体
行书
行书在楷书的基础上产生，是介于楷书、草书之间的一种字体，“行”是“行走”的意思，因此它不像草书那样潦草，也不像楷书那样端正。实质上它是楷书的草化或草书的楷化。楷法多于草法的叫“行楷”，草法多于楷法的叫“行草”。
行书

图 4-50　楷书、宋体、行书

（十）草书标牌

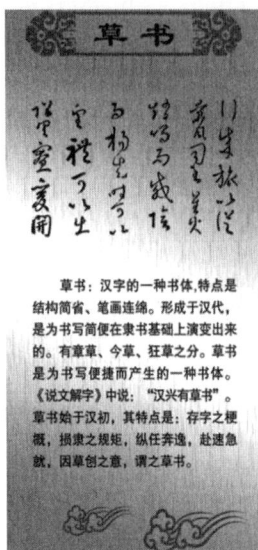
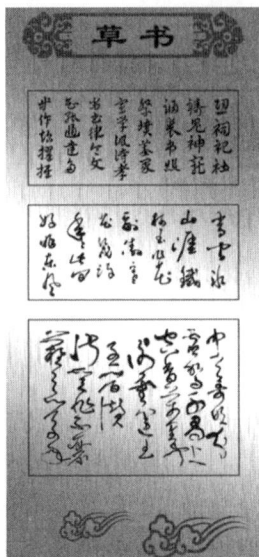

图 4-51　草书

草书，汉字的一种书体，特点是结构简省、笔画连绵，形成于汉代，是为书写简便而在隶书基础上演变出来的。草书有章草、今草、狂草之分。因其"存字之梗概，损隶之规矩，纵任奔逸，赴速急就"，故谓之草书。

（十一）电脑字体标牌

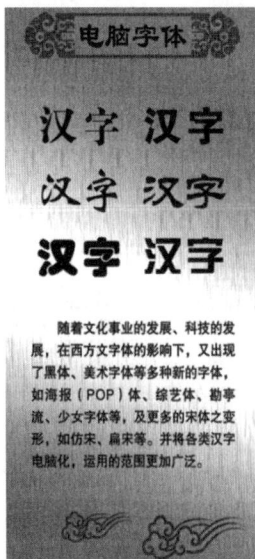
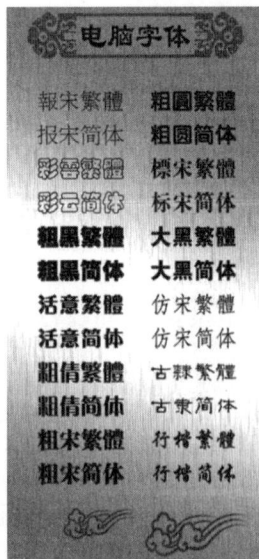

图 4-52　电脑字体

随着文化事业和科技的发展，在西方文字体的影响下，又出现了黑体、美术字体等多种新的字体，如海报（POP）体、综艺体、勘亭流体、少女字体等，及更多的宋体之变形，如仿宋、扁宋等，并将各类汉字电脑化，运用的范围更加广泛。标牌通过"汉字"二字的不同字体展示。

（十二）汉字的数量标牌

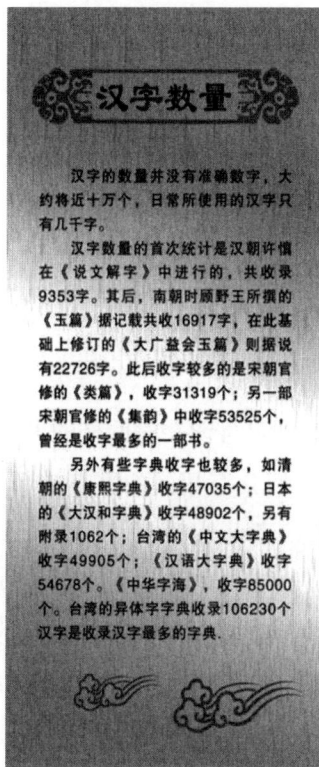

图 4-53　汉字数量

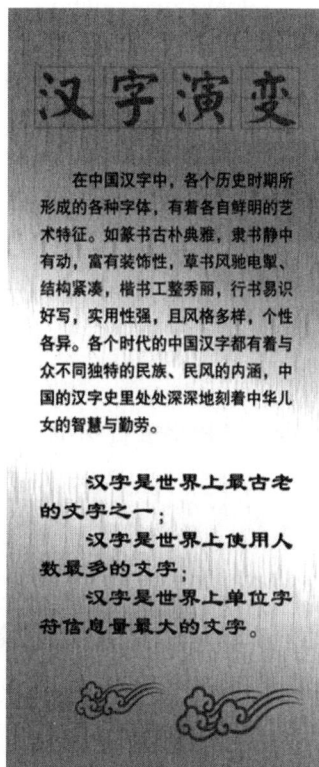

图 4-54　汉字演变

汉字的数量并没有准确数字，大约有 10 万个，日常所使用的汉字只有几千个。汉字数量的首次统计是汉朝许慎在《说文解字》中进行的，共收录 9353 字。其后，南朝时顾野王所撰的《玉篇》据记载共收 16917 字，在此基础上修订的《大广益会玉篇》据说有 22726 字。此后收字较多的是宋朝官修的《类篇》，收字 31319 个；另一部宋朝官修的《集韵》收字 53525 个，曾经是收字最多的一部书。另外，有些字典收字也较多，如清朝的《康熙字典》收字 47035 个，另有附录 1062 个；中国台湾的《中文大字典》收字 49905 个；《汉语大字典》收字 54678 个；《中华字海》收字 85000 个；中国台湾的《异体字字典》收录 106230 个汉字，是收录汉字最多的字典。

(十三) 汉字 "六书" 标牌

"象形"属于"独体造字法"。用文字的线条或象形笔画,把要表达物体的外形特征具体地勾画出来。例如,"月"字像一弯明月的形状。象形字来自图画文字,但是图画性质减弱,象征性质增强。象形是一种最原始的造字方法。

"指事"属于"独体造字法"。与象形的主要分别是指事字含有绘画等较抽象的东西。例如,"刃"字是在"刀"的锋利处加上一点,以作标示;"凶"字则是在陷阱处加上交叉符号。这些字的勾画,都有较抽象的部分。

"形声"属于"合体造字法"。"形声"字由两部分组成:形旁和声旁。形旁是表示字的意思或类属,声旁则表示字中相同或相近发音。例如, "樱"字的形旁是"木",表示它是一种树木;声旁是"婴",表示它的发音与"婴"字一样。

"会意"属于"合体造字法"。会意字由两个或多个独体字组成,表达此字的意思。例如,"酒"字以酿酒的瓦瓶"酉"和液体"水"合起来表达字义;"鸣"指鸟的叫声,于是由"口"和"鸟"组成。

"转注"属于"用字法"。不同地区因为发音不同,可能会对同样的事物有不同的称呼。当两个字表达相同的东西,词义一样时,它们会有相同的部首或部件。例如,"考""老"二字本义都是长者;"颠""顶"二字本义都是头顶。

"假借"属于"用字法"。假借就是同音替代。口语里有的词,没有相应的文字对应,于是就找一个和它发音相同的同音字来表示它的含义。例如,"自"本来是"鼻"的象形字,后来用作"自己"的"自";"乎"的本义是"呼叫",后来用作表示疑问的语气词。假借,是"永借不还",一经借用,本义要另造新字。

我们在学生经常出入的廊道,精心制作汉字文化标牌,就是让学生在闲暇时了解中国汉字。"一字一文化",妙手偶得之,学生知道了一个个汉字是带着不同的时代气息穿越历史长河走到今天的,每一个汉字都承载着我们民族的文化,演变着时代的发展,是汉民族的思维方式、价值观念、文化习俗等多方面的综合体现。有人甚至说,汉字是汉民族文化的活化石!热爱汉字,就是热爱祖国文化。学生对某一个字突然产生了浓厚的兴趣,其实就是一种文化在他们心里萌芽了。我校打造汉字文化长廊,其用意就是在潜移默化中构建一种文化心理,在润物无声中让学生变成"文化人"。

六、食宿文化

作为一所农村寄宿制初级中学,我校90%以上的学生都是住校生,学生从星期天返校到下周星期五离校，期间没有特殊情况几乎不离学校，一周在校一百多个小时，近三分之一的时间在餐厅和宿舍度过。我们的学生来自不同的乡镇，有着不同的家庭背景，不同的经济条件和生活习惯。如何让学生在温馨和谐的氛围中度过一周的学习时光，我们除了在宿舍管理上下功夫，也在学生餐饮楼和宿舍的文化建设上下足了功夫。我们力争在学生餐饮楼、住宿楼内营造出浓浓的书卷气，摒弃低俗文化的浸染。学生每次走进餐饮楼，映入眼帘的就是"一粥一饭当思来之不易，半丝半缕恒念物力维艰"的古训；进入宿舍楼，耳之所闻是国学经典的诵读，目之所及是带有浓郁中国传统文化的各种墙壁画和文字。我们在餐饮楼主要普及的是中国二十四节气和传统节日等相关文化，我们在宿舍楼努力打造"家"文化、"和"文化。

（一）二十四节气文化

二十四节气源于我国的黄河流域，早在春秋时期，聪慧的古人就利用土圭测日的方法，定下了仲春、仲夏、仲秋、仲冬四大节气。之后，通过农业生产实践，不断地改进与完善，到秦汉年间，二十四节气已完成确立，成为指导农事活动的重要依据，影响着千家万户的衣食住行。

二十四节气除了指导农业生产外，已在潜移默化中成为中国大众灵魂深处的一种情结，是我国传统生活方式的诗意呈现，更体现着古人的哲学思想。一些节气和民间文化相结合，成为人们的固定节日。2006 年 5 月 20 日，国务院颁布了《第一批国家级非物质文化遗产名录》，"农历二十四节气"被列入国家级"非遗"名录。

我们在楼梯间布置了二十四节气歌、二十四节气物候特征和时令特点标牌，对二十四节气做了全面细致的介绍。

1. 二十四节气歌标牌

> 春雨惊春清谷天，夏满芒夏暑相连。
>
> 秋处露秋寒霜降，冬雪雪冬小大寒。
>
> 每月两节不变更，最多相差一两天。
>
> 上半年来六廿一，下半年是八廿三。

2. 二十四节气的特点标牌

在二十四节气标牌上，每一个节气除了以文字表述时令特征外，还配有物候特征图片，图文并茂，一目了然。

立春：每年的 2 月 4 日或 5 日，谓春季开始之节气。

雨水：每年的 2 月 19 日或 20 日，此时冬去春来，气温开始回升，空气湿度不断增大，但冷空气活动仍十分频繁。

图 4-55　二十四节气之春季篇

惊蛰：每年的 3 月 5 日或 6 日，指的是冬天蛰伏土中的冬眠生物开始活动。惊蛰前后乍寒乍暖，气温变化较大。

春分：每年的 3 月 20 日或 21 日，阳光直照赤道，昼夜几乎等长。我国广大地区越冬作物将进入春季生长阶段。

清明：每年的 4 月 4 日或 5 日，气温回升，天气逐渐转暖。

谷雨：每年的 4 月 20 日或 21 日，雨水增多，利于谷类生长。

立夏：每年的 5 月 5 日或 6 日，万物生长，欣欣向荣。

小满：每年的 5 月 21 日或 22 日，麦类等夏熟作物此时颗粒开始饱满，但未成熟。

芒种：每年的 6 月 5 日或 6 日，此时太阳移至黄经 75 度。麦类等有芒作物已经成熟，可以收藏种子。

夏至：每年的 6 月 21 日或 22 日，日光直射北回归线，出现"日北至，日长至，日影短至"，故曰"夏至"。

小暑：每年的 7 月 7 日或 8 日，入暑，标志着我国大部分地区进入炎热季节。

大暑：每年的 7 月 22 日或 23 日，正值中伏前后。这是我国广大地区一年中最炎热的时期，但也有反常年份，"大暑不热"，雨水偏多。

立秋：每年的 8 月 7 日或 8 日，草木开始结果，到了收获季节。

处暑：每年的 8 月 23 日或 24 日，"处"为结束的意思，至暑气即将结束，天气将变得凉爽了。由于正值秋收之际，降水十分宝贵。

白露：每年的 9 月 7 日或 8 日，由于太阳直射点明显南移，各地气温下降很快，天气凉爽，晚上贴近地面的水汽在草木上结成白色露珠，由此得名"白露"。

秋分：每年的9月23日或24日，日光直射点又回到赤道，形成昼夜等长。

寒露：每年的10月8日或9日。此时太阳直射点开始向南移动，北半球气温继续下降，天气更冷，露水有森森寒意，故名为"寒露风"。

霜降：每年的10月23日或24日，黄河流域初霜期一般在10月下旬，与"霜降"节令相吻合，霜对生长中的农作物危害很大。

立冬：每年的11月7日或8日，冬季开始。

小雪：每年的11月22日或23日，北方冷空气势力增强，气温迅速下降，降水出现雪花，但此时为初雪阶段，雪量小，次数不多，黄河流域多在"小雪"节气后降雪。

大雪：每年的12月7日或8日。此时太阳直射点快接近南回归线，北半球昼短夜长。

冬至：每年的12月22日或23日。此时太阳几乎直射南回归线，北半球形成了"日南至、日短至、日影长至"，成为一年中白昼最短的一天。冬至以后，北半球白昼渐长，气温持续下降，并进入年气温最低的"三九"。

小寒：每年的1月5日或6日，此时气候开始寒冷。

大寒：每年的1月20日或21日，数九严寒，是一年中最寒冷的时候。

二十四节气，犹如岁月的年轮，记录着季节的更替、风土人情的变迁。它们凝聚着先人的智慧和对自然的敬畏，成为我们宝贵的文化遗产。学生穿越楼梯，仿佛在穿越四季，让他们在增长知识的同时产生惜时如金之感，在感受四季更替的美好中，一天天见证着自己的成长。

（二）传统节日文化

中国传统节日，是中华民族悠久历史文化的重要组成部分，形式多样，内容丰富。传统节日的形成，是一个民族或国家的历史文化长期积淀凝聚的过程。中华民族的古老传统节日，涵盖了原始信仰、祭祀文化、天文历法、易理术数等人文与自然文化内容，蕴含着深邃丰厚的文化内涵。从远古先民时期发展而来的中华传统节日，不仅清晰地记录着中华民族先民丰富而多彩的社会生活文化内容，也积淀着博大精深的历史文化内涵。

中国的传统节日主要有：春节（农历正月初一），元宵节（农历正月十五），寒食节（冬至后的105或106天），清明节（公历4月5日左右），端午节（农历五月初五），七夕节（农历七月初七），中秋节（农历八月十五），重阳节（农历九月初九），冬至节（公历12月21日至23日），除夕（农历十二月廿九或三十）等。

我们将中国传统节日制成铭牌，悬挂于餐厅楼梯间，每一块铭牌上配有描写这个节日的古诗一两首，意在引导学生了解传统、继承传统、发扬传统，反对学生崇洋媚外，盲目跟风追逐所谓的时尚而过洋节，同时提升学生的文化素养。而且，每逢传统节日，餐厅工作人员都暖心地为学生制作节日美食，如端午的粽子、中秋节的月饼，都作为一种特殊的记忆，定格在每一位实中学生的青春记忆中。

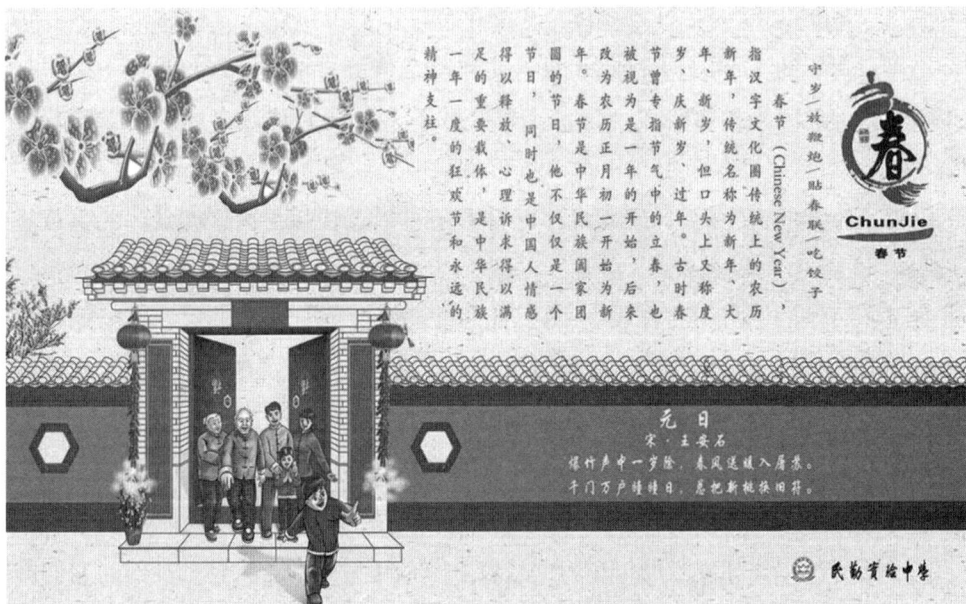

图 4-56　中国传统节日——春节

1. 春节。指汉字文化圈传统上的农历新年，俗称"年节"，传统名称为新年、大年、新岁，但口头上又称度岁、庆新岁、过年，是中华民族最隆重的传统佳节。

配诗：

元日

宋·王安石

爆竹声中一岁除，春风送暖入屠苏。

千门万户瞳瞳日，总把新桃换旧符。

2. 清明节。又称踏青节、行清节、三月节、祭祖节等，节期在仲春与暮春之交。清明节源自上古时代的祖先信仰与春祭礼俗，是中华民族最隆重盛大的祭祖大节。

配诗：

清明

唐·杜牧

清明时节雨纷纷，路上行人欲断魂。

借问酒家何处有？牧童遥指杏花村。

3. 端午节。又称端阳节、龙舟节、重五节、天中节等，是集拜神祭祖、祈福辟邪、欢庆娱乐和饮食为一体的民俗大节。端午节源于自然天象崇拜，由上古时代祭龙演变而来。

配诗：

浣溪沙·端午

宋·苏轼

轻汗微微透碧纨，明朝端午浴芳兰。流香涨腻满晴川。

彩线轻缠红玉臂，小符斜挂绿云鬟。佳人相见一千年。

4. 七夕节。又名乞巧节、女儿节，是中国的传统节日，该节日来自牛郎与织女的传说，在农历七月初七庆祝。

配诗：

秋夕

唐·杜牧

银烛秋光冷画屏，轻罗小扇扑流萤。

天阶夜色凉如水，卧看牵牛织女星。

5. 中秋节。又称祭月节、月光诞、月夕、秋节、仲秋节、拜月节、月娘节、月亮节、团圆节等，是中国民间的传统节日。

配诗：

八月十五夜月

唐·杜甫

满目飞明镜，归心折大刀。

转蓬行地远，攀桂仰天高。

水露疑霜雪，林栖见羽毛。

此时瞻白兔，直欲数秋毫。

6. 重阳节。农历九月初九，二九相重，称为"重九"，民间在该日有登高的风俗，所以重阳节又称"登高节"。

配诗：

九月九日忆山东兄弟

唐·王维

独在异乡为异客，每逢佳节倍思亲。

遥知兄弟登高处，遍插茱萸少一人。

这些传统节日文化铭牌，既让学生在认识节日中增长知识，受到教益，又能彰显宿舍文化魅力，丰富我校文化内涵。

（三）"家"文化

家是最小的国，国是最大的家。"家"文化指的是我校作为寄宿制学校特意营造出的"家"的味道，让学生在寄宿过程中通过师生互动，生生交往，像家人一样和谐相处，逐渐形成的一种独特的校园文化。"关爱""尊重""理解""包容""和谐""自我"，是"家"文化的主要元素。家是什么？家是一束温暖的阳光，可以融化心上的冰雪寒霜；家是一盏明灯，可以照亮夜行人晚归的路程；家是一处温馨的港湾，可以遮挡人生中不可避免的风风雨雨；家是一潭清澈的溪水，能够洗涤掉繁杂的世事回归安静的心灵；家是一阵清风，可以拂去烦恼和忧伤；家更是那一缕情丝，穿透着人生的每一个角落……家是宁静的，家是温暖的，家是甜蜜的，家也是安定的。她可能不华丽，但一定要雅致。那点点滴滴的幸福，实实在在的欢乐，时刻都可以把她装扮得暖意融融。她可能不富裕，但一定要洋溢着爱，一句贴心的话，是浓浓的同学情，厚重的给予。

我们用父母之心办教育，我们用父母之心给学生营造一种如家般的感觉，学校就是寄宿学生的第二个家。我们以勤勉和雅的精神爱家，以奋发有为、勤恳不辍的精神养家，以严而有度、爱而不溺的精神治校治家。这就是我们实中人的"家"文化。

我校的生活指导老师像父母，他们都是四十五岁以上的老师。他们不仅有着老师的严厉，而且在培养自己孩子的过程中都有一定的经验。作为已经陪孩子走过青春期的父母，他们也了解初中学生的心理特点和行为方式。他们是严厉的老师，更是慈爱的父母；他们严而有度、爱而不溺。为了让学生更好地了解我们每一位生活指导老师，学校特意制作了生活老师名片铭牌，挂在该老师所服务的楼层。名片包括：生活老师姓名、照片、教学一线的成就、心中的话（教师寄语）。而且，生活指导老师本身就是我们宿舍文化的一张张"活"的名片。现摘录教师名片上几句心中的话，做一简单分享：

爱生如子，松紧有度。善待同事，互帮互助。

——陈福来

室美育人，人美育心，团结齐心，共同进步。

——甘文

精心呵护，细心管理，让学生自主管理，做最好的自己。

——黄发新

从点滴做起，培养学生的良好习惯；从细节抓起，营造和谐的育人环境。

——李永钰

以人为本，爱生如子，让学生健康成长，全面发展。

——刘淑英

爱心感化，耐心指导，师生共创安全舒适、整洁卫生、温馨和谐的生活环境。

——王惠贤

（四）"和"文化

中华"和""合"文化源远流长。"和""合"二字都见于甲骨文和金文。"和"的初义是声音相应和谐，"合"的本义是上下唇的合拢。殷周之时，"和"与"合"是单一概念，尚未联用。《易经》"和"字凡两见，有和谐、和善之意，而"合"字则无见。《尚书》中的"和"是指对社会、人际关系诸多冲突的处理；"合"指相合、符合。

春秋时期，"和""合"二字联用并举，构成和合范畴。《国语·郑语》称："商契能和合五教，以保于百姓者也。"韦昭注："五教，父义、母慈、兄友、弟恭、子孝。"意思是说商契能把五教加以和合，使百姓安身立命。

秦汉以来，"和""合"概念被普遍运用，始终贯穿在中国文化发展史上的各个时代、各家各派之中，成为中国文化的精髓和被普遍认同的人文精神。

中国人自古以和为贵，缩短了人与人之间的距离，沟通了人与人之间的心灵。以和为贵，让生活更加美好！以和为贵，是一种将心比心的沟通。孔子说："君子和而不同，小人同而不和。"生活中，同学间的摩擦，朋友间的龃龉，同事间的误会，缺少的就是一种心灵的沟通。将心比心，换个角度，或许能拨开云雾见明月，让彼此释怀，让心灵更加亲近，让和谐充满心间，带给彼此更大的快乐。以和为贵，是一种海纳百川的宽容。

在我们的宿舍楼内随处可见生活指导老师精心布置"温馨提示""心理小故事""名言警句"等生活"小贴士"，有生理方面的关心，有心理方面的疏导，有情感方面的导向，有人生的点拨等。这些"小贴士"就像一个个暖心棉袄，是对学生的温馨提示，更是贴心爱护。

1. 温馨提示

（1）没有一蹴而就的成功，只有火候不到的夹生饭。一件事物的价值，在于你投入了多少精力。有付出才会有收获。

（2）我们无法改变生活环境，但可以改变适应环境的心态；我们不能改变风的方向，但我们能改变帆的方向。

（3）每个人扮演着不同角色，谁也不比谁伟大。缺任何一个环节，都不会成为真正的完美。只有团结互助，才能充分体现自己的重要性。

（4）生活中充满了无数细节，细节使我们的生活血肉丰满，细节决定成败。

（5）失败是成功的必由之路，失败越多，离成功就越近；那些永远害怕失败的人永远不可能获得成功。

（6）以快乐的心情面对，在平凡中感知不平凡，在简单中构筑自己的梦想，这样的人又有什么样的困难不可以克服呢？

（7）做任何事都不要只做表面功夫。虽然也许别人不知道，但你自己知道。难道你的良心能安吗？不要做虚伪的事。

（8）环境不会因个人而改变，人只能去适应群体。一把锈钝的菜刀拿到哪儿都不会被用来切菜，而一把好刀哪儿的菜都能切。

（9）谁要想出类拔萃创造奇迹，必须竭尽全力才行。

（10）同在蓝天下，帮助别人，其实也在帮助我们自己。

（11）学习环境固然是越静越好，但都比不上心静好。只要心静得下来，闹市亦可学好，反之则不可。

（12）生气是人的一种本能，但生气是可控制的，甚至是可改变的。你是控制生气呢，还是让生气控制你呢？

（13）有时候，我们会对别人给予的小恩小惠感激不尽，却对亲人一辈子的恩情"视而不见"。

2. 心理小故事

（1）《一天和一年》

一位青年去拜访德国著名画家门采尔："为什么我画一幅画，只需要一天工夫，可卖掉它却要整整一年？"门采尔说："请你倒过来试试。你花一年工夫画一幅画，兴许一天就能卖掉。"青年照办：观察，写生，构思，创作。后来事实果然如此。不久，这个青年人成了当地很有名的画家。

（2）《颜色界"口水战"》

一天，颜色界爆发了一场"口水战"。绿色首先说："我是颜色中最重要的，我代表了希望，有了我花草树木才能充分展现美。"红色打断道："你别说大话，我才是统治者。我代表积极、健康，也代表权威。"蓝色大笑着说："我代表着大海的颜色，水是生命的起源，没有我，你们都会死……"正当各种颜色争相称赞自己时，天空响起了雷声，雷声大怒道："愚蠢的人们，真正的伟大是团结，你们各有所长，只有携手共进才是完美！"众色恍然大悟，陷入沉思……

（3）《细节》

丢失了一个钉子，坏了一只蹄铁。坏了一只蹄铁，折了一匹战马。折了一匹战马，伤了一位骑士。伤了一位骑士，输了一场战斗。输了一场战斗，亡了一个国家。

（4）《两只口袋》

普罗米修斯创造了人，又在每个人的脖子上挂了两只口袋，一只装别人的缺点，一只装自己的缺点。他把那只装别人缺点的口袋挂在胸前，另一只挂在背后。因此，人们总能够很快地看到别人的缺点而对自己的缺点视而不见。

（5）《失败》

生下来就一贫如洗的林肯，终其一生都在面对挫败。八次竞选八次落败，两次经商失败，甚至还精神崩溃过一次。然而面对这些，他并没有放弃，最终成为美国历史上最伟大的总统之一。

（6）《砌墙的工匠》

三个砌墙工人在砌墙，有人问其中一个说："你在做什么？"这个工人说："没看见吗？我在砌墙！"于是，这人转身问第二人："你在做什么呢？"第二个说："我在建一幢漂亮的大楼！"这人又问第三人，第三人嘴里哼着小调，欢快地说："我在建一座美丽的城市。"最终，第三人成了有名的建筑师。

（7）《见与不见》

有一位木匠善制桌子。他不仅把桌面刨得十分平滑，而且连抽屉的背面、底板都刨得十分光滑。有人劝他说："抽屉背面和底板别人看不见，何必刨得那么光滑？"他说："别人看不见，我却看得见。"

（8）《改变》

有一只乌鸦向东飞，途中遇到鸽子。鸽子问道："你这么辛苦地飞，是要飞到哪儿去？"乌鸦愤愤不平："其实，我也不想离开这里，但居民们都嫌我叫得不好听。"鸽子听了好心地说："如果你不改变你的声音，飞到哪里都不受欢迎。"

（9）《帮助别人》

一头驮着沉重货物的驴，气喘吁吁地请求一只驮了一点货物的马："帮我驮一点东西吧。对你来说，这不算什么，可对我来说，却可以减轻不少负担。"马不高兴地回答："你凭什么让我帮你驮东西，我乐得轻松呢！"不久，驴累死了，主人将驴背上的所有货物全部加在马背上，马懊悔不已。

（10）《孟母三迁》

孟母为了让孟子有一个良好的学习环境，多次迁居。孟子小时候，他们住在墓地旁边，孟子玩办理丧事的游戏。孟母搬家到集市，孟子学商人做生意。又搬家至屠场，孟子又学屠夫宰杀猪羊。最后，他们搬到了学校附近，孟子学官员行礼跪拜，礼貌相待。这才使孟子那颗贪玩的心静了下来，开始认真学习，成就了一代"亚圣"。

（11）珍惜当下

有位老人希望少年趁年轻成就一番事业，而少年满不在乎。老人把少年引到一个伸手不见五指的地下室里，擦亮一根火柴，对少年说："趁火苗未熄，你在这地下室里随便选一件东西带出去吧。"少年借助微弱的亮光，四处努力辨认地下室的物品，还未等他找到一样东西，火柴就燃尽了，地下室顿时变得漆黑一团。"我什么也没拿到，火柴就灭了！"少年抱怨道。老人说："你的青春年华就如同这燃烧的火柴，转瞬即逝，你要珍惜啊！"

（12）《飞翔的蜘蛛》

一天，一只黑蜘蛛在后院的两檐之间结了一张很大的网。难道蜘蛛会飞？要不，从这个檐头到那个檐头，中间丈余宽，第一根线是怎么拉过去的？后来，我发现蜘蛛走了许多弯路，从一个檐头起，打结，顺墙而下，一步一步向前爬，小心翼翼，翘起尾部，不让丝沾到地面的沙石或别的物体上。蜘蛛走过空地，再爬上对面的檐头，高度差不多了，再把丝收紧，以后也是如此。蜘蛛不会飞翔，却能够把网结在半空中。

（13）《一碗馄饨》

一个女孩和妈妈吵架了，就跑到外面去。她肚子饿了，却连一个硬币都没有。面摊主人是个老婆婆，给她端来一碗馄饨和一碟小菜。她没吃几口，眼泪就掉了下来。她说："我很感激你，我们不认识，而你对我这么好。我和妈妈吵架，妈妈竟然把我赶出来，还叫我不要再回去！"老婆婆平静地说道："孩子，你想想看，我只不过煮了一碗馄饨给你吃，你就这么感恩我。那你妈妈煮了十多年的饭给你吃，你怎么不感激她呢？你怎么还要跟她吵架？"女孩匆匆吃完馄饨，往家走去。当她看到疲惫不堪的母亲正在路口张望……"快过来吧，饭菜都凉了！"女孩的眼泪滚落下来，懊悔不已。

3. 名言警句

千淘万漉虽辛苦，吹尽狂沙始到金。

——刘禹锡

一滴水只有放进大海里才永远不会干涸，一个人只有当他把自己和集体事业融合在一起的时候才能最有力量。

——雷锋

天下难事必作于易，天下大事必作于细。

——老子

君子坦荡荡，小人长戚戚。

——孔子

生命是以时间为单位的。浪费别人的时间等于谋财害命；浪费自己的时间等于慢性自杀。

——鲁迅

孝子之至，莫大乎尊亲；尊亲之至，莫大乎以天下养。

——孟子

这些"温馨提示""心理小故事""名言警句"等生活"小贴士"无不以学生内心世界的宁静阳光为指向，以珍惜少年时光奋发向上为出发点，以珍惜生命为根本。我们的生活指导老师用心良苦，他们希望学生因为一句话或一个小故事，在处理人际关系或化解自我内心的矛盾时有一点点启发，能够冷静、平静、智慧地去化解。无论是"家"文化的构建，还是"和"文化的追求，我们希望通过营造温馨、和谐、知性的带有浓郁传统文化色彩的住宿环境，对学生起到潜移默化的教育作用，让学生即便身在学校也明白"家和万事兴"这个传统而又朴素的道理。

七、师德文化

教师不仅是科学文化知识的传播者，而且是学生思想道德的教育者。教师在传播知识的同时，更要以自己的言行举止、形象礼仪对学生进行潜移默化的影响，从而起着示范榜样作用。

"德高为师，身正为范。"师爱是"一切为了学生，为了一切学生，为了学生的一切"的博大无私，它包含了崇高的使命感和责任感。我国著名的教育家陶行知曾说过："捧着一颗心来，不带半根草去。"这就是对教师奉献精神的最好写照。

尽职尽责是教师基本的道德规范。教师职业是人类幸福和自我完善结合的职业。爱与责任是师德的灵魂；爱与责任，相得益彰；爱与责任也是辩证的统一，爱是责任的体现，而责任是爱的化身。爱与责任是一个永恒的话题，需要全体教师不断用自己的实际行动续写篇章。教师的指导、鼓励、赞美、欣赏和支持，永远是学生最好的礼物。透过爱的鼓励和安慰，让学生祛除心中的不安，勇敢地面对生活中的各种挑战。

我校教学楼南北走向都是教师办公区，我们在二楼楼道布置了师德文化走廊，从责任感、敬业精神、教师日常礼仪等方面对教师提出高标准、严要求。宣传栏内容大致如下：

（一）做最具责任感、最敬业的教师

师爱是教师之灵魂；责任是教师之本质；高尚的师德是教师最伟大人格力量的体现。

111

历代教育家提出的"为人师表""以身作则""循循善诱""诲人不倦"等，既是教师的规范，又是教师良好品格特征的体现。在学生心目中，教师是社会的规范、道德的化身、人类的楷模。

教育实践证明，在工作中成效显著、被学生尊敬爱戴的教师都与学生有浓厚的感情和良好的师生关系。

只有热爱学生，才能从内心深处爆发出一种强大的力量，踏实肯干，拼命工作，置个人的得失于不顾；只有热爱学生，才能勇于对学生负责，热忱地鼓励和保护他们的每一点进步，千方百计地帮助他们克服存在的缺点与不足。

只有热爱学生，才能与学生建立民主、平等的亲密关系，尊重学生的人格，使学生自尊、自强、自立，真正获得进步；只有热爱学生，才能以炽烈的情感去打开学生心灵的闸门，启迪他们的聪明才智，激励他们的进取心，使他们茁壮成长。

优秀教师在教学中坚持"以生为本"，注重教法和学法，善于启发和调动学生学习的积极性，激发学生的学习兴趣，培养学生良好的学习习惯。同时，注重对后进生的教育，对学生取得的微小进步都给予表扬与鼓励，注重挖掘他们的闪光点。

教师只有具备正确的教育观、人才观，才能真正把教育当成一项崇高的事业而不是一种聊以谋生的手段；才能成为冬天里的一把火，热力四射，温暖学生；才能在教育事业上孜孜不倦地有所追求；才能达到一种对事业的挚爱，对工作的热爱，对学生的关爱。

我国著名教育家陶行知先生说："真教育是心心相印的活动。"这心，就是教师对学生的爱心，就是师生之间的和谐共鸣。做一个爱岗敬业的好教师，是知识经济时代的需要，是课堂的需要，是学生的需要，是教师工作的需要。教学如逆水行舟，不进则退。

（二）教师礼仪

孔子云："不学礼，无以立。"荀子云："人无礼则不生，事无礼则不成，国无礼则不宁。"《晏子春秋》云："凡人之所以贵于禽兽，以有礼也。"可见，"礼"是我们传统文化中不可或缺的部分，作为中华民族精神的继承者、传播者、弘扬者、建设者的教师，更有责任去继承和发扬中华民族五千多年的文化精髓。

中央电视台《百家讲坛》礼仪课程主讲者金正昆教授这样解释礼仪："礼"指的是尊重，即在人际交往中既要尊重自己，也要尊重别人。古人讲"礼仪者敬人也"，实际上是一种待人接物的基本要求。我们通常说"礼多人不怪"，如果你重视别人，别人可能就重视你。"仪者，仪式也"，即尊重自己、尊重别人的表现形式。在人际交往中，尊重是前提，平等是基础，师生之间更是如此。

我们对教师从课堂礼仪、社会礼仪、办公室礼仪、与学生交往的礼仪、活动礼仪、师生谈话礼仪、教师接待礼仪、教师家访礼仪、教师形象礼仪等方面加以引导规范。

高尚的师德是教师最伟大人格力量的体现。师德决定了教师的素质，教师的素质又决定了教育的质量。教师教给学生的不仅仅是知识和技能，更是一种信念，一种做人的准则，一种支持学生今后奋斗的强大动力。这就要求作为人类灵魂的工程师，教师不仅要十分重视自身的业务素质，更要十分注重职业道德修养。

图 4-57 教师礼仪

1. 普通话教学，并多用敬语"请"字和尊敬手势。例如"请某某同学回答问题"。手势的基本要求是：手指伸直并拢，手与前臂成一条直线，肘关节自然弯曲，掌心向斜上方。注意不要食指指向学生，这是对学生的不尊重。

2. 认真、耐心地倾听学生发言，中途不要打断。目光关注每一个学生，不侮辱学生人格，不挖苦讽刺学生，不体罚或变相体罚学生。

3. 语气、语调友好、冷静、诚恳，对学生不能使用蔑视、讥笑、讨厌、憎恶的语气，不能对学生粗暴地大喊大叫。

4. 忌长时间手撑桌面。学生自习时，教师可以用手撑住桌沿，把重心移到某只脚上，但不能长时间手撑桌面，免得学生认为你疲惫不堪，影响听课情绪。

5. 忌身体不稳。在擦黑板时，教师的站立要稳，不能全身猛烈抖动，左右摇晃，此举会破坏教师的课堂形象。

6. 忌位置固定不变。教师讲课的站位不能呆板地固定在一点上，应适当地移动位置，或到学生座位间进行巡视。

7. 忌侧身而站。心理学研究表明，侧身而站和面向黑板而站说明教师的心理是封闭的，不利于阐述教学内容，而且会给学生留下缺乏修养的印象。

8. 家访是学校方对个别家庭进行教育指导的一种常用方式，主要是解决个别家庭的教育问题。教师在家访前要充分了解学生的性格，做到因材施教，对学生的评价要客观到位。家长要认真正确地看待家访，记住教师家访是为了更好地教育孩子，对待孩子学习问题应当严肃客观，不可过分偏袒孩子。

9. 在讲台上讲课时，教师的目光要柔和、亲切、有神，给人以平和、易接近、有主见之感。当讲话出现失误被学生打断，或学生中出现突发事情打断讲课时，不能投以鄙夷或不屑的目光，这样做有损于你在学生心目中的形象。

作为一所年轻的学校，我校传承优秀传统文化，深耕厚植，结合自身实际情况，打好学校发展的文化根基。我们相信这些文化符号会在日积月累的摸索践行中慢慢内化成一种实中精神，一种实中文化，积淀实中底蕴，激励一代代实中人做最好的自己。

第二节　励志文化

巴金在自己的随想录中说过："人不是点缀太平的，而是工作的，正因为有了荆棘，才需要我们在荆棘中开辟道路。"一个人来到世界上，平平坦坦过完一生是毫无意义的。要建立自己的天地，要成为自己的主人。这一切不可空想，要靠实际行动、勇气、智慧、毅力才能实现。可这条路并不好走，放眼望去，那里荆棘丛生、弯弯曲曲、坑坑洼洼。为此，我们要磨炼自己的意志，锤炼自己的心性，要经历一番彻骨寒，迎来梅花扑鼻香。

为学生立德是我们矢志不渝的梦想，为学生塑魂是我们孜孜不倦的追求。育有梦想的学生，做有情怀的老师，办有温度的教育，是实中梦，是民勤的教育梦。

一楼一展厅，一墙一文化。我校在教学楼走廊制作了精美的名人励志故事标牌，在教学楼楼梯间布置名校介绍和优秀学子风采展示铭牌。我们希望通过名人励志故事，激励学生发奋读书；希望通过名校魅力，吸引学生刻苦学习，用身边榜样的力量鞭策学生用心读书。

一、名人励志故事

一个个名人励志故事都在告诫我们，追梦路上，荆棘并不可怕，可怕的是半途而废，没有信心、没有勇气坚持走下去。没有荆棘的道路，没有挑战性；没有挑战的人生，没有意义；没有意义的人生，生不如死！人生坎坷，我们要有"天将降大任"的豪气，要接受"苦其心志，劳其筋骨，饿其体肤，空乏其身"的磨砺，要坚信一切都是为了"曾益其所不能"，只要我们坚定信心，踏平荆棘便是坦途！

浩瀚苍穹，悠悠历史，孕育了华夏五千年古老的文明与璀璨的文化。"路漫漫其修远兮，吾将上下而求索"，屈原上下求索的精神激励着多少中华儿女立志成才；"富贵不能淫，贫贱不能移，威武不能屈"，孟子的教诲是多少中华伟丈夫、民族大英雄的言行标杆。岳飞精忠报国的赤诚，林则徐虎门销烟的壮举，孙中山"天下为公"的胸怀，周恩来"为中华之崛起而读书"的信念……我们的精神为之振奋。

从古至今多少有成就的人无不是从小立志学习读书的楷模。为了激励学生发奋读书，我校在教学楼楼道专门布置了一条励志走廊，以励志类成语为主，宣传栏上既有成语释义，还有出处和故事，既有知识性，又有趣味性，还有一些名人读书小故事、名言警句等。学生在课余驻足，看个小故事，既长知识，还长精神。这些宣传牌制作精美，体现着中国传统文化元素。

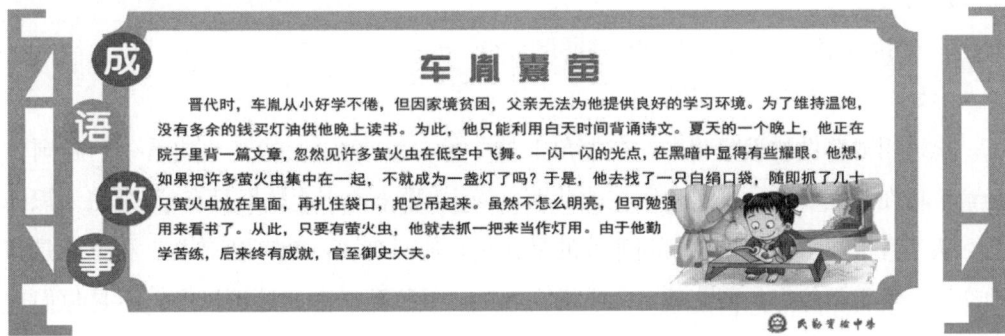

图 4-58 励志文化——成语故事（车胤囊萤）

1. 车胤囊萤

出处：《晋书·卷八十三·车胤传》

车胤囊萤是一个古老的民间故事。车胤自幼聪颖好学，家境贫寒，常无油点灯，夏夜就捕捉萤火虫，用以照明夜读，学识与日俱增，成为知名学者。今湖南津市新洲镇车渚村有"囊萤台"，相传为车胤囊萤照读遗址。

2. 程门立雪

出处：《二程语录·侯子雅言》《宋史·杨时传》

程门立雪，汉语成语，意指学生求学心切，比喻尊师重教，虔诚求学。出自《二程语录·侯子雅言》："游、杨初见伊川，伊川瞑目而坐，二人侍立，既觉，顾谓曰：'贤辈尚在此乎？日既晚，且休矣。'及出门，门外之雪深一尺。"又见于《宋史·杨时传》，杨时和游酢"一日见颐，颐偶瞑坐，时与游酢侍立不去，颐既觉，则门外雪深一尺矣"。

3. 金石为开

出处：汉·刘向《新序·杂事四》

金石为开是一个汉语成语，原意为只要用心有诚意，金石都可以被打开，比喻只要一个人心诚志坚，努力去做，任何事情都可以做到。语出汉代刘向《新序·杂事四》："熊渠子见其诚心，而金石为之开，况人心乎？"

4. 临池学书

出处：《后汉书·张芝传》

临池学书是一则来源于历史故事的成语，有关典故最早出自南朝·宋·范晔《后汉书·张芝传》。相传东汉张芝学习书法很勤，家中衣帛都被写上字，然后再煮白，他在池边学书法，池水都被染黑了。形容一个人在练习书法上非常用功，每日苦练，不知疲倦。

5. 牛角挂书

出处：《新唐书·李密传》

李密用薄草做的鞍鞯骑牛，在牛角上挂一卷《汉书》，一边走一边看书。越国公杨素正巧在路上看见，慢慢地跟在他后面，问："哪来的书生这般勤奋？"李密认识杨素，从牛背上下来参拜。杨素问他读的是什么，他回答说："《项羽传》。"杨素于是和他交谈，觉得很惊奇，回家后对儿子杨玄感说："我看李密的见识风度，不是你们这些等闲之辈所具有的。"玄感因此倾心结交李密。隋炀帝大业九年（613年），杨玄感在黎阳起兵，派人入函谷关迎接李密。

6. 呕心沥血

出处：唐·李商隐《李贺小传》、唐·韩愈《归彭城》

呕心沥血是一则来源于历史故事和文人作品的成语，该成语有两处来源，其中"呕心"出自唐代李商隐的《李贺小传》，"沥血"出自唐代韩愈的《归彭城》。后来人们把"呕心"和"沥血"合起来，组成了"呕心沥血"这个成语。

7. 手不释卷

出处：《典论·自叙》

手不释卷是一则来源于历史故事的成语，成语有关典故最早出自三国魏·曹丕《典论·自叙》。原意是手中总是拿着书卷，比喻勤奋好学。

8. 苏秦刺股

出处：《战国策》

苏秦刺股是一则来源于历史典故的成语，苏秦是战国时期著名的政治家，年轻时，家人总瞧不起他，觉得他没出息。可是苏秦并不甘心，决定发奋读书。每当学习到深夜，睡意袭来时，他就用锥子在大腿上刺一下，继续读书。现在常比喻人们十分辛勤地工作、学习。

9. 孙敬悬梁

出处：东汉·班固《汉书》

孙敬读书时，随时记笔记，常常看到后半夜，时间长了，有时不免打起瞌睡来。一觉醒来，又懊悔不已。有一天，他抬头苦思的时候，目光停留在房梁上，顿时眼睛一亮。随即找来一根绳子，绳子的一头拴在房梁上，下边这头就跟自己的头发拴在一起。这样，每当他累了困了想打瞌睡时，只要头一低，绳子就会猛地拽一下他的头发，头一疼就会惊醒而赶走睡意。从这以后，他每天晚上读书时都用这种办法，发奋苦读。

10. 孙康映雪

出处：《艺文类聚》

孙康映雪是一则来源于历史典故的成语，比喻读书非常刻苦。

11. 铁杵成针

出处：明·郑之珍《目连救母·四·刘氏斋尼》

铁杵成针，比喻只要有毅力，肯下苦功，事情就能成功。

12. 闻鸡起舞

出处：《晋书·祖逖传》

闻鸡起舞是一则来源于历史故事的成语，原意为听到鸡啼就起来舞剑（闻：听到；舞：指舞剑习武），后来比喻志士奋发向上、坚持不懈的精神。

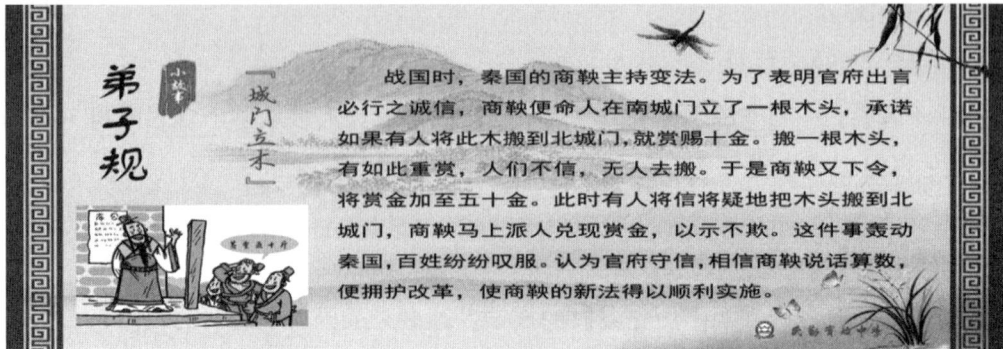

图 4-59　励志文化——弟子规小故事（城门立木）

1. 城门立木

出处：司马迁《史记·商君列传》

孝公十三年（前 356 年）和十九年（前 350 年），商鞅先后两次实行变法，变法内容为"废井田，开阡陌，实行郡县制，奖励耕织和战斗，实行连坐之法"。开始推行革新时，为了取信于民，他派人在城中竖立一木，并告知："谁人能将之搬到城门，便赏赐十金。"秦民无人敢信，后加至五十金，于是有人扛起木头搬到城门，果然获赏五十金，从此宣示与开展孝公变法，史称"徙木立信"。北宋王安石在一首称赞商鞅的诗中以"一言为重百金轻"来比喻言出必行的重要性。

2. 董遇巧用三余

出处：《魏略·儒宗传·董遇》

董遇"三余"勤读，又名"董遇劝学"，出自鱼豢的《魏略·儒宗传·董遇》，指读好书要抓紧一切闲余时间。董遇，字季直，性格质朴，不善言辞但又好学。董遇和哥哥靠收集捡拾野稻子、打柴卖钱维持生计，每次去打柴，董遇总是带着儒家的书籍，一有空闲，就拿出来学习诵读。他哥哥嘲笑他，但董遇依旧如此。汉献帝兴平年间，关中李催等人作乱，董遇和他哥哥便投靠将军段煨。

3. 方仲永

出处：《伤仲永》

方仲永（约 1020—1087），北宋金溪（今江西金溪）人，世代耕田为生，幼年天资过人，因其父短视，终日让其为人作诗写文得利，不使学，后沦为普通人。

4. 飞将军李广

出处：《史记·李将军列传》

汉文帝十四年（前 166 年），匈奴大举入侵边关，李广以良家子从军抗击匈奴。因善于用箭，杀死和俘虏了众多敌人，升为汉中郎，以骑士侍卫皇帝。多次跟随文帝射猎，格杀猛兽，汉文帝曾慨叹："惜乎，子不遇时！如令子当高帝（刘邦）时，万户侯岂足道哉！"

5. 管鲍之交

出处：《列子·力命》

管鲍之交，是一则来源于历史典故的成语，相关典故出自《列子·力命》。这则成语本义指管仲和鲍叔牙之间的深厚友情（管：管仲；鲍：鲍叔牙；交：交情），后来形容朋友之间交情深厚、彼此信任。

6. 吉翂救父

出处：《中华孝德故事》

年仅 15 岁的吉翂，面对利诱，慷慨陈词，据理力争；面对刀锯鼎镬，甘愿引颈受戮以救父命，其本身已是感天地，泣鬼神！更可贵的是，他不慕荣华，不图富贵，不肯"因父买名"，其情操谁不为之动容？

7. 见贤思齐

出处：《论语·里仁》

见贤思齐是一则成语，有关典故最早出自《论语·里仁》。见贤思齐指见到有才德的人就想着与他齐平。

8. 哭竹生笋

出处：《二十四孝》

哭竹生笋讲述了三国时孝子孟宗的孝行。此为《二十四孝》中的第十七则故事，孟宗的母亲生病想吃嫩笋，寒冬无笋，小孟宗扶竹而哭。他的哭声打动了身边的竹子，于是地上就瞬间长出了许多嫩笋。

9. 陆绩偷橘

出处：《三国志·吴志·陆绩传》

百善孝为先，孝心是要从小培养的。陆绩六岁就知道把橘子让给母亲品尝，在他幼小的心灵里埋下"孝"的种子。孝道是中华民族的传统美德，关心父母、爱护父母直至赡养父母，既是子女的责任与义务，也是一种高尚的道德。

10. 亲尝汤药

出处：《二十四孝》

亲尝汤药讲述的是汉代文帝孝行的故事，这是《二十四孝》中的第二则故事。前汉文帝，名恒，高祖第四子，初封代王。生母薄太后，帝奉养无怠。母长病，三年，帝目不交睫，衣不解带，汤药非口亲尝弗进。仁孝闻天下。

11. 少年陈蕃

出处：《习惯说》

一屋不扫，何以扫天下，指连一间屋子都不打扫，怎么能够治理天下呢？这句话的原文并非如此，其真正的原文是："一室之不治，何以天下家国为？"《后汉书》第五十六章《陈王列传》及《孟子》中也有记载。

12. 舜的孝心

出处：《二十四孝》

这个故事讲述了远古帝王舜，用自己的一言一行来孝顺父母，并感化父母与弟弟的故事，让我们看到了一代帝王舜的一片孝心，这种孝绝对可以感动天地，长留人间。

13. 宋濂求学

出处：《送东阳马生序》

求教要有谦恭的态度。宋濂遇到的老师，不高兴时一副冷冰冰的面孔，此时，宋濂就越发谦恭。学生要尊师重教，要以谦恭的态度"援疑质理"；自以为是、目中无人，这不是求学的正确态度。

14. 唐太宗与魏徵

出处：《资治通鉴》

《唐太宗与魏徵》是北宋史学家司马光所作《资治通鉴》中的一篇散文，文章记述了唐太宗李世民和千古第一诤臣魏徵的故事。

15. 晏子辞高缭

出处：《晏子春秋》

晏子辞高缭是出自《晏子春秋》的一则历史故事，其核心思想为"在其位，谋其政"。故事中提到的高缭侍奉晏子三年，未曾做什么事，被晏子辞退，这说明晏子是一个赏罚分明的人。

图 4-60 励志文化——博观而约取，厚积而薄发

1. 博观而约取，厚积而薄发。

出处：《稼说送张琥》

作者：苏轼

释义：广博读书而简约审慎地取用。

2. 博学之，审问之，慎思之，明辨之，笃行之。

出处：《礼记·中庸》

释义：博学，学习要广泛涉猎；审问，有针对性地提问请教；慎思，学会周全地思考；明辨，形成清晰的判断力；笃行，用学习得来的知识和思想指导实践。

3. 学而时习之，不亦乐乎？

出处：《论语·学而》

作者：孔子弟子及再传弟子

释义：学习后经常复习，不是很愉快吗？

4. 不登高山，不知天之高也；不临深溪，不知地之厚也。

出处：《荀子·劝学》

作者：荀子

释义：不勤奋学习，就不能获得高深的知识或确立远大的心志。

5. 百川东到海，何时复西归？少壮不努力，老大徒伤悲。

出处：《乐府诗集》卷三十

作者：汉乐府（民间诗歌）

释义：百川奔腾着东流到大海，何时才能重新返回西境？少年如果不及时努力，到老来只能是悔恨一生。

6. 读书百遍，其义自见。

出处：《三国志·魏志·王肃传》

作者：陈寿

释义：读书上百遍，书意自然领会。指书要熟读才能真正领会。

7. 读书破万卷，下笔如有神。

出处：《奉赠韦左丞丈二十二韵》

作者：杜甫

释义：表示一个人因为做到了成功的阅读，在写作上就能达到了一种非同寻常的高明的境界。

8. 黑发不知勤学早，白首方悔读书迟。

出处：《劝学》

作者：颜真卿

释义：如果年少只知道玩，不知道好好学习，到老的时候才后悔自己年少时为什么不知道要勤奋学习。

9. 敏而好学，不耻下问。

出处：《论语》

作者：孔子弟子及再传弟子

释义：不以向地位、学问比自己低的人请教为耻，形容谦虚好学。

10. 三人行，必有我师焉。择其善者而从之，其不善者而改之。

出处：《论语·述而》

作者：孔子弟子及再传弟子

释义：别人的言行举止，必定有值得我学习的地方。选择别人好的方面学习，看到别人的缺点，反省自身有没有同样的缺点，如果有，加以改正。

11. 千里之行，始于足下。

出处：《道德经》

作者：老子

释义：走一千里路，是从迈第一步开始的。比喻事情是从头做起，从点滴的小事做起，逐步进行的。再艰难的事情，只要坚持不懈地行动，必有所成。

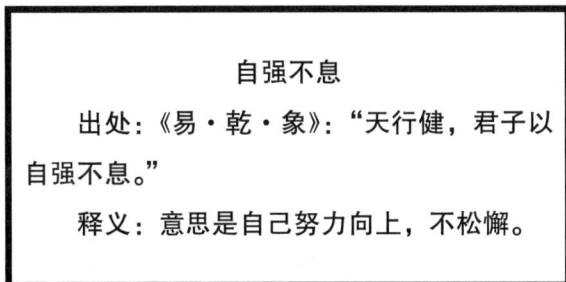

图 4-61 励志文化——自强不息

1. 自强不息

出处：《易·乾·象》："天行健，君子以自强不息。"

释义：意思是自己努力向上，不松懈。

2. 取长补短

出处：最早出自《孟子·滕文公上》。

释义：意思是吸取别人的长处，来弥补自己的不足之处；也泛指在同类事物中吸取这个的长处来弥补那个的短处。

3. 熟能生巧

出处：宋代·欧阳修《归田录·卖油翁》

释义：意思是熟练了就能找到窍门，干起事来得心应手。

4. 笃实好学

出处：《北史·张衮传》："衮笃实好学，有文才。"

释义：意思是认真踏实，爱好学问。

5. 百折不挠

出处：汉·蔡邕《太尉乔玄碑》："其性庄，疾华尚朴，有百折不挠，临大节而不可夺之风。"

释义：意思是虽然受到很多挫折，但仍不动摇、退缩或屈服。形容意志坚强。

6. 不骄不躁

出处：毛泽东《中共中央关于同国民党进行和平谈判的通知》

释义：事情做好了不骄傲，未处理好不要急躁。

7. 全力以赴

出处：清·赵翼《二十二史札记》："故凡可以得名者，必全力以赴，好为苟难，遂成风俗。"

释义：指把全部精力都投入进去。

8. 宽宏大量

出处：元·无名氏《渔樵记》

释义：形容人度量大，心胸开阔，能容人、事。对人和事抱着宽大的胸怀。

这些励志宣传栏时时提醒我们：我们是华夏儿女，是中华民族的新生代。黄河在我们的血脉中奔流，长城在我们的骨骼中挺立，万里长征让我们学会永不言弃……五千年的民族文化，亟待我们发扬光大，实现我的梦就是在实现中国梦！

二、名校励志文化

为了拓宽我校学生视野，让学生对世界知名大学和国内名校有大致的了解，我校在教学楼楼梯间开辟了名校文化展览间，通过名片的形式，共介绍国外如哈佛大学等25所世界名校的文化，国内如清北等24所名校的文化。这些学校名片的内容包括学校中英文名称、校门图片、经典景观图片、校训和学校简介。名片简约大气，充满着知性的魅力和智慧的光芒。名校校训本身就是一种文化与知识的吸引，如哈佛大学的校训"以柏拉图为友，以亚里士多德为友，更要以真理为友"，牛津大学的校训"上主是我的亮光"，麻省理工学院的校训"手脑并用，创造世界"，剑桥大学的校训"求知学习的理想之地"，北京大学的校训"自强不息，厚德载物"，上海交通大学的校训"饮水思源，爱国荣校"等。

我们打造名校文化走廊的初衷是为学生的人生设计、职业规划高起点导航！我们希望通过名校文化激励我校学生，建立一种信仰，获得一份力量，希望他们能与时代接轨，与充满竞争和挑战的世界接轨，从小立鸿鹄之志，积极提高自我素养。

三、优秀学子风采

在我校有许多优秀学生，他们勤奋刻苦，执着攀登学习的高峰；他们善良诚恳，用心播撒友谊的馨香；他们播洒汗水，努力拼搏，收获硕果，绘就蓝图，用智慧与勤奋的钥匙打开成功之门。在追求理想的路上，自信是他们的动力，自强是他们的性格，自立是他们的追求。面对困难，他们从容不迫；面对挫折，他们永不言弃。他们是执着的求知者，他们是强者的典范。

回首他们的奋斗历程，勤奋而执着，他们用拼搏创造了实中的辉煌，惊艳了时光。那些人、那些场景、那些故事已深深定格在青春的记忆中。他们如阳光下的金沙，熠熠生辉，光彩夺目。让我们以他们为榜样，为了美好的未来而努力，为明天的成功而奋斗，为无悔的青春而拼搏。

他们是实中的骄傲，他们是实中一届届学弟学妹的榜样，学校在教学楼楼梯间开辟了优秀学子风采展览，将他们的青春定格，将他们在实中的荣耀铭记，以便激励后学。在每一块展牌上都有他们的个人基本信息，以及在初中阶段获得的各种奖励和中考成绩，还有人生格言。我们择优介绍，共介绍学子 2016 届 16 名、2020 届 24 名、2022 届 25 名。如 2016 届的胡超远、侯梦清、陈慧宇等，2020 届的姜怡、李龙川、王海等，2022 届的刘泽宇、王珂、杨子涵等。

光阴荏苒，春华秋实。创业十载，我们见证着实中学子的耕耘与收获、光荣与梦想。优秀学子，满怀壮志走出校园，扬帆远航。优秀学子是学校的人才资源，也是学校的宝贵财富；他们是构建优秀学校的基石，也是学校永葆生机的不竭动力；他们是支撑学校发展的栋梁，也是学校生生不息的力量。他们的追求让我们感动，他们的精神让我们备受鼓舞，他们的成功让我们骄傲和自豪。

同呼吸，共命运，心相连，情永依。优秀学子永远是实中发展史上最鲜艳的花，最甜美的果，最闪耀的星！

第三节　科技文化

当今世界谁掌握了高科技，谁就掌握了主动权。我国历代领导人无一例外都在强调"科技是第一生产力"，科技兴国，要从娃娃抓起。我校有全县最大的科技馆，是科普进校园、强化青少年科技意识的有力支撑，每年还有"流动科技馆进校园"活动。我校把科技教育作为实施素质教育的重要途径，并把它纳入"一生一案·小案大爱"综合育人体系中，要求学生必须参与学校组织的各类科技宣传或实践活动，做到"人人参与，时时参与"，把科技教育渗透到学科教育当中，渗透到平时的教育教学过程中。因地制宜，因时制宜，通过开展系列科普活动，提升我校学生的综合科学素养。为了激发学生的科学兴趣，培养学生的科学技能，提高学生的科技素养，我校特意在科技楼楼梯间开辟了科技文化展览，包括汽车文化、航天科技、计算机文化等。

我校还成立了科普社团：人工智能社团、云绘苑社团、"STEAM 创新教育工坊"社团、"木林森"网页制作与欣赏社团。

一、汽车文化

1886 年，卡尔·本茨发明了汽车，宣告人类告别马车时代，迎来了汽车时代。汽车不仅改变了人们的交通方式和时空观念，也深刻影响着人们的生活和工作方式，推动了现代文明进程。纵观历史，从人类对内燃机汽车的探索，到电动汽车的问世；从早期昂贵的汽车玩物，到如今汽车走进了千家万户；从汽车品牌的创立，到汽车工业集团化、国际化，汽车是工业文明之镜，它忠实地反映着社会的变迁。百余年来，汽车在满足人们代步需求的同时，也积累和蕴含了丰富的精神财富，被赋予了更多的文化内涵，形成了一个独特的文化现象——汽车文化。

本部楼梯文化主要介绍了汽车的发展史、中国汽车的发展史、汽车外形的演变、世界知名汽车公司及自主创新与合资阶段等。

图 4-62　汽车发展史

（一）汽车发展史

1890—1920 年，马车过渡到汽车，金属车身出现。

1920—1950 年，哈利·厄尔时代。

1930—1950 年，流线型与船型车身。

1940—1960 年，国民车。

1950—1970 年，长尾鳍到短尾，coupe 短暂兴起。

1970—1990 年，平面直角和多元化。

1990 年至今，分裂的时代。

1. 1890—1920 年，马车过渡到汽车，金属车身出现

1885 年，德国工程师卡尔·本茨制成了世界上第一辆三轮车，并于 1886 年 1 月 29 日申请获得了发明专利。所以，1886 年 1 月 29 日被认定为汽车的诞生日。几乎同时，德国工程师戈特利布·戴姆勒也成功研制出一辆公认的以内燃机为动力的四轮汽车。1894 年，奔驰 velo 是最早的量产汽车。

代表车型：

1886 年戈特利步·戴姆勒四轮汽车；

1890 年 Systeme Panhard 四轮汽车；

1914 年道奇 Brotherrs；

1922 年蓝旗亚 Lambda；

1925 年奥迪 18/70 hp type M 型。

2. 1920—1950 年的哈利·厄尔时代

德国发明了汽车，美国则把这个行业带入了艺术设计的圣殿，而哈利·厄尔则是有史以来最伟大的汽车设计大师，对现代汽车的影响不可估量。

代表作：

1927 年凯迪拉克 lasalle；

1938 年别克 Y job；

1941 年凯迪拉克 sixty special；

1948 年凯迪拉克 sedanet；

1951 年别克 lasabre；

1959 年凯迪拉克 e Idorado biarritz。

3. 1930—1950 年的流线型与船型车身

20 世纪 30 年代的大萧条到二战结束的 20 年，是汽车设计向现代化转变的重要时期，由美国人独占鳌头的汽车设计领域也加入了欧洲人。欧洲在流线型设计方面走在前面。意大利 giuseppe merosi 1913 年为 oountriootti 公司设计的汽车是流线型的最早期作品，paul jaray 第一次开始了风洞实验并获得了美国专利。

代表车型：

1927 年 paul jaray 的流线型汽车；

1934 年克莱斯勒 airf low；

1934 年泰托拉 T77；

1934 年雪铁龙 traction avant。

4. 1940—1960 年的国民车

1948 年的法国雪铁龙 2CV、英国 morris minor，1957 年的意大利 fiat 500，1959 年的英国 mini，都是那个时期国民车的经典，也是汽车史上的经典。

5. 1950—1970 年，长尾鳍到短尾，coupe 短暂兴起

美国经济的强大以及以意大利、英国为首的欧洲小厂热衷表现美学功底，使追求运动气息的年轻人开始追求 coupe 车型，风斯顿马丁 DB2、阿尔法罗密欧 ciullotta、玛莎拉蒂 A6 和 5000GT 等都是那个时代的经典。20 世纪 70 年代后，石油危机爆发，人们逐渐失去对 coupe 的热情，转向经济实用的小型车，尤其是日系车。

6. 1970—1990 年的平面直角和多元化

1974 年是个重要的年份，马里奥·甘地尼设计的兰博基尼 countach 和乔治罗亚设计的大众高尔夫都在这年诞生，它们采用的直角造型将流行数十年的曲线美学无情抛到了一边。此后几年，乔治罗亚又设计出类似的 fiat 熊猫和兰西亚 delta 等。它们的出现改变了很多设计师的思维模式，也是对当时汽车零配件工艺的一种妥协。

7. 1990 年至今的分裂的时代

经典主义包含多种层次。一层是设计师本身对于过去经典的缅怀与尊敬，另一层是设计师力求在原来的经典车型中赋予自己的色彩，还有试图使用经典车型为公司开辟一条新的道路。各自代表分别为大众新甲壳虫、mini 和克莱斯勒 PT 漫步者。

随着科技的发展，为了应对全球能源危机，新能源车慢慢开始替代燃油车。AI 时代的到来，又使智能车慢慢进入人们的视野。

（二）汽车外形的演变

下图主要介绍的是汽车外形从马车形到船形再到甲壳虫形的转变。

图 4-63　汽车外形的演变

（三）世界知名汽车公司及其标志

图 4-64 世界知名汽车公司

（四）自主创新与合资阶段

图 4-65 自主创新与合资阶段

1997—2004 数年间超过 10 家的跨国汽车公司陆续进入中国，原有竞争格局彻底被打破，以吉利、奇瑞为代表的民营和地方资本纷纷进入汽车领域。自 2005 年以来，国内汽车产业将进入新一轮重组期，内资企业对汽车产业理解加深，信息不对称因素减弱，陆续出现不同以往的创新合资合作模式，汽车产业进入"后合资"时代。

二、航天文化

航空航天已经成为 21 世纪最活跃和最有影响的科学技术领域，该领域取得的重大成就标志着人类文明的又一高度，也代表着一个国家科学技术的发展水平。很久以前，人类就有飞出地球、探知太空奥秘和开发宇宙资源的愿望。历史上第一个试验乘火箭上天的人是 15 世纪的中国官员万户。他先做了两个大风筝，并排装在一把椅子的两边。然后，他在椅子下面捆绑了 47 支当时能买到的最大火箭。准备完毕后，万户坐在椅子当中，然后命其仆人点燃火箭。但是，随着一声巨响，他消失在火焰和烟雾中，人类首次火箭飞行尝试以失败告终。2003 年 10 月 15 日，我们圆了万户的梦，因为在这一天，中国人民期待已久的第一艘载人飞船神舟五号顺利升空并安全返回，实现了中华千年飞天的梦想，也打破了美国和俄罗斯在这一领域的多年垄断格局，我国成为世界第 3 个独立自主研制并发射载人航天器的国家，开启了中国人自己的航天文化。

这部楼梯间文化主要介绍了飞行器的发展史、我国神舟系列飞船升空、我国无人作战飞机等知识。

图 4-66　飞行器发展史

三、计算机发展史

信息时代，电脑作为一种网络终端，在我们的工作生活中无处不在。世界上第一台真正意义上的计算机诞生迄今不过几十年。计算机（computer）俗称电脑，是一种用于高速计算的电子计算机器，可以进行数值计算，又可以进行逻辑计算，还具有存储记忆功能，是能够按照程序运行并自动、高速处理海量数据的现代化智能电子设备。它由硬件系统和软件系统所组成，没有安装任何软件的计算机称为裸机。计算机可分为超级计算机、工业控制计算机、网络计算机、个人计算机、嵌入式计算机五类，较先进的计算机有生物计算机、光子计算机、量子计算机等。

计算机是 20 世纪最先进的科学技术发明之一，对人类的生产活动和社会活动产生了极其重要的影响，并以强大的生命力飞速发展。它的应用领域从最初的军事科研扩展到社会的各个领域，已形成规模巨大的计算机产业，带动了全球范围的技术进步，由此引发了深刻的社会变革，催生了网络文化和产业信息化革命。计算机已遍及一般学校、企事业单位，进入寻常百姓家，成为信息社会中必不可少的工具，形成了一种真正现代意义上的计算机文化。

图 4-67　计算机发展史

我校计算机楼梯文化，从最古老的计算器到最先进的计算机，介绍了计算机的发展历史及未来发展趋势。这一部分由 21 个展板构成，大致如下：游珠算盘、帕斯卡加法器、乘法器、巴贝其分析机、手摇计算机、穿孔制表机、图灵机、电子管计算机、电磁式计算机、电子数字计算机、晶体管计算机、集成电路计算机、微型计算机——台式机、微型计算机——电脑一体机、微型计算机——笔记本电脑、微型计算机——掌上电脑、微型计算机——平板电脑、未来计算机——超导计算机、未来计算机——纳米计算机、未来计算机——生物计算机；涉及3个方面，即计算机的前身、发展和未来发展趋势。

这些有关计算机的知识从底层逻辑开始展示，脉络清晰地向学生展示了计算机的发展过程，让学生对身边熟悉的科技产品产生了浓厚的兴趣，建立了科学意识，激起学生的好奇心和探究欲，为学生科学素养的提升埋下了一颗好奇的种子。

第四节　校本文化

社团活动是学校课堂教学的补充和延伸，是学校为学生搭建的自主发展和趣味生活的平台，是学校文化建设的一个重要方面，也是学校提高学生综合素养的重要途径。

党的十八大以来，以习近平同志为核心的党中央一直把教育事业放在优先发展的位置，落实立德树人根本任务，发展素质教育，培养德智体美劳全面发展的社会主义建设者和接班人。1999年6月，中共中央、国务院《关于深化教育改革全面推进素质教育的决定》指出，学校教育不仅要抓好智育，更要重视德育，还要加强体育、美育、劳动技术教育和社会实践，使诸方面教育相互渗透、协调发展。2021年6月，国务院印发《全民科学素质行动规划纲要（2021—2035年）》提出，要增强科学兴趣、创新意识和创新能力，引导有创新潜质的学生个性化发展。2021年7月，中共中央、国务院办公厅印发《关于进一步减轻义务教育阶段学生作业负担和校外培训负担的意见》提出，为学有余力的学生拓展学习空间，开展丰富多彩的科普、文体、艺术、劳动、阅读、兴趣小组及社团活动，切实提升学校育人水平，促进学生全面发展、健康成长。

我校"阳光社团"成立于2014年，始终依据学校的办学理念，秉持学校的办学思想，着力发挥学生特长，张扬学生个性。社团成立以来，学校领导高度重视，教师热心服务，社团课程日趋丰富，现有5大类、28门课程、31个社团，已经成为学校一道亮丽的风景线。

各社团有独立的名称和徽标，徽标或形象直观，或委婉含蓄，充分体现了社团的文化的内涵。全体教师凝心聚力，寓教于乐；学生学有所得，学有所长。社团活动精彩纷呈，硕果累累，受到了上级部门和社会各界人士的好评。

一、艺术修养类

（一）"创绘艺苑"社团

图 4-68 "创绘艺苑"社团徽标

1. "创绘艺苑"社团徽标释义

徽标整体上简单大方又寓意深远，包含"创绘艺苑"首字母"CHYY"。

图案中的"人"既代表学生，也代表教师，寓意师生共同努力，乐学求真，向善向美，做最好的自己。

五色五彩，用最美的画笔诠释五彩缤纷的画面和多姿多彩的学生时代。

调色板的造型为绘画完美代言，是手掌又是太阳，寓意阳光少年用灵巧的双手绘制辉煌灿烂的人生。

2. 社团简介

"创绘艺苑"社团成立于 2015 年，注重培养学生的艺术素养，是学生愉悦学习、畅想未来的小天地。开设装饰画和版画课程，活动时间是每周二、三、四第七节课。

社团活动室内有作品百余幅，是学生往日的足迹。学校每学年至少组织两次艺术创作比赛，对表现突出的学生予以奖励；曾在各类艺术比赛中获省、市、县级奖励达 30 多人次；2021、2022 年，社团师生共同参与创作了"精彩画出一百年经典"系列展板、"致敬二十大　传承家国情"系列红色版画长廊，为学校文化建设打造了亮点，赢得师生一致好评。

（二）"剪韵苑"社团

1. "剪韵苑"社团徽标释义

"剪韵苑"的徽标图案是一幅剪纸作品，图中一双灵巧的双手捧起一把金剪刀置于花心中，寓意学生有一双灵巧的双手，拿起手中的金剪刀，剪出一幅幅别有韵味的剪纸作品。

图 4-69 "剪韵苑"社团徽标

2. 社团简介

"剪韵苑"是依托剪纸校本课程成立的剪纸社团。社团学生通过学习剪纸,培养耐心细致的好习惯,提升实践能力、审美能力。社团自成立以来,曾多次参加学校及县级以上的艺术比赛并多人次获奖;在学校组织的 2021 年庆祝建党 100 周年"精彩剪出一百年史册"活动和 2022 年喜迎党的二十大"巧手剪党史 致敬二十大"活动中,社团成员发挥了领军作用,活动取得了圆满成功,获得了省、市、县领导的一致好评,这在社团发展史上具有里程碑的意义。

(三)"丹青苑"社团

1. "丹青苑"绘画社团徽标释义

标志取繁体字"书"的上半部分,以红绿蓝三原色的横画为下半部分,构成了主题图案。寓意该社团以形写神、气韵生动的文化气息。社团为学校的校园文化建设添彩,为学生的全面、个性化发展助力。

图 4-70 "丹青苑"绘画社团徽标

2. 社团简介

"丹青苑"绘画社团成立于 2014 年 9 月,现有学员 45 人。该社团的主要功能是弘扬祖国传统文化,丰富学生课余文化生活,配合学校开发绘画艺术校本课程。丹青苑社团自成立以来,力量不断壮大,也取得了良好的成绩。学员参与县级以上比赛和展览达 80 多人次,其中获得县级以上奖励达 50 多人次。在 2021 年学校举行的庆祝建党 100 周年"六个精彩一百年"活动中,本社团成员发挥了重要作用。"丹青苑"绘画社团通过丰富多彩的活动,让学生得到了个性化的锻炼,不仅增长了知识,开阔了眼界,美术特长也得到了更好的发展。

(四)"乐图苑"社团

1. "乐图苑"绘画社团徽标释义

徽标包含"乐图"首字母"LT"。图案以红、黄、蓝三原色呈现,加上同样三原色为主的画板,共同组成了"乐"字,寓意阳光、快乐、自信和全面发展。整体造型又像是一个箭步向前的快乐少年,象征了我校"向善向美,乐学求真"的学风和"做最好的自己"的校训。

图 4-71 "乐图苑"绘画社团徽标

2. 社团简介

"乐图苑"绘画社团成立于 2015 年,其丰富多彩的绘画活动深受学生的喜爱。绘画社团活动既是对传统美术课堂教学的补充和延伸，又是对学生进行美育的重要途径。通过各种形式的绘画教学，学生进行了个性化、创造性的学习，美术特长得到了更好的发展，观察能力和创新思维能力得到了有效的提高。社团以绘画作为素质教育的有效手段，在潜移默化中培养学生的综合能力，使他们的创造精神得到张扬，潜能得以开发。

（五）"翰墨飘香"书法社团

1. "翰墨飘香"书法社团徽标释义

标志中央的字取繁体字"書"，用笔富于变化，体现书法精髓。而行书完美地体现出中国书法笔法变化与章法和谐之美。"翰墨飘香书法社团"名字用绿色，寓意书法要从祖国的希望——孩子抓起。

图4-72 "翰墨飘香"书法社团徽标

2. 社团简介

"翰墨飘香"书法社团是以弘扬民族书法艺术为宗旨，以提高学生的书法赏析能力、书写技能、临摹技巧和创作水平为目的，依托书法校本课程而成立的。现有成员22人。社团每周二、四开展两次活动：一次为书法讲座活动，另一次为书法赏析和临摹创作活动。内容以楷、行、隶书为主，以《九成宫醴泉铭》《多宝塔碑》《兰亭序》《曹全碑》为范本，学习其笔法、结构和章法特点。

活动中，社团成员刻苦练习、积极创作。有100多人次参加了市、县、校级比赛和展览，获奖30多人次；在学校的历次大型宣传活动中，大家更是大显身手，创作出了许多高质量的作品，获得师生的一致好评。

（六）"铜管之音"社团

1. "铜管之音"管乐社团徽标释义

徽标的整体画面简洁清爽，直观明了。铜管乐器和音符的组合点明"铜管之音"是以铜管乐器演奏为主的社团。铜管乐器中渐变的圆点象征音乐演奏丰富而又多变。徽标色彩以红金为主，寓意学生在此展现自我，放飞梦想，奔向金色的阳光大道。

图4-73 "铜管之音"管乐社团徽标

2. 社团简介

"铜管之音"管乐社团成立于2015年，现有学员21人，主要进行铜管类乐器的学习及演奏。集体活动时间为每周二、三、四第七节课。排练的节目多次参加市、县中小学生艺术节，曾获得器乐类比赛市级二等奖 1 次，县级一等奖 1 次，县级二等奖 1 次，县级三等奖 2 次。本社团为学生发挥器乐类特长提供了平台，为学生素质教育发展奠定了基础。

（七）"竹韵天音"社团

1. "竹韵天音"社团徽标释义

变形的高音谱号是葫芦丝与竹笛的组合体，表明本社团是以竹笛、葫芦丝等民族乐器为主的音乐社团。五线谱上配以鸟的飞行音符，寓意艺术文化，唱响音乐，收获成长。

图 4-74 "竹韵天音"
社团徽标

2. 社团简介

"竹韵天音"社团是一个致力于弘扬民族器乐，提高学生对民族音乐艺术的认识的社团。社团成立于 2014 年 9 月，现在已经发展为 3 个活动分社，分别为"竹韵天音""天籁丝律""悠扬丝竹"。社团现有成员 38 人，每周二、三、四下午第七节课为社团统一活动时间。社团自成立以来，曾参加县、校艺术节并多次获奖。

（八）"韵飞琴艺"社团

1. "韵飞琴艺"社团徽标释义

图案由一个红色音符和蓝、黄、绿三点弧线构成，充分体现了该社团是以电子琴等键盘乐为主的艺术社团，将键盘乐艺术发扬光大。

图 4-75 "韵飞琴艺"
社团徽标

2. 社团简介

"韵飞琴艺"社团成立于 2014 年，现有学员 34 人，主要进行手风琴、电子琴、钢琴的学习及演奏。集体活动时间为每周二、三、四下午。排练的节目多次参加民勤县中小学生艺术节并获奖，钢琴四手联弹《加勒比海盗》获第五届民勤县中小学生艺术节器乐类比赛一等奖。

（九）"梦爵士"架子鼓社团

1. "梦爵士"架子鼓社团徽标释义

图案最中间的 JD 表示爵士的意思，整个架子鼓形成一个 M，表示梦、理想、梦想。外围两个圆圈形成一个光环，内写"民勤实验中学"字样，寓意学生在实验中学实现梦想。

2. 社团简介

"梦爵士"架子鼓社团成立于 2021 年 9 月，有学员 9 名。社团以丰富校园生活，培养学生艺术素养为目的，在每周二、四开展学习活动。

架子鼓是一种打击乐器，学习过程对提高学生的注意力、肢体的协调性、乐感等有很好的效果。此外，学习架子鼓还能起到减压的作用。

图 4-76　"梦爵士"
架子鼓社团徽标

（十）"舞之韵"社团

1. "舞之韵"舞蹈社团徽标释义

图案标志由英文 DANCE 变形、中文"舞蹈"和变形的舞者构成，寓意舞蹈的灵动飘逸，同时增加了艺术感。特别是中间的舞者，采用流线设计，既有舞者的线条美，又富有舞者的张力与活力。

2. 社团简介

"舞之韵"舞蹈社团，本着推动校园文化发展，丰富校园文艺舞台及学生课余生活的宗旨，希望学生能够通过舞蹈社团的活动，提升对艺术的理解及领悟能力，并借助舞

图 4-77　"舞之韵"
舞蹈社团徽标

蹈的桥梁，大胆自信地表演自我、展示自我、陶冶情操。在学校的文艺活动中，舞蹈社团多次选送精美的舞蹈节目，并获得校领导和学生的一致好评。

青春，动感，活力，让我们带着新时代的气息在舞姿里漫游。舞之韵舞蹈社团，是你的，是我的，是所有热爱舞蹈的人的。来吧！致力于塑造一个新的自我，让我们舞起来吧！舞动你的灵魂，舞动你的梦想，舞动你的人生！

（十一）"百灵"合唱社团

1. "百灵"合唱社团徽标释义

图案由五线谱、音符、小鸟等元素构成，以"百灵鸟的合唱"为设计理念，流畅的五线谱象征悠扬的音乐，跳动的音符构成会唱歌的百灵鸟，象征合唱团的学生和他们优美动听的歌声，三种不同的颜色象征了合唱形式的多样和学生生活的丰富多彩。

图 4-78　"百灵"
合唱社团徽标

2. 社团简介

"百灵"合唱社团成立于 2014 年，本着"以师生为本，以素养为重，为家国树人，为未来奠基"的办学理念。合唱团通过歌声和各种形式在与学生的交流中，发挥合唱这种特殊形式的育人作用。用心、用情、用爱，让更多的学生在课后找到归属，享受成长的快乐。将"双减"落到实处，让有温度的教育遍地开花。

(十二)"手随心动"手工社团

1. "手随心动"社团徽标释义

图案中心是三个大写字母 DIY，意在学生通过自己亲身参与手工艺作品的制作来体会手工艺的乐趣。字母 I 斜放在字母 Y 上，既像一把剪刀，又代表手工的创造性。不同的颜色搭配代表着手工艺品的色彩斑斓，给人以美的享受。

图 4-79 "手随心动"
社团徽标

2. 社团简介

社团以"手随心动，变废为宝"为口号，内容主要包括折纸、贴画、创意小制作、手工串珠及生活中废旧材料的再利用等。目前的社团指导老师是张永菊，她积极挖掘每个社员的潜力，努力提高社团的整体水平。

二、身心素质类

(一)"舞之魅"滑步舞社团

1. "舞之魅"滑步舞社团徽标释义

徽标整体简洁大方，主要由舞动的人物造型和明快的蓝色圆圈组成。图案中间舞动的少女寓意滑步舞的炫酷和当代青少年阳光自信的精神风貌；明快的蓝色纯洁而大方，给人以明朗澄澈的感觉，象征初中学生特有的个性魅力。

图 4-80 "舞之魅"
滑步舞社团徽标

2. 社团简介

滑步舞社团成立于 2018 年。该社团结合学生的年龄特点，将活动内容与教育性和艺术性相结合，趣味盎然。它有利于培养学生的形体姿态和气质，培养学生的乐感，让学生在运动和音乐中感受力与美带来的青春活力，启迪智慧，陶冶情操，促进学生身心健康发展。

(二)"姚之篮"社团

1. "姚之篮"男子篮球社团徽标释义

图案采用鲜明的色调反差和流线来展现篮球的魅力。以篮球进框的特写为主元素，形象生动地展示出篮球运动的激情与动感，也象征着篮球场上积极进取、顽强拼搏的精神风貌。

图4-81　"姚之篮"
男子篮球社团徽标

2. 社团简介

"姚之篮"社团是我校根据办学理念及特色成立的社团之一，深受学生喜爱。社团坚持"以学生管理为主，教师指导为辅"的理念，以形式多样的活动丰富学生的课余生活，给热衷篮球的学生提供展示自我的机会。社团成员训练积极认真，作风顽强，在历届市、县中学生运动会中取得了骄人成绩，并为高一级学校输送了很多优秀运动员。

(三)"扣响青春"男子排球社团

1. "扣响青春"男子排球社团徽标释义

高高跃起的运动员，凝视着上方的排球，随时做好了扣杀的准备，充满了活力与激情，展现了学生的青春活力，展示了排球运动的魅力风采。

图4-82　"扣响青春"
男子排球社团徽标

2. 社团简介

"扣响青春"男子排球社团成立于2014年，现有成员38名。社团成立以来，在历届全县中学生运动会中取得了3次冠军的骄人成绩，并在2017年、2018年全市中学生运动会中获得冠军。

(四)"绿茵小子"男子足球社团

1. "绿茵小子"男子足球社团徽标释义

图案由足球小子、绿茵场、同心圆和"民勤实验中学绿茵小子社团"字样组成。球队同心，谁与争锋。争做阳光少年，彰显足球社团精神，发扬校园足球精神，展示青春活力。让学生自由驰骋在绿茵场上，挥洒汗水、追逐梦想。

图4-83　"绿茵小子"
男子足球社团徽标

2. 社团简介

"绿茵小子"男子足球社团成立于 2014 年 9 月，现有学员 40 人，社团每周分年级集中活动三次，一般每周三为八年级学员集中活动时间，每周二、四为七年级学员集中活动时间。本社团组织的足球队，在各级比赛中成绩名列前茅，曾多次获得武威市中小学生运动会冠军、武威市赛区"星级"锦标赛冠军、全县校园足球联赛冠军。指导老师多次获得"市级优秀教练员""县级优秀教练员"等荣誉称号。

（五）"铿锵玫瑰"女子足球社团

1. "铿锵玫瑰"女子足球社团徽标释义

图案由驰骋在绿茵场上带球的扎马尾的女运动员和"民勤实验中学铿锵玫瑰足球社团"字样构成。"铿锵"意为坚强、独立、自信、节奏分明；"玫瑰"意为美丽、温柔、娇嫩、鲜艳夺目；阳刚与阴柔，在民勤实验中学女子足球队员身上体现得淋漓尽致。

图 4-84 "铿锵玫瑰"
女子足球社团徽标

2. 社团简介

"铿锵玫瑰"女子足球社团成立于 2015 年，以公平竞争、团结合作、增进友谊为宗旨，以增强学生体质、丰富学生课外生活、培养学生团队意识为目的。本着"友谊第一，比赛第二"的原则，参加足球赛，旨在丰富学生的课外生活。

女子足球社团，多次组队代表学校参加民勤县中小学生校园足球联赛，于 2016 年、2018 年、2020 年获得全县中小学生女子组冠军，于 2015 年、2017 年、2019 年获得全县中小学生女子组亚军。

（六）"巾帼风"女子排球社团

1. "巾帼风"女子排球社团徽标释义

图案由隔网对抗的三名女排队员和"民勤实验中学巾帼风排球社团"字样构成。其中，球网代表了排球运动无直接身体对抗的特性。隔网对抗的三名女排队员既体现了女排队员在速度、力量、高度等方面的运动美，也展现了我校女排在各级各类排球比赛中的良好精神风貌。

图 4-85 "巾帼风"
女子排球社团徽标

2. 社团简介

"巾帼风"女子排球社团成立于 2014 年，现有成员 30 名。社团自成立以来，秉承中国女排精神，在历届全县中学生运动会中取得了一次亚军和三次冠军的骄人成

绩，并在 2018 年和 2021 年全市中学生运动会中分别获得亚军和季军。我们的宗旨是"热爱排球，享受排球"。

（七）"启明星"乒乓球社团

图 4-86 "启明星"乒乓球社团徽标

1."启明星"乒乓球社团徽标释义

图案由两个同心圆、乒乓球、球拍及"民勤实验中学启明星乒乓球社团"字样组成。图案中的红黄搭配，是五星红旗的色调，红色的球拍彰显了民族不屈的精神和顽强拼搏的风采，黄色的乒乓球代表着黄皮肤的精灵对国球运动的热爱。"启明星乒乓球社团"以绿色显现，代表健康运动，也代表乒乓球运动要从孩子抓起。

2.社团简介

"启明星"乒乓球社团成立于 2014 年，目的是让学生充实课余生活，培养兴趣，增强竞争意识。我们的宗旨是：发展国球运动，提高竞技能力，丰富校园生活，增进学生交流。社团现有成员 46 人，每周两节活动课，分别在每周二、四第七节课。学生通过乒乓球校本课程的学习，了解乒乓球运动在我国的发展，激发了爱国热情。

三、科学技术类

（一）人工智能社团

图 4-87 人工智能社团徽标

1.人工智能社团徽标释义

徽标整体简洁大方，主要由人工智能（artificial intelligence）的英文缩写 AI 和机器人等元素构成。

图案中的 AI 字母寓意人工智能这一新兴科学领域，体现了社团的时代特点；机器人头像，象征了社团的主要学习方向；小机器人设计活泼可爱，给人以清新呆萌的感觉，体现了社团成员以青少年为主的特点。

2. 社团简介

人工智能社团依托建成后的 "小平科技创新"实验室①，广泛开展科技创新活动，使社团成员掌握必要的科学知识与技能，激发他们对科学的兴趣、对创新的激情，培养提升他们参与创新实践的能力，全面提升他们的科学素质。"以活动课程化为载体，挖掘潜能，张扬个性，建设青少年卓越成长的乐园"是社团的培养目标。社团拥有实用面积为 320 平方米左右的固定活动场所，机器人套件 53 套，3D 打印机 1 台，创意课程包 1 套，无人机套件 1 套，台式及笔记本电脑 6 台等。每周二、三、四定期开放。社团多次代表学校参加中国青少年机器人（甘肃赛区）竞赛 FLL 机器人工程挑战赛，并取得了优异的成绩。2019 年，我校被评为巡展基地（先进集体）；在 2019 年武威市第一届机器人竞赛中，我校获得二等奖；在 2020 年武威市第二届机器人竞赛暨创客竞赛中，我校获得一等奖。因为我们的出色表现，我校在 2021 年被评为 "全国青少年人工智能活动特色单位"。

（二）"云绘苑"社团

1. "云绘苑"社团徽标释义

鼠标、云端和画笔的组合，直观表达了云绘苑社团是用鼠标在计算机上进行绘画创作的社团。绿色的云寓意本社团充满无限希望，天蓝色的变形笔杆寓意学生在幻想的天空中自由发挥、任意驰骋，橙色的鼠标和笔头寓意学生用画笔在计算机上绘画快乐而幸福的生活。

图 4-88 "云绘苑"
社团徽标

2. 社团简介

"云绘苑"电脑绘画社团是由对电脑绘画感兴趣的在校学生自发组织的活动团体。社团主要组织学生学习使用电脑绘画软件修改图像、绘制图形和进行数字绘画，社团活动促进了电脑绘画爱好者的相互交流，提高了学生的审美能力和艺术素养。几年来，社团成员的电脑绘画作品在 "全国中小学电脑制作活动"大赛中多次获奖。

---

①"小平实验室"是共青团中央在全国范围内中学建设的公益性青少年科技创新服务场所，中国电子团委积极对接团中央青年发展部、中国青少年发展基金会，整合集团公司内部资源投入实验室建设相关工作中。该实验室由中国电子旗下中电港牵头建设，并组织中国长城、华大半导体、华大电子、上海贝岭、澜起科技在内的 50 余家公司，提供了电脑整机和 100 多个各类芯片样品等。

（三）"STEAM 创新教育工坊"社团

1. "STEAM 创新教育工坊"社团徽标释义

图 4-89　"STEAM 创新教育工坊"社团徽标

图案由科学、技术、工程、艺术、数学的英文首字母缩写 STEAM 以及人脑等元素构成。图案象征了社团的主要学习方向，设计富有艺术性，包含时尚元素，给人以探究科技奥妙的感觉，体现了以青少年创新教育为主的特点。

图案中的 STEAM 字母寓意创新教育切实做到"讲科学、学技术、做工程、明艺术、究数学"，强调探究项目的多学科属性、技术多样性、工程流程化、艺术表现力和数学基础性，帮助学生习得劳动工程设计或技术手段，理解各学科间的紧密联系，培养 21 世纪具备新技术的人才。

2. 社团简介

"STEAM 创新教育工坊"成立于 2016 年 8 月，致力于培养学生的探索精神、创造性思维和创新能力，积极开展"STEAM 创新教育"活动。每次活动围绕一个主题，在每一个活动里，教师向活动小组成员提出挑战任务，提供相关工具，引导学生动手制作与日常生活密切相关的模型，初步建立对相关基础知识、原理的认识与理解，让学生真正体验到劳动、实践、成功后的喜悦。

"STEAM 创新教育工坊"的活动理念是以电子科学为基础，整合计算机、人工智能、信息技术、劳动工程、物理学、艺术等学科，以项目活动为主线，在每个项目中，切实做到"讲科学、学技术、做工程、术艺术、究数学"，强调探究项目的多学科属性、技术多样性、工程流程化、艺术表现力和数学基础性，从而帮助学生习得劳动工程设计和技术手段，理解各学科间的紧密联系，培养 21 世纪需要具备的新技术。

"STEAM 创新教育工坊"现有成员 46 名、指导教师 3 名；具有专用的活动场地和基础机械套装、EV3 机器人套装等 53 套（其中，创意模型 45 套，EV3 套装 7 套，太空挑战套件 1 套），能基本满足社团活动和参加多项机器人竞赛。几年来，在省市县科协、教育局和学校领导的大力支持下，通过社团负责人、指导教师兢兢业业地付出和社团学生坚持不懈地努力，社团取得了较好的发展，多次组织学生参加省、市级 FLL 机器人工程挑战赛、创客竞赛，并取得了优异的成绩。

（四）"木林森"网页制作与欣赏社团

1. "木林森"网页制作与欣赏社团徽标释义

图案中心是一个"森"字，意思是由"木"形成"林"，再由"林"形成"森"，寓意学生学会一张网页的制作，累计制作多张网页，最后形成一片"森林"，也就是一个有特色的网站。绿色的字体，寓意让学生树立健康的思想，制作积极向上的网页。

2. 社团简介

"木林森"网页制作与欣赏社团成立于 2014 年 9 月，教学网页制作与欣赏校本课程，宗旨是：学习、娱乐、培养、提升，为学生展示自我、丰富自我、提升自我提供更为广阔的空间，着力弘扬校园文化艺术，深入实施素质教育，丰富学生课余生活。

图 4-90 "木林森"网页制作与欣赏社团徽标

结合信息技术学科的特点，培养学生的思维能力、动手能力和创造能力，帮助学生树立正确的科学观、人生观和世界观。对学生进行科学技术普及教育，提高学生对信息技术学科的学习兴趣，并为课堂教学服务。相信有了"木林森"网页制作与欣赏社团，将为我校爱好网页制作和设计的学生提供一个融洽、亲切、便捷的学习交流环境。

四、学科拓展类

（一）"天行健国学馆"社团

1. "天行健国学馆"社团徽标释义

徽标由图案和文字两部分组成。图案的主体是"天"

图 4-91 "天行健国学馆"社团徽标

字的变形，犹如一个站立的人，加上一顶夫子帽，寓意一个刚毅挺立的儒雅君子。文字部分是活泼有神的行书"天行健国学馆"，即国学馆名称。

2. 社团简介

"天行健国学馆"社团的前身是国学小讲堂，成立于 2015 年春。社团立足于百家经典，以"读、背、写、演、唱"五步教学法，探寻经典文化的真谛。在传统诵读的基础上穿插表演、歌咏，并结合实际生活进行讲解，培养学生孝顺、友爱、刚毅、坚韧等传统美德，帮助学生增强民族文化认同，树立民族文化自信。

（二）"金话筒"社团

1. "金话筒"社团徽标释义

图案由同心圆、金话筒、绿叶以及"民勤实验中学金话筒"字样构成。金话筒寓意用语言描绘青春，用声音传递梦想，展现青春风采，张扬自我个性；多彩的颜色寓意丰富的校园文化生活和中学生健康活泼、积极向上的精神风貌。

2. 社团简介

"金话筒"社团成立于 2020 年，是一个以"不求最好，只求更好"为宗旨的实践性社团。该社团从学生的兴趣和需要出发，培养学生的语言表达能力，激发学生的智慧潜能，陶冶学生的情操，提升学生的综合素质。社团以经典诵读、主持、广播、演讲等活动为载体，以学生为主体，以社团为平台，以教师为引领，多角度、多元化地为学生提供发展才能的舞台，促使学生表达与沟通能力在活动中不断提高，使其在参与中获得快乐，在快乐中成长，在成长中提升。

图 4-92　"金话筒"社团徽标

（三）"书香清韵"社团

1. "书香清韵"社团徽标释义

图案采用流线型设计，中间以书本、绿叶为主，体现"书香四溢，清韵满园"的含义。整个图案以绿色为主，寓意学生通过读书，汲取绿色精神食粮，让读书陪伴学生健康成长。

2. 社团简介

图 4-93　"书香清韵"社团徽标

"书香清韵"社团是我校结合学生阅读量少、眼界相对狭窄、文学素养低的实际情况而开设的一门校本课程。每逢活动时间，由教师带领学生欣赏国内外经典名著，拓宽学生的视野，引导学生会读、爱读经典文学，提高学生的文学修养。通过这一活动，越来越多的学生开始喜欢读名著，懂得如何鉴赏名著，能够从中外古典文学中汲取精髓。这一活动培养了学生的文学鉴赏能力，提升了学生的文化品位。

（四）"诗与远方"社团

1. "诗与远方"社团徽标释义

图案由两个同心圆组成，中间部分由一支笔、一本书和彩虹桥构成，寓意用笔书写人生，远方一定充满诗意和彩虹。绿色的主色调寓意着美丽、诗意、绿色的梦。

图 4-94　"诗与远方"社团徽标

2. 社团简介

这世界不只眼前的苟且，还有诗与远方——其实诗就是你心灵的最远处。我们的宗旨是让学生走进诗歌，用诗品味生活，启迪学生智慧，帮助学生提升文学赏析能力，提升学生的文学素养。

(五)"趣味物理"社团

1. "趣味物理"社团徽标释义

图案整体简洁大方，主要由弹簧秤、滑轮、光影等元素构成。弹簧秤寓意探索、求知物理知识的趣味性。图案整体色彩以棕褐色为主，结合中央的图案投影，给人以沉稳而神秘的感觉，象征物理知识奇妙有趣。

图 4-95   "趣味物理"
社团徽标

2. 社团简介

"趣味物理"社团活动立足趣味、面向生活，遵循"从生活走向物理、从物理走向社会"的理念。社团活动形式多样，既有理论探索，又有实验探究；既有校内学习，也有校外实践。社团活动的有效开展，既培养学生的物理兴趣和合作意识，更锻炼学生的创新精神和实践能力。

(六)"唱响英语"社团

1. "唱响英语"社团徽标释义

图案主体是大写英文字母"E"的变形，中间部分是一群活泼可爱的孩子紧密团结在一起，携手走在快乐学习的路上，体现健康向上、灵动奋进的含义。整体图案以彩色为主，寓意孩子们心灵阳光，热爱生活，乐学英语，唱响英语。

图 4-96   "唱响英语"
社团徽标

2. 社团简介

"唱响英语"社团以英语知识为载体，以学生为活动主体，力求激发学生的学习兴趣，拓展学生的知识面，充分挖掘学生的潜能，倡导自主、合作、探究的学习方式，激发学生的主动意识和进取精神，给英语教学注入新鲜的血液，为学生学习英语创建学习平台。

社团遵循学生身心发展和英语学习的特点，活动内容以具有交际意义的任务或活动为主，如课本剧表演、背诵诗歌、讲小故事、猜谜语，以及唱朗朗上口的歌谣和有趣的歌曲等，关注学生的个体差异和不同需求，激发学生的好奇心、求知欲，让学生在英语课堂上"活"起来、"动"起来,充分利用各种资源和机会来学习英语。

五、综合实践类

(一)劳动教育社团

1. 劳动教育社团徽标释义

徽标图案包含新时代劳动教育字样、学校名称、变形后形似车轮的"劳动"二字、幼苗、麦穗等元素。"劳动"二字的变体艺术字,笔画由劳动工具变形而成,是徽标的核心,体现劳动的律动美。

图4-97 劳动教育社团徽标

2. 社团简介

劳动教育社团以新时代劳动教育思想为指导,以劳立德、以劳增智、以劳强体、以劳育美,培根铸魂、启智润心,打造劳动教育特色品牌,实施理论层面和实践层面的两个"1345"工程。

实施的路径是校本课程为载体的室内劳动技术教育与以劳动基地为载体的室外劳动实践教育。效果呈现方式主要为校本课程、劳动过程性资料、劳动成果性资料。

(二)研学旅行社团

1. 研学旅行社团徽标释义

图案主要由人与书构成,书的封面以地球、山水为元素,意为人在书中走,也在世间游,即"读万卷书,行万里路"。绿色代表生态、环保、自然。

图4-98 研学旅行社团徽标

2. 社团简介

"行是知之始,知是行之成。"研学旅行社团结合学生实际与县内自然、文化景观,设计多条适合学生身心发展的旅行路线,组织学生通过集体出游的方式走出校园,拓宽视野、丰富知识,加深与自然和文化的亲近感,增加对集体生活方式和社会公共道德的体验,培养自理能力、团队精神、创新精神、公德意识和实践能力,树立绿色环保、人沙和谐共生的理念,感受红色文化,弘扬革命精神,传承红色基因,培养热爱家乡、建设家乡的美好感情,厚植爱党、爱国情怀。

(三) 社会服务社团

1. 社会服务社团徽标释义

图案整体是字母"V"的造型，取英文 volunteer（志愿者）的意思；图案集手、鸽子和心的造型于一体，寓意民勤实验中学志愿者为社会奉献爱心，向需要帮助的人伸出友爱之手，表达"爱心放飞梦想，用爱心托起梦想"的主题。

图 4-99　社会服务社团徽标

2. 社团简介

"积小善为大善，善莫大焉。"本社团传承"红马甲"精神，深化志愿服务，努力营造"关爱、互助、平等、和谐"的社会氛围，弘扬无私奉献精神，培养广大团员青年自愿、积极参加各项志愿活动的意识，自觉服务社会、服务人民。

社团志愿服务的内容丰富，主要由校内和校外两部分活动构成。校内以清理垃圾、打扫绿化区域、擦洗宣传牌等为主，校外包括帮助特殊人群过马路或指路，捡拾街道垃圾，打扫社区及村委会卫生，帮助家长搞好家务，去养老院帮助老人打扫卫生，敬老服务等，让每一抹"志愿红"都成为社会文明建设中最美的风景。

第五节　本土文化及其他

一、民勤书画文化

民勤素有"人在长城之外，文居华夏诸先"的美誉，民勤书法绘画人才辈出。我校的各个办公室内、办公楼走廊楼梯间、教师公寓大厅及走廊楼梯间，遍布民勤本土书法家和画家的作品。这些作品接地气，有地方特色，绘画多表现塞外风光，有浓郁的地域色彩，既是对师生的一种美学熏陶，更是一种县情教育、生态教育。

绘画作品特别值得一提的是武威市美协会员，我校教师石文辉老师的巨幅油画作品《大漠胡杨》，这幅作品历时两年多创作完成，以胡杨为主体意象，表现胡杨"生而不死一千年，死而不倒一千年，倒而不朽一千年"坚韧不拔的精神，这种精神恰恰是民勤人特别能吃苦、特别能战斗的精神，也是我们民勤教育教师苦抓、学生苦学精神的体现。还有许多青土湖画社成员的作品和民勤各学校师生的绘画创作等。

图 4-100　石文辉老师的油画作品《大漠胡杨》

　　民勤书法家们的书法文化作品，草书、篆书、隶书、行书皆有涉及，风格各异，展现了民勤书法艺术的水平和民勤的人文历史。我们学校几乎每个办公室都有民勤书协主席李有峰、张有才等人的作品。他们的作品有的在线条的连带萦绕中，找到了柔美飘逸、行云流水般的艺术感觉，逐步探索和形成了婉转悠远、连绵飘洒的边塞韵味，让线条在心绪的飞扬中灵动起来；有的古朴方正，笔力适中，透露着民勤人骨子里的朴实；有的线条虚实相间，结体驰骤相连，大起大合中更显张力；有的笔法圆润，中规中矩，在复古中追求一种内心的宁静……细细品味这些作品，分明能够感觉到，线条艺术已经深深地根植于家乡的文化土壤中，汲取了中华传统艺术的雨露，正明快地走在一条探索自我的阳光地带。另外，还有民勤各个学校教师和学生的优秀书法作品，风格各异，特色鲜明。

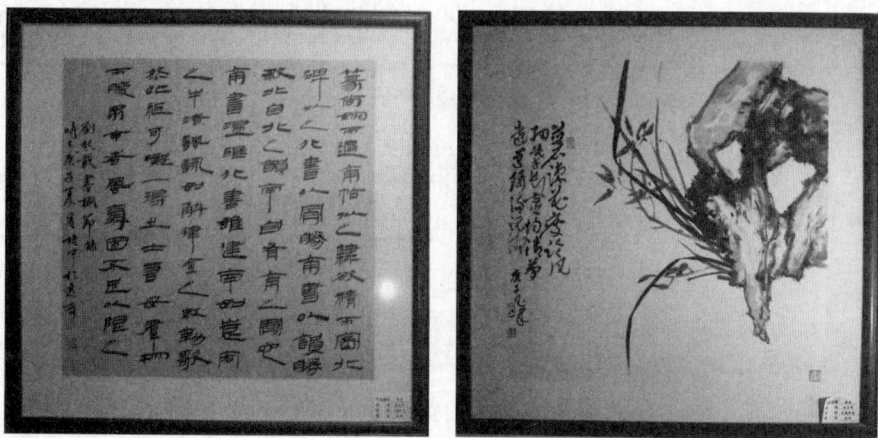

图 4-101　全县各学校教师、学生优秀书画作品

这些熠熠生辉的书画作品，注重将人生的体验和感悟深情地融入大漠和戈壁，努力把生命的情感和意象从容地渗透其中，就像沙漠中艰辛跋涉的骆驼，为了前方的那一片绿洲，在风沙中默默让情感和灵魂在自己的世界里绵延和游弋，为莘莘学子走出苍茫大漠、走向七彩未来点亮了灯塔，竖立了航标。

二、民勤农耕文化（民俗文化）

民勤，朴素的两个字蕴含着民勤人对生活的信仰，正是靠着这份勤劳和坚韧，民勤人在腾格里沙漠和巴丹吉林两大沙漠之间顽强地生存了下来。

100多年前，瑞典考古学家安特生揭开了民勤远古文明的面纱。

1924年春，他来到偏远闭塞的民勤，进行了拓荒式考古发掘，在次年出版的《甘肃考古记》中说："镇番西部之沙漠中，吾人所见之远古遗址，为数甚多。据余个人研究所得，盖为远古文化之最晚者，因名之沙井期。"这种古文化后来被命名为"沙井文化"。沙井文化发现的农耕用具很少，石刀、石斧却占有很大比例。可以说沙井文化就是具有民勤本地特色的农耕文化。

千百年来，民勤人在这片鲜为人知的土地上繁衍生息，征战风沙，挑战干旱，固守家园，用顽强的毅力创造着独属于这片土地的农耕文化。祖祖辈辈民勤人用自己的行动，改写戈壁沙海的历史。为了让学生铭记祖辈的劳作方式，传承民勤"勤朴坚韧、不畏艰辛、众志成城、久久为功"的治沙精神和"勤朴、坚韧、尚学、求真"的民勤精神，营造校园劳动文化氛围，我校特意在校园西墙内壁，沿学校胡杨路开辟了一面农耕文化墙，内容包括民勤传统农业、手工业的许多器械和劳动方式，有图有文字，是一种乡村记忆符号深入校园的文化体验。

图 4-102　传承农耕文明　弘扬民俗文化

图 4-103 耕种的变迁

图 4-104 农耕工具

三、校园音乐艺术文化

音乐是人类最古老、最具普遍性和感染力的艺术形式之一，是人类通过特定的音响结构实现思想和感情表现与交流的必不可少的重要形式，是人类精神生活的有机组成部分。音乐作为人类文化的一种重要形态和载体，蕴含着丰富的文化和历史内涵，以其独特的艺术魅力伴随人类历史的发展，满足人们的精神文化需求。对音乐的感悟、表现和创造是人类基本素质和能力的一种反映。音乐在许多情况下是群体性的活动，如齐唱、齐奏、合唱、合奏、重唱、重奏以及歌舞表演等，这种相互配合的群体音乐活动，也是一种以音乐为纽带进行的人际交流，有助于养成人们共同参与的群体意识和相互尊重的合作精神。音乐是人类文化传承的重要载体，是人类宝贵的文化遗产和智慧结晶。我们在欣赏艺术时，可以将审美主体、审美对象与自己生活的环境或年代联系起来，相互融合、相互渗透、相互超越，达到最高的审美境界。

图 4-105 校本课程教学

为了提高学生的艺术修养，弥补乡村学校艺术课的缺失，我校专门配备了6间音乐教室，分别是普通音乐教室（2间）、合唱教室、电子琴室、民乐室、器乐合奏室，还有2间舞蹈教室。这些教室里既布置了音乐家介绍铭牌，又有富有诗意的标语，如：音乐是思维着的春天，舞蹈是肢体的诗歌等，图文并茂，营造出浓厚的艺术氛围。

图 4-106 艺术节表演

教室后墙

教室侧墙

书香校园　琴韵悠扬

教室黑板上方

1.普通音乐教室

教室后墙

教室侧墙

2.普通音乐教室

图 4-107　音乐教室墙体文化

教室后墙

教室侧墙

3.合唱教室

教室后墙

教室侧墙

4.电子琴室

图 4-107 音乐教室墙体文化（续）

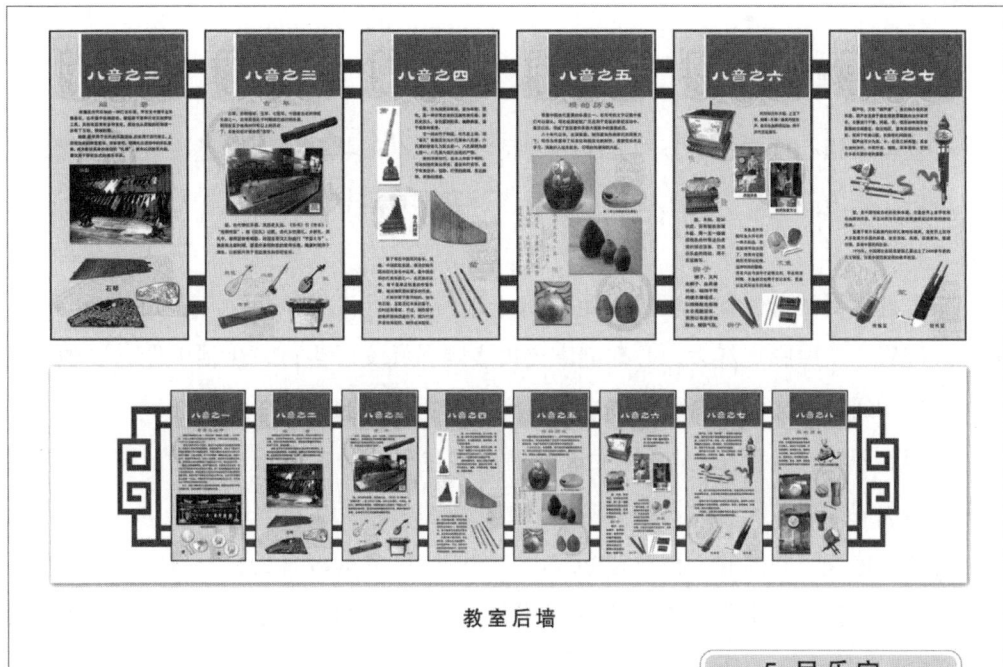

教室后墙

5.民乐室

民勤实验中学器乐合奏社团

教室后墙

追随跳动的音符 聆听成长的旋律

教室黑板上方

6.器乐合奏室

图 4-107 音乐教室墙体文化（续）

四、心理健康文化

心理健康指心理的各个方面处于一种良好或正常的状态。心理健康的理想状态是性格完好、智力正常、认知正确、情感适当、意志合理、态度积极、行为恰当、适应良好。

心理健康受到遗传和环境的双重影响，尤其是幼年时期的原生家庭的教养方式，对心理健康的发展影响甚大。心理健康突出表现在社交、生产、生活上能与其他人保持较好的沟通或配合，能良好地处理生活中发生的各种情况。

中国心理健康教育在近 30 年发展和演进的过程中，走过了个别尝试期、初步发展期和全面展开期三大阶段，由最初作为解决学生心理问题的一种方法，提升为与德育、智育、体育等并列的一种教育形式，并进一步跃升为教育的核心目的之一，以促进心理发展为核心，引领学校教育和谐发展，成为新时代学校教育不可或缺的教育门类。

图 4-108　心理健康格言

近年来，中学生心理健康问题频出，因为心理健康问题而导致中学生自残轻生的现象频出。为了精准把握我校师生的心理动态，我校常态化开展心理健康课，配有专门的心理辅导教师 3 人，每年对全校师生进行心理健康调查问卷测试，心理辅导教师配合班主任和其他任课教师对出现心理不适情况的学生进行心理干预，避免学生心理矛盾激化，出现不健康心理。除了课程和师资保障，我校在心理健康建设上主要配有心理咨询接待室、个体咨询室、团体活动室、宣泄室、沙盘室、七彩小屋。每个活动室都承担着不同的心理干预任务。活动室环境温馨，适于心理放松。我们在这些活动室内外张贴了24则心理健康格言，对学生是一种正面引导和启示。

例如：

1. 构建和谐校园，让心灵充满阳光。

2. 没有礁石的大海，激不起美丽的浪花；没有波折的人生，走不出亮丽的闪光点。

3. 健康的心灵是幸福的源泉。

4. 开心灵之窗，享生命阳光，扬健康风帆。

5. 不论风雨多大，乌云密布，它们终将会过去，曾经被它们遮住的阳光，依旧灿烂。

6. 敞开心中一片天，放飞心理健康梦。

7. 爱是在恒久坚持中让每一分钟都闪光。

8. 悦纳自我、肯定自我、欣赏自我、发展自我，做快乐健康的人。

9. 世界上最重要的事，不在于我们在何处，而在于我们朝何处走。

10. 打造和谐心理，炫出健康自我。

11. 世界上有多少人就有多少颗心，都有自己独特的声音。

12. 我们无法改变人生，但可以改变人生观；我们无法改变环境，但可以改变心境。

13. 快乐并不是拥有更多，而是懂得享受你已经拥有的。快乐的人生充满希望，无论顺境和逆境都抱着积极的态度。

14. 你不能左右天气，但你可以改变心情；你不能改变容貌，但你可以展现笑容；你不能控制别人，但你可以把握自己。

15. 顺其自然量力而行，善待自己无愧于心。

16. 喜过伤心，怒过伤肝，恐过伤肾，思过伤脾，悲过伤肺，人之所忌，五情伤身，切莫大意。

17. 人生最大的财富是希望，人生最大的资本是健康，人生最大的幸福是快乐，人生最大的幸运是平安。

18. 生活充满变化与挑战，沉着应对挑战的积极途径，就是维持健康的精神状态。

19. 当我们把鲜花送给别人时，首先闻到花香的是我们自己；当我们把泥土抛向别人时，首先弄脏的是我们自己。

20. 一个人快乐，不是他拥有的多，而是计较的少；多则负担是另一种失去，少则不足是另一种有余；舍弃不一定失去，而是另一种更广阔的拥有。

21. 成功人士须具备的三种素质：有度量去容忍那些不能改变的事，有勇气去改变那些可能改变的事，有智慧区别上述两种事。

我校将心理健康教育纳入全面教育之中，适量开设心理健康教育课程，普及心理保健知识；定期进行必要的心理健康调查，以了解全校师生的心理状况；经常性开展多种多样的心理咨询辅导，以缓解学生可能存在的心理问题；优化学生所处的心理环境，减少学生学习生活中的不良刺激；全面渗透心理素质培养教育，优化学生的心理素质；引导学生心理健康，逐渐培养学生良好的抗挫能力，珍视生命，热爱生活。

五、特色数字文化

我校提炼了独属于实验中学的数字文化，最具有文化韵味的就是数字"6213"，意指"留爱一生"，指我校"六苑、两亭、一林、三广场"的特色分布。"六苑"是指"琴苑""棋苑""书苑""画苑""桃李苑""和雅苑"。

何谓"琴苑"？俯瞰"琴苑"，地面上镶嵌了一把吉他，琴头、琴颈、琴箱东西方向横陈，园中小径似琵琶佩戴的飘带。苑中簇簇玫瑰花、行行金叶榆、芊芊紫藤萝、棵棵月季和其他乔灌木花草就是春夏秋冬的音符！何谓"棋苑"？南北向的园地，一块象棋棋盘、一块围棋棋盘分陈南北地面，四周林木环绕，花草茁壮，绿篱修剪为加减乘除符号！令人想起一副遥远的对联，神童解缙的对子：天作棋牌星作子，谁人能下；地当琵琶垴做弦，哪个敢弹？何谓"书苑"？走进校门，广场为书脊，教学楼、科技楼两边斜斜装饰的方形柱蓝色玻璃幕墙就是书页，一本打开的书跃然眼前！"画苑"风景如画，自不待言。"桃李苑"中桃树梨树行行排排，桃红李白，桃酥李甜。"和雅苑"里，风和韵雅，意境超然，俯瞰各类花草依形就土修剪成民勤地形图！

"两亭"是指学生公寓楼前的钟灵阁和毓秀亭；"一林"是胡杨林；"三广场"是指国旗广场、勤勉广场、和雅广场。我们又添加一个"3"，即3个劳动教育基地：沁园春、满庭芳、蝶恋花！这些名字读来满口含香，想来意义久远。

六、世界名画文化

我校在科技楼与办公楼连廊开辟了世界名画文化长廊，重点介绍了西方油画经典作品，以便开阔学生的眼界，提高师生的艺术素养。

假如文明被切断了积累与传承，人类世界便会成为蛮荒。历史证明，经典的存在及其价值是文明得以延续的根本，而蛮荒不能建立文明，更不可能产生经典。伟大的经典，从被创造出来之后，随着时间的推移，愈加辉煌。好的艺术不单是为那个时代、那些人而创造，更是在人类心灵的共鸣中有着永不衰竭的生命力。艺术的个性在人性的共振中产生了穿越时空的经典价值，从而永恒。

西洋画就是当时西方的油画，油画最早起源于欧洲，大约 15 世纪时由荷兰人发明，用亚麻子油调和颜料，在经过处理的布或板上作画，因为油画颜料干后不变色，多种颜色调和不会变得肮脏，画家可以画出丰富、逼真的色彩。

图 4-109　世界名画

图 4-109　世界名画（续）

世界各国的名画，展示了东西方绘画各阶段的风格、流派、形式特点、美学特征及其卓越的艺术成就，呈现了人类艺术宝库弥足珍贵的一个侧面。这些艺术无疑是伟大的，它是人类文明的伟大结晶，是智慧与创造性的杰出表现。尽管东西方文化背景不同，审美趣味有所差异，但优秀的艺术，不论古今中外，都能超越时空的限制，在终极意义上进行沟通。让读者超越时空局限，在广阔的意义上去领略人类文化的丰富性与复杂性，以开启我们的心智。

另外，我校的各条道路的命名也颇为讲究，契合着学校的现实和希望，连接着学校的历史与未来。如：沙井路、胡杨路、和雅路、和美路、尚学路、幸福路、阳光路等。而文渊厅、文海厅、博雅厅、尔雅厅等 20 个开放阅览厅隔空相望，文风洋溢。处处是文化、时时有提醒的校园文化体系，以文化人，以文塑魂，学校的一草一木、一厅一台、一阁一楼无不沁润着儒雅气息和文化韵味。

马克思说过："人创造环境，同样，环境也创造人。"富有实中特色，布局合理，生机盎然、整洁优美、蓬勃向上、健康和谐的校园文化对实中师生起着潜移默化的熏陶和启迪作用，对学生的健康成长和发展产生着巨大的影响。

文化对人的影响有很多方面，包括人的思维、观念、价值、伦理纲常及行为规范等。我们的校园文化已成为发展传统文化、弘扬优秀文化、学习科技文化的主流基地，为我校师生进一步弘扬新时代中国特色社会主义文化夯实了基础，做好了保障。校园处处是文化，人人都成文化人，我们的文化校园才真正堪称经典。

第五章 〉 经典思政校园

中共中央、国务院 2021 年 7 月印发《关于新时代加强和改进思想政治工作的意见》，提出"构建共同推进思想政治工作的大格局"，也就是"大思政"格局。大思政是指以构建全员、全程、全课程育人格局的形式，将各类课程与思想政治理论课同向同行，形成协同效应，把"立德树人"作为教育的根本任务的一种综合教育理念。大思政课程在本质上还是一种教育，是为了立德树人这个根本任务。思政教育解决的是"培养什么样的人""如何培养人"的问题，是我们党和国家的优良传统和各项工作的生命线。

为了贯彻大思政理念，做到传道授业解惑、育人育才的有机统一，我校除了积极进行课程教学探索，尝试进行"语文＋思政""数学＋思政""英语＋思政"等课程改革，将思政和各学科进行有机整合外，还在校园活动上狠下功夫，开展丰富多彩的思政校园活动。这既提升了学生的综合素养，达到了对师生进行思想政治教育的目的，又增长了学生的历史人文知识。本章主要通过基地＋思政、版画＋思政、剪纸＋思政、活动＋思政四个方面，重点以图片的形式，展示我校经典思政校园建设开展情况。经典思政校园建设，大思政课的渗透，让我校"一生一案·小案大爱"综合育人体系有了深度，有了精神底色，使学生的成长和国家、民族的命运息息相关，休戚与共。

第一节　基地＋思政：巧借社会东风　整合思政资源

贯彻落实大思政理念，必须有大思政格局。学校的资源毕竟十分有限，我们多方寻求合作，搭建大思政教育平台，拓宽我校大思政教育广度，挖掘各种大思政教育因素。

我们于 2018 年和民勤县公安局合作，投资 120 多万元，建成民勤县青少年禁毒教育基地；2020 年和民勤县防沙治沙纪念馆合作，投资 20 多万元，打造民勤实验中学沙生植物标本馆；2021 年和民勤县文化馆合作，打造苏武牧羊、苏武传说版画红色文化长廊和剪纸红色文化长廊；同年和民勤县司法局合作，投资 60 多万元，打造民勤县法治宣传教育基地和法治文化长廊；同年和团省委合作建设七彩小屋；同年和团中央合作建设小平科技创新实验室；2022 年和民勤县委统战部合作，投资 20 多万元，打造民勤县铸牢中华民族共同体意识教育基地；2023 年和民勤县退役军人事务局合作，投资 20 多万元，打造民勤县国防教育基地；同年和民勤县文体广电和旅游局合作，打造民俗文化和农耕文化长廊！

十大思政基地，根植社会主义核心价值观，赓续红色血脉，传承红色基因，弘扬法治文化，传递法治理念，教育青少年阳光成长，健康成长，全面发展！

第二节　版画＋思政：非遗进校园　印出二十大版图

一、非遗进校园

民勤县有全国唯一以汉代名臣苏武命名的山——苏武山，相传这里曾是西汉中郎将苏武牧羊之处，流传着许多苏武牧羊的传说。故事流传广泛，由此衍生出许多有趣的民间故事，丰富感人，影响深远。"苏武传说"是甘肃省第三批非物质文化遗产代表性项目，苏武精神已经成为民勤精神的内涵之一。

我校以习近平新时代中国特色社会主义思想为指导，以弘扬传统文化，传承苏武精神，喜迎党的二十大为契机，大胆提出构想，学校艺术社团的师生们在综合楼四楼打造了"致敬二十大 传承家国情怀"红色艺术版画长廊。

2022年3月至5月，创作了"苏武牧羊""苏武传说"系列版画。版画脚本由甘肃省非遗保护专家委员会委员、甘肃省领军人才、民勤县文化馆馆长樊泽民撰写。《苏武牧羊》连环画由甘肃省工艺美术大师、中国工艺美术协会会员、民勤县文化馆副研究馆员刘平创作。《苏武传说》连环画由甘肃省工艺美术协会会员、民勤县美术家协会副主席、县文化馆副馆长石荣创作。版头由民勤实验中学教师石文辉创作。主要创作人员有我校石文辉、富春年、许玉梅、范芳老师，以及我校创绘艺苑、乐图苑、剪纸苑、丹青苑社团成员。

"苏武牧羊""苏武传说"系列版画是民勤实验中学与民勤县文化馆友情合作，将非遗代表性项目"苏武传说"、民勤剪纸与版画艺术相结合，由师生共同创建的爱国主义教育基地，是非遗进校园的生动实践。此次创作实践活动提高了我校学生对非物质文化遗产的认识，弘扬了家乡的优秀传统文化，是学校爱国主义思想教育与社会实践相结合的教育成果。

二、印出二十大版图

2022年6月至10月，创作了"伟人风采""伟大征程"两大系列版画。"伟人风采"系列，八位伟人的头像面部轮廓特征、风骨神韵和经典语录完美融合，栩栩如生，形神皆备。"伟大征程"系列则生动地呈现了中国共产党从一大到二十大波澜壮阔的奋斗历程。作品主题鲜明，立意深刻，内涵丰富，整体清新雅致，大气雄浑，充分诠释了中国精神、中国力量，展现了历史风华，打造了红色文化。

"伟人风采"系列版画由我校石文辉老师创作，"伟大征程"系列版画由"创绘艺苑"社团师生共同创作。6月初，"创绘艺苑"社团的师生们就开始了"印出二十大版图"主题活动的策划和创作。在石文辉老师的精巧构思和耐心指导下，大家饱含创作热情，经过精心雕琢、反复打磨，最终耗时4个多月，作品于10月惊艳亮相，赢得了师生的一致好评。大家纷纷表示，要从党的百年奋斗历程中汲取前进的智慧和勇气，不忘昔日的奋斗与辉煌，无愧于今日的担当与使命。漫步红色长廊，红色故事激荡心灵，红色基因融入血脉，红色教育润物无声。

红色版画长廊的诞生既是我校非遗进校园的重要举措之一，以薪火相传的节奏编制和声，唱响了新时代的主旋律，又是师生们凝心聚力喜迎党的二十大盛会的一次红色专题教育。师生们在回首中铭记，在缅怀中传承，在开拓中弘扬，让红色基因永不褪色，代代相传，更是实中全体师生向党的二十大胜利召开的隆重献礼与深深祝福！

匠心育人，踔厉奋发！"伟人风采""伟大征程""苏武牧羊""苏武传说"四个系列，铭记着历史风华与精神，承载着全校师生的卓越与辉煌，奏响了新时代"匠心育人"的新乐章，使党的二十大精神在学校落地开花！这是我校经典思政校园建设的一次创新性尝试，学生在教师的带领下解锁了自己的潜能，受到了思想的洗礼。一幅幅版画作品开创民勤初中学生爱国主义版画创作先河。

（一）苏武牧羊（选录）

图 5-1　版头　　制作者：石文辉

春去秋来，又是一年。汉武帝见苏武出使匈奴，一去未归，知道苏武为匈奴所扣，很是愤怒，又派贰师将军李广利和李广的孙子、别将李陵领兵再次讨伐匈奴。

图 5-2　制作者：王欣怡　曹阳　2020 级 12 班　辅导教师：石文辉

李陵率领的军队连战连捷，势如破竹。一次，李陵率领步卒五千，孤军深入，与单于大军遭遇。匈奴以八万骑兵围攻李陵。李陵率军浴血奋战八个昼夜，斩杀匈奴军一万多，终因寡不敌众，兵败被俘。

图 5-3　制作者：胡嘉琪　方立康　2021 级 7 班　辅导教师：石文辉

单于知道李陵是一员虎将，软硬兼施，用尽办法，招降李陵，并放出消息说李陵已降。汉武帝得到消息，信以为真，一怒之下，杀了李陵全家。听到这一晴天霹雳，李陵含恨投降。

图 5-4　制作者：王欣怡　马若雨　2021 级 3 班　辅导教师：石文辉

李陵投降后，知道苏武被扣留在匈奴，却不敢访求苏武。单于得知李陵与苏武曾是好友，交情一向深厚，就想利用他劝苏武投降。于是派人带李陵前去白亭海，让他劝降苏武。

图 5-5　制作者：任家旺　王翔民　2021 级 10 班　辅导教师：石文辉

李陵和苏武相见，欢聚数日，畅叙旧情。

畅谈之后，李陵提出劝降之意，苏武立即正色道：我生是汉家人，死是汉家鬼！我苏武永远不会背叛汉朝！李陵深为震撼，挥泪而别。

图 5-6　制作者：余馨悦　杨谨羽　2021 级 11 班　辅导教师：石文辉

李陵劝降不成，离开白亭海。苏武依然在这一带牧羊。年复一年，苏武的脸上爬满了皱纹，头发和胡须也都花白了，节杖的旄旌落尽，两端朽裂，但他仍然时刻杖不离人，人不离杖。

图 5-7　制作者：黄雪娜　黄庆美　2020 级 2 班　辅导教师：石文辉

望断陇云，瘦了胡月。苏武每天早出晚归，在荒山大漠牧羊，天长日久，他的羊群在山上山下和白亭海边走出了一条长长的牧羊小道，后人就把此地称为『羊路』。

图5-8　制作者：余瑞奇　叶祯　2020级4班　辅导教师：石文辉

一日，苏武在山下牧羊，因天气暴热，口渴难忍，羊群也奄奄一息。正在叹息，却见脚下冒出一眼泉来，他高兴极了。从此，苏武常来这里牧羊。此泉天涝不增，天旱不减，后人称它为『苏泉』『蒙泉』『神泉』。

图5-9　制作者：叶伊倩　王海琴　2020级10班　辅导教师：石文辉

苏武持节牧羊的忠义之举，感动了当地百姓，人们纷纷前来看望，并送来衣食用具。苏武也向他们讲述传授汉朝的文化礼仪和耕作技术，与他们结下了深厚情谊。后人在山上修苏武庙、苏公祠，来怀念祭典他。

图 5-10　制作者：习昕怡　王子涵　2020 级 9 班　辅导教师：石文辉

卫律派人监视苏武，探得苏武在白亭海一带与百姓关系亲密，就向单于再进逸言，声称苏武预谋聚众造反。单于听信其奸计，派兵押送苏武至遥远荒凉的北海，给了一群羝羊，令其放牧，并称要羝羊下羔才能放他回国。

图 5-11　制作者：魏娅琦　李想　2020 级 8 班　辅导教师：石文辉

北海渺无人烟，苏武每天与羊为伴，饿了挖野菜、采野果充饥，冷了抱着羊只取暖。无论严寒酷暑、风餐露宿，苏武手中始终拿着那根代表朝廷威严的节杖。

图 5-12　制作者：李冬梅　李尚真　2021 级 10 班　辅导教师：石文辉

后元二年（前 87 年），汉武帝驾崩，汉昭帝即位。公元前 85 年，匈奴发生内乱，新的匈奴单于不愿再与汉朝发生战争，就向汉朝求和。汉昭帝派出使者来到匈奴，要求放回苏武。狡猾的卫律让单于欺骗使者说武已经死了。

图 5-13　制作者：赵建波　王立欣　2021 级 9 班　辅导教师：石文辉

之后，汉昭帝又派使者来到匈奴，探知苏武依然在世。使者要求单于放苏武等人归汉，严厉责问：我们皇上日前在上林苑打猎，射得一只鸿雁，足系苏武书信一封，说他在北海牧羊。您怎么可以骗人呢？

图 5-14　制作者：魏巧鸿　邓连雄　2021 级 1 班　辅导教师：石文辉

匈奴单于及众人听后大惊，认为苏武的忠义感动了飞鸟，天意难违，便向使者道歉，答应一定送回苏武，并派人快马加鞭，到北海接回苏武，与使者一行相见。

图 5-15　制作者：王亚琼　委嘉宜　2021 级 7 班　辅导教师：石文辉

苏武归汉，叛臣卫律岂能甘心，亲自带人在半路截杀苏武。就在卫律弯弓搭箭对准苏武之时，仰仪居次公主带人赶到，众箭齐发，恶贼卫律死于乱箭之下。

图 5-16 制作者：谢煜潇 田皓年 2021 级 5 班 辅导教师：石文辉

（二）苏武传说（选录）

图 5-17 版头 制作者：石文辉

苏武出使匈奴，被匈奴单于扣留。匈奴威逼利诱，用尽办法令其投降。苏武誓死不降。

图 5-18　制作者：李盈辉　康晓慧　2021 级 4 班　辅导教师：富春年

单于让匈奴兵押送苏武，一路跋涉至茫茫大漠边的北海（今甘肃民勤境内的北亭海）一带，给了苏武一群羝羊，说什么时候羝羊生出了小羊，就放他回汉廷，企图把苏武困死在荒野之中。

图 5-19　制作者：石子涵　张若彤　2021 级 3 班　辅导教师：富春年

苏武长年在荒野牧羊，受尽磨难，吃尽苦头，无日不思念中原故国、家乡亲友，每天登高远眺，痴心不改。

图 5-20 制作者：陶思雨 甄玉杰 2021 级 8 班 辅导教师：富春年

为了登得更高，看得更远，苏武在山丘的最高处垒起了一座高高的土墩，常常登台远眺家乡。后来人们就把这个土墩称为『望乡台』。

图 5-21 制作者：张子怡 王嘉乐 2021 级 5 班 辅导教师：富春年

土墩上飞来了许多野鸽子在这里安家。『咕咕咕』，野鸽子成了苏武放牧的羊群以外的亲密伙伴。

图 5-22　制作者：段潇　曹怡蓉　2021 级 10 班　辅导教师：富春年

鸽子久而通灵，为苏武传书，汉昭帝得到信息，与匈奴修好，苏武才回到了汉廷。人们又把这个土墩叫作『野鸽子墩』。

图 5-23　制作者：王心蕾　李雯　2021 级 10 班　辅导教师：富春年

一日，苏武在山下牧羊，因天气酷热，口渴难忍，羊群也奄奄一息。苏武仰天叹息，狠狠地将节杖在地上一插。

图 5-24　制作者：袁晓慧　李嘉怡　2021 级 7 班　辅导教师：富春年

却不料插节杖的地方冒出源源不绝的泉水。泉水甘甜无比，苏武激动地畅饮解渴。羊儿也奔涌而来，尽情地喝起了清醇的甘泉。从此，苏武常把羊群赶到这里饮水。

图 5-25　制作者：张佳莉　王硕凯　2021 级 6 班　辅导教师：富春年

那眼神泉天涝不增，天旱不减，后人称它为『蒙泉』『苏泉』，也称『神泉』『灵泉』，并在旁边修了一座彩亭，叫『蒙泉亭』。

图 5-26　制作者：郭文丽　香舒玉　2021 级 9 班　辅导教师：富春年

蒙泉水冬温夏冽，可以治疗腹疾。当地的驼户，每当外出远行时，就把骆驼赶到泉边来饮水，并用壶灌满泉水，说是可以降伏『渴魔』。

图 5-27　制作者：石婷毅　王文瑞　2021 级 1 班　辅导教师：富春年

苏武牧羊，东游西转，没有个定点。一天天气炎热，他赶着羊群转游到了沙窝里，口渴乏困，羊也渴得咩咩直叫。

图 5-28　制作者：徐云博　石培家　2021 级 6 班　辅导教师：富春年

正在乏渴之极，无计可施的时候，苏武忽然眼前一亮，只见不远处有个小水洼，清冷冷的水满荡荡的。

图 5-29　制作者：曹业栋　徐志杰　2021 级 8 班　辅导教师：富春年

苏武扑到水边，美美地喝了一顿，立刻精神焕发，一点儿也不感觉疲乏了。羊儿也跑过来，挨个饮好喝足，但那坑水照样满荡荡的，一点儿也不见浅。

图 5-30　制作者：张佳欣　王奕榕　2021 级 2 班　辅导教师：富春年

小水坑很是奇怪，舀不干也填不住，专门去找它，却找不着，拉骆驼或放羊的人只有无意之中而且是十分口渴时，才能碰到。因此，人们把它叫作『鬼井子』。

图 5-31　制作者：方敏　赵娜　2020 级 4 班　辅导教师：许玉梅

苏武在荒原大漠牧羊，缺衣少食，饱受饥寒。时值严冬，苏武赶着羊群，边走边寻觅食物。突然，发现一墩柴稞根旁有个洞，洞口探着一只柴鼠。

图 5-32　制作者：刘文婧　王宏业　2021 级 8 班　辅导教师：许玉梅

苏武蹲下去用手刨洞，刨到洞底，鼠『仓』中有一小堆粮食、草籽。他如获至宝，挖出来充饥。这些『鼠粮』成了他的救命粮，让他度过了饥寒岁月。

图 5-33　制作者：杨国菁　许寒云　2020 级 10 班　辅导教师：许玉梅

北海边有大片大片的碱滩，碱滩上长着一种柴稞。苏武将下柴稞枯叶，揉一揉，吹去壳皮，剩下几粒米颗似的东西，嚼起来微甜，是充饥的好物品。

图 5-34　制作者：杨雪瑶　周佳艺　2021 级 1 班　辅导教师：许玉梅

苏武给这种植物取名『碱菜』，一边牧羊，一边收集碱菜籽。从此，羊食碱菜叶，人食碱菜籽，人羊都得以活命。后来，人们又把碱菜叫作『苏武草』。

图 5-35　制作者：王康　张甜　2021 级 4 班　辅导教师：许玉梅

苏武在山上放羊，成天在石滩上跑来跑去，寒来暑往，风吹日晒，衣衫褴褛，鞋帮跑散了，鞋底磨通了，只好光着脚脚跑，苦楚难忍。

图 5-36 制作者：黄庆龄 武睿来 2021 级 5 班 辅导教师：许玉梅

苏武就剪下自己的头发，系于杆头，白天拿着它牧羊，夜里抱住它睡觉。风吹沙打，把节杖上的头发也吹落了。

图 5-37 制作者：李亚楠 李尚美 2021 级 9 班 辅导教师：许玉梅

这些『头发』落在哪里，便长到哪里。在荒原上、草墩下，一束束、一片片，扎根生长成了色泽乌黑、丝长柔韧、酷似头发的植物。

图 5-38　制作者：孟鸽　白佳音　2020 级 7 班　辅导教师：许玉梅

苏武发现了，就采拾它，系在杆头，不仅使节杖上的旄旎经久不衰，还能用它来充饥，滋养身体。苏武为它取名『发菜』，并带回长安。

图 5-39　制作者：张雪丽　赵开硕　2020 级 8 班　辅导教师：许玉梅

苏武以汉节激励自己，终日相伴，从不离手。长年累月的长期握磨，汉节的节杆由粗变细。

图 5-40　制作者：卢浩　陈锦润　2020 级 1 班　辅导教师：许玉梅

一日，苏武牧羊到大漠深处，遇上恶狼扑向羊群。情急之下，苏武抡起节杖狠狠地砸向恶狼。

图 5-41　制作者：张琪　李欣悦　2020 级 9 班　辅导教师：许玉梅

一番搏斗后，恶狼被苏武用节杖击毙，但节杆也因为用力过猛，从细处一折为二。

图 5-42　制作者：曾清华　周雨来　2020 级 2 班　辅导教师：范芳

一场春雨过后，节杆遗落处长出丛枝条，样子极像汉节，枝干坚韧，羽叶毛茸茸的，恰似旄节的毛穗子，苏武为它取名『毛条』。毛条的生命极其顽强，坚如汉节，是与风沙搏斗的勇士，人们都说它是苏武汉节的化身。

图 5-43　制作者：高立浩　罗金琦　2020 级 1 班　辅导教师：范芳

苏武在大漠之中、白亭海边游走牧羊，发现山坡上、沙窝中长着一些刺墩，刺墩上结着酸胖、红果、紫果等刺果子。

图 5-44　制作者：赵晓瑜　杨天泽　2020 级 3 班　辅导教师：范芳

第三节　剪纸＋思政：巧手剪党史　致敬二十大

　　百年风雨铸就百年辉煌，从中国共产党成立到第二十次全国代表大会胜利召开，共产党领导中国取得了翻天覆地的变化。为讴歌中国共产党的百年奋斗历程，歌颂党的丰功伟绩，激发全体师生爱党爱国的情怀和学生立志报国的宏愿，着力营造学习党的二十大精神的浓厚氛围，让思政教育紧扣时代的脉搏，让思政教育具有时代性，民勤实验中学开展了"五育并举　九重致敬二十大"剪出二十大历程系列活动，师生用一双双巧手，通过剪纸艺术，表达对党的热爱和忠诚。

　　"剪出二十大历程"经校委会策划分工，主要负责人富春年、许玉梅老师迅速展开讨论，确立活动主题为"巧手剪党史　致敬二十大"，制定活动方案和实施细则，搜集剪纸创作素材，准备剪纸创作材料等。准备就绪后，他们组织我校近两百名有剪纸特长或爱好剪纸的学生，利用社团活动、校本课程、课余时间，共同参与百年党史主题剪纸活动，让学生在学习传承这门民间艺术的同时，更多地了解党史，在剪纸创作中接受爱国主义教育。

在教师的指导下，一幅幅以红色根据地、革命英雄故事、重大历史事件等内容为主的剪纸作品在学生的手中巧妙地展现出来。"千人千幅剪纸画　喜迎党的二十大"大型广场会演场面热烈而震撼。

经过甄选，有 172 幅剪纸作品获奖。这些优秀作品经过整理，分成两部分，第一部分：教师作品，包括《共和国领导人》《领袖风采》等 18 幅作品；第二部分：学生作品，分四个篇章进行呈现，包括红色记忆篇、开天辟地篇、辉煌中国篇、盛世欢庆篇。

学生作品选录如下：

一、红色记忆篇

这一篇章展现了包括"南湖红船""秋收起义""遵义会议""七七事变""日本无条件投降""我们一定要解放全中国"等作品。

图 5-45　《站岗放哨的儿童团员》　陈涛　2019 级 1 班

图 5-46　《送红军》　李昊　2019 级 13 班

图 5-47　《父子兵》　张院萍　2019 级 7 班

图 5-48 　《狼牙山五壮士》 　曾皓博 　2019 级 13 班

图 5-49 　《军民大生产》 　仲雅雯 　2019 级 12 班

图 5-50　《军民一家亲》　王倩　2019 级 3 班

图 5-51　《我们一定要解放全中国》　王文　2019 级 1 班

二、开天辟地篇

这一篇章主要讲述从 1949 年新中国成立到 1978 年改革开放的历史，包括"开国大典""新中国领导人""抗美援朝""土地改革""向雷锋同志学习""星火相传"等26 幅作品。

图 5-52　《星火相传》　于嘉欣　2019 级 13 班

三、辉煌中国篇

这一篇章展现从 1978 改革开放至今所取得的辉煌成果，包括"改革开放的总设计师""香港回归""北京奥运会""科学发展观""辉煌中国"等 36 幅作品。

图 5-53　《辉煌中国篇》　黄庆龄　2020 级 5 班

四、盛世欢庆篇

这部分内容是以 2021 年以来全国人民庆祝建党一百周年、歌颂盛世华夏和迎接党的二十大胜利召开为主，包含"党的历程""红星永远向太阳""永远跟党走""抗疫先锋""民族团结进步""社会主义核心价值观""启航新征程"等 58 幅作品。

图 5-54　《盛世欢庆篇》　张琪　2021 级 9 班

图 5-55　《劳动最光荣》　孟鸽　2020 级 7 班

一幅幅令人惊叹的剪纸作品把中国共产党从"一大"到"二十大",从弱小到壮大,中国革命从星星之火到燎原之势,中国从一穷二白到世界第二大经济体的波澜壮阔的画卷一一展现。每一幅作品都饱含着全体师生深厚的家国情怀,寄寓着实中人歌颂党、歌颂和谐中国的美好愿望,向党的二十大隆重献礼。

这次活动不仅是对民间艺术的继承和发扬,更是对中国共产党风雨历程的再现,表达了全校师生对党的忠诚和热爱,对现在幸福生活的感恩。学校将综合楼3楼开辟为"红色经典长廊",专门展出这些作品。作品一经展出,引来校内外观者无数,也得到了社会各界人士的高度赞扬。

"巧手剪党史 致敬二十大"活动,是实中师生对党的二十大的致敬,是我校经典思政校园的又一次完美尝试。活动中创作的172幅优秀剪纸作品,成为我校红色文化不可或缺的组成部分,成为师生的红色记忆,极大地丰富了我校的美术课堂和社团活动,是思政课和民间艺术的完美组合。这次特别的红色专题教育,让师生们在回首中铭记,在缅怀中传承,在开拓中弘扬,听党话,跟党走,与祖国同呼吸、共命运,让红色基因永不褪色,代代相传,共同谱写民勤实验中学"奋进新征程,建功新时代"的新篇章,以实际行动践行党的二十大精神,自信自强,守正创新,踔厉奋发,勇毅前行。

第四节 活动＋思政：六个精彩一百年 九重致敬二十大

一、献礼一百年 致敬二十大

我校组织开展庆祝建党100周年"六个精彩一百年"(精彩画出一百年经典、精彩剪出一百年史册、精彩唱响一百年精神、精彩舞出一百年风采、精彩写出一百年心声、精彩讲读一百年党史)系列展示活动、新时代劳动教育观摩活动、民族团结教育活动、新时代文明实践活动等大型师生共创共建活动,将思政教育融入学校具体的教育教学之中,在活动中实践,在实践中提高,在提高中成长。

（一）精彩画出一百年经典

吉祥如意——牡丹　作者：马文婧 八（5）指导老师：范 芳　　祖国万岁——万年青 作者：亢 雪 八（8）指导老师：范 芳

图 5-56　国画

（二）精彩剪出一百年史册

为大力营造庆祝建党 100 周年的浓厚氛围，讴歌中华民族伟大复兴的奋斗历程，弘扬中国共产党的丰功伟绩，激发全体师生爱党爱国的情怀，以及努力学习、立志报国的积极性和主动性，民勤实验中学举行了"精彩剪出一百年史册"剪纸创作活动。

民勤实验中学"精彩剪出一百年活动"，被"学习强国"、《中国青年报》、《武威日报》等多家主流媒体争相报道，赢得了社会的广泛赞誉。

（三）精彩唱响一百年精神

我校举办庆祝建党 100 周年"精彩唱响一百年精神"活动。飞扬的歌声，吟唱难忘的岁月，讴歌党凝聚民族自强的精神力量。激越的节拍，熟悉的旋律，谱写时代的豪迈。舞蹈《舞动音春》《卡路里》点燃了学生放飞青春、追求梦想的激情，他们以优美的形体艺术展现了青少年的纯洁与美丽。《诵经典展辉煌》饱含深情的诗歌朗诵，传唱了中华少年奋发向上、勇立时代潮头的决心和勇气，是中华经典与新时代校园文化的完美结合。

图 5-57　合唱《我的祖国》

学生用歌声诠释了那感人至深的革命情怀，表达了为祖国奋斗的青春誓言，全校师生也重温了建党一百周年的光辉历程，歌颂了祖国的壮丽山河。

（四）精彩舞出一百年风采

学校隆重举办庆祝建党 100 周年"精彩舞出一百年风采"活动，铭记中国共产党百年奋斗的光辉历程，颂扬党的丰功伟绩，激励广大师生不忘初心，传承红色基因。一段岁月，波澜壮阔，刻骨铭心；一种精神，穿越历史，辉映未来。1921 年，中国共产党在一叶扁舟中诞生了，仿佛一道曙光划破夜空，刷新了中国革命的历史。

图 5-58　舞蹈《红色的摇篮》

长征是中国共产党及其领导下的人民军队谱写的一部气壮山河、震撼世界的英雄史诗，长征精神已经成为中华民族的宝贵精神财富，激励着无数的中国少年。

共产党与人民风雨同舟、血脉相连、生死与共，人民是中国共产党战胜一切困难和风险的根本保证。

在最艰苦的岁月，八路军、新四军浴血奋战，抗击着日本帝国主义的野蛮进攻，经受着国民党反动派的重重封锁，但解放区的人民自力更生，展开了轰轰烈烈的大生产运动，战胜了一切困难，赢得了民族斗争的胜利。

戏曲，是中国的国粹艺术，生旦净末丑，锣鼓声相递；又见彩绸鲜衣，京腔忙唱起，唱不尽中华灿烂的戏曲文化。

诵读经典，民族精神在我们的血脉中流淌；诵读经典，民族文化智慧支撑起我们的脊梁。我们是中华少年，时代的接力棒要代代相传；我们是龙的传人，振兴中华是我们义不容辞的责任。

她们逆行而上，奔赴疫情最前线；她们逆风而行，散发着天使的光芒！她们用鲜红的手印表达担当与承诺，用坚守的身影诠释生命的意义。

春风化雨，大地披锦绣；紫荆花开，香江扬碧波。闪耀着金光的铁锤、镰刀，代表着民族的希望。党啊，您就是那灿烂的阳光！在灿烂的阳光下，我们放飞中国梦。

"育有梦想的学生，做有情怀的老师，办有温度的教育"是我校的教育理念。学校组织教师走家入户，了解学生动态，传递温暖真情。学生以轻松幽默的表演形式，生动诠释了学校的"一生一案·小案大爱"综合育人策略。

一张张青春的脸庞洋溢着热情的笑容，一双双灵巧的筷子舞动着青春的旋律。欢乐的草原，矫健的舞姿表达着中华民族一家亲，同心共筑中国梦的家国情！

飞扬的歌声，吟唱难忘的岁月；熟悉的旋律，演绎时代的跨越。全校师生在甜美的歌声中，在舞动的韵律中，欢聚一堂。

百年征程波澜壮阔，百年初心历久弥坚，百年精神代代相传。本次文艺会演是我校向建党100周年献礼的系列活动之一，充分展现了我校校园文化建设和素质教育的丰硕成果，表达了全体师生心向党、跟党走、感念党恩、精彩前行的家国情怀！

（五）精彩写出一百年心声

民勤实验中学举办了"精彩写出一百年心声"作文大赛。活动中，全校师生积极参与，以书传情，以自己的方式感恩中国共产党，向建党100周年献礼。

学生利用周末、课余时间采访教师、同学、家人以及社会人士，以采访报道、新闻、通信等文体歌颂党的辉煌一百年。我们将评选出的优秀稿件刊登在校刊《胡杨林》上。

征文活动以"我与'两个一百年'"为主题，师生深入学习贯彻习近平新时代中国特色社会主义思想和党的二十大精神，充分认识自身在实现"两个一百年"伟大历程中的使命和责任，致力于成为担当民族复兴大任的时代新人，从小立鸿鹄志、做奋斗者。

（六）精彩讲读一百年党史

为引导全校师生更好地回顾我党百年奋斗历程，加深对学习党史重要性的领悟，传承红色基因和革命传统，真正做到学史明理、学史增信、学史崇德、学史力行，让党的光荣传统薪火相传，学校开展了"精彩讲读一百年党史"主题朗诵、演讲活动，师生共同讲述党的百年红色经典故事。

重温党的光辉历程，歌颂党的伟大成就，继承和发扬党的光辉传统和优良作风，表达对党的无限崇敬和热爱，向党的生日献礼。把红色文化引进校园，让红色基因走进校园，激发学生的爱党爱国情怀，培养他们的使命感和责任感。激发全体师生心向党，跟党走，感念党恩，精彩前行的家国情怀。颂扬党的丰功伟绩，铭记中国共产党百年奋斗的光辉历程，让红色基因、革命薪火根植于学生心中，不断增强学生坚定不移听党话、脚踏实地跟党走的理想信念，从而把党带领人民走向胜利的宝贵经验传承好。

图 5-59 学生讲述狼牙山五壮士的故事

二、五育并举　九重致敬二十大

2022年是党和国家历史上具有里程碑意义的一年，也必将是载入史册的一年，踏上实现第二个百年奋斗目标的新征程，我们以习近平新时代中国特色社会主义思想为指导，勠力同心，勇立潮头，扬帆奋进，各项工作在点上突破，线上推进，面上开花。德、智、体、美、劳五育并举。我校开展了"五育并举　九重致敬二十大"系列活动：剪出二十大历程，画出二十大神韵，印出二十大版图，讲读二十大故事，舞出二十大风骨，唱响二十大精神，聆听二十大声音，宣讲二十大主旨，担当二十大使命。师生们用灵巧的双手剪出美丽的画卷，用多彩的画笔绘出锦绣的版图，用优美的舞姿舞出共产党人的风骨，用美丽的歌喉弘扬时代的正气。活动培养了学生积极向上的精神，用红色文化引领学生健康成长，激发学生知党爱国的热情。

（一）致敬一：剪出二十大历程

学校开展"千人千幅剪纸画　喜迎党的二十大"活动，师生们用火红的剪纸生动地呈现了中国共产党从一大到二十大的百年奋斗征程。活动历时两个多月，参与师生近1000人次，共创作近千幅作品，精选展出作品130多幅。

学生用一幅幅剪纸作品摆出了"喜迎二十大"的字样，表达自己的爱党爱国情怀。学生举着自己的剪纸作品，为党的二十大献上真诚的祝福！

（二）致敬二：画出二十大神韵

学校组织学生进行美术创作大赛，学生集中创作的作品有彩笔画、装饰画、手抄报、剪纸、中国画、书法共6个类别，七、八年级近200名学生参加了比赛。

（三）致敬三：印出二十大版图

"乐图苑"美术社团的师生们用多彩版图演绎百年辉煌成就。以"苏武牧羊""苏武传说"为主题的版画创作活动，得到民勤县文化馆的鼎力支持，学生通过制版、雕刻、印版等一系列工序，完成了一幅幅生动美妙、意义重大的版画作品。

图 5-60 "家国情怀"系列版画作品

（四）致敬四：讲读二十大故事

学校举行"新时代好少年 红心向党"主题演讲比赛活动、"童心向党"党史专题讲座，组织学生观看《地道战》《上甘岭》等革命历史红色影片，邀请老党员、劳模等现身说法，讲自己的奋斗故事，表达对党的热爱和忠诚。

图 5-61 讲读二十大故事

（五）致敬五：舞出二十大风骨

学校组织开展激情大型场地表演：传统元素·太极操；政治元素·足球操；时尚元素·滑步舞；素质元素·花样跳绳。

图 5-62　大型场地表演——太极操

太极是传统文化的精髓，内外兼修，内涵丰富，寓意深刻。太极既能强身健体，又具有东方文明所特有的哲理性、科学性和艺术性。学生一招一式，行云流水，一气呵成，静如处子，动如脱兔，真正展现了新时代青少年对传统文化的传承发扬。

图 5-63　大型场地表演——足球操

足球操，响应"全民运动"的时代号召，寄托着实中学子的希望，也凝聚着师生的汗水和力量。他们英姿飒爽、蓬勃激越，把足球运动带向新的领域、新的高度。

图 5-64　大型场地表演——滑步舞

滑步舞是时尚的健身运动，是学生张扬个性、挥洒激情的最好方式。那刚柔并济的姿态，富有动感的旋律，是视觉艺术的强大冲击，是实中校园文化的生动展现！

（六）致敬六：唱响二十大精神

2022 年 7 月 1 日，学校开展"唱支山歌给党听"主题快闪活动，用歌声传递祝福，用歌声凝聚力量，庆祝中国共产党建党 101 周年，迎接党的二十大胜利召开。我把山歌唱给党，党的精神代代传。歌声浑厚，如松涛阵阵，唱出师生敦敦意；歌声激越，如惊涛拍岸，唱出赤子拳拳心！

（七）致敬七：聆听二十大声音

在党的二十大召开期间，我校多次组织全体党员开展党课学习。党员们利用班会，向学生宣讲党的二十大精神，一个个"时代楷模"的故事，把一颗颗满载着"红色基因"的种子播撒在师生的心田；一次次往事的追思，让共产党人的伟岸形象留在师生心底。寓教于乐，用深入浅出、通俗易懂的方式，推动党的二十大精神入心入脑，增强师生热爱党、忠于党的意识，让学生立志做有理想、敢担当、能吃苦、肯奋斗的新时代好少年。

（八）致敬八：宣讲二十大主旨

我校积极响应县委宣传部的号召，由党建办主持开展党的二十大精神宣传活动，除了组织我校党员教师学习外，还派出教师担任县委宣讲团成员，到全县党政机关、学校、企业等宣讲党史和党的二十大精神。

（九）致敬九：担当二十大使命

党的二十大召开以来，学校党建办组织党员开展了一系列主题教育活动。活动坚持以党的二十大精神为指引，紧扣二十大脉搏，紧随时代主旋律，聆听时代最强音，担当时代新使命。活动突出党建引领作用，在全校教职工中掀起学习贯彻党的二十大精神热潮，教师积极把二十大精神践行到我们的日常教育教学工作中，忠于党的教育事业，在各自的岗位上履职尽责，恪尽职守。

系列活动的开展让师生重温革命岁月的艰难困苦，回顾党的光辉历程，追忆革命英雄的光辉事迹，感受红色文化，弘扬革命精神，传承红色基因，汲取前行的力量。系列活动丰富了思政课的内涵，提升了学生的思想品德素养，激发了学生对党、对祖国、对民族、对家乡的认同感、归属感，将社会主义核心价值观内化于心、外化于行，为学生的终身发展筑牢了精神底色。

另外，我校充分发挥课程思政的专业育人功能和思政课程的跨学科融合育人功能，实现专业思政课教师团队、领导团队、管理人员团队、任课教师团队四支队伍全过程、全方位、全员化育人，发挥"1247N平安细胞工程""'一生一案·小案大爱'综合育人评价体系""预防治理未成年人违法犯罪'5×5'模式"精品示范效应。

第六章 ▶ 经典书香校园

腹有诗书气自华，最是书香能致远。习近平总书记致首届全民阅读大会举办的贺信中指出："阅读是人类获取知识、启智增慧、培养道德的重要途径，可以让人得到思想启发，树立崇高理想，涵养浩然之气。"

我校立足自身实际，不断创新，积极探索，形成了一系列"书香育人"新方法、新思路、新举措，有效推动了"书香校园"建设，提升了"一生一案·小案大爱"综合育人评价体系的新内涵。

我校以"党建红＋教育蓝"党建品牌为指引，坚持以新课程理念为指导，积极落实"双减"政策和"五项管理"，以"五育融合，'八经典'校园绘蓝图"为统领，构建了"4569"师生阅读工作机制，坚持常态化开展系列读书活动，激发师生的阅读兴趣，积极营造书香氤氲、时光静好的校园阅读氛围，引导师生全面健康成长，促进师生核心素养的进一步提升。积极营造"书香个人""书香班级""书香校园"文化氛围，创造学校宜学环境，丰富学校文化底蕴，提升学校办学品位。全面加强和改进新时代校园文化建设，落实书香课程，优化书香课堂，实施书香管理，坚持走书香育人的特色发展之路。

第一节　营造"书香"校园

我校经典书香校园建设从硬件着手，向软件要质量。我校保障师生有书可读，有地方读书，有时间读书，有人引领着读书，努力营造书香校园氛围，为师生阅读提供便利，打造平台。我校构建了"4569"师生阅读工作机制，常态化开展系列读书活动，丰富学校文化底蕴，提升学校办学品位。我校深化了阅读综合评价，做好"一生一案·小案大爱"综合育人评价体系建设。

一、全国最美校园书屋

民勤实验中学图书馆是一所设施完备、功能齐全的现代化图书馆。图书馆为两层建筑，使用面积2046平方米，拥有藏书室2间、学生阅览室2间、教师期刊阅览室1间、专用电子阅览室1间、兼用电子阅览室4间，有近600个阅览位。学校配置纸质图书达7万多册，电子图书10万册，种类丰富，搭配合理。

学校要求图书馆必须做到：图书出库上架，营造书香校园。为了保证学校图书管理和使用的规范化、标准化和科学化，学校配备专职管理员5人，其中馆长1人，图书管理员4人，并制定切实可行的图书借阅计划、图书管理制度，力求使图书管理科学、规范，最大限度为师生阅读服务。

学校图书馆被评为"2018全国最美校园书屋"，在《中国出版传媒商报》2022年9月9日第2850、2851期合刊的中小学图书馆最"火"藏书调查活动中，入选四大最"火"藏书图书馆。

2022年始，学校纵深推进群文阅读和整本书阅读教学，每学期按语文课程标准要求购置七至九年级必读书目。我们要求每个学生每年至少阅读12本书，计划一月一本！寒假每人阅读2本，暑假每人阅读2本，"五一""十一"假期每人阅读1本，每学期按语文课标要求至少读3本。教师对学生的阅读情况进行跟踪记录，完成"一生一案·小案大爱"综合育人评价体系。

二、二十个开放阅览厅

为丰富学生课余生活，营造书香校园氛围，方便师生随时随地阅读，学校建有开放阅览厅 20 个，分设在教学楼（3 个）、学生公寓（14 个）和餐饮楼（3 个），并在每个教学班级设立了"图书角"。8000 多本图书摆放在阅览厅的书柜上，面向全校学生开放，每个阅览厅都有供学生读书的桌椅，学生不用履行借阅手续，可自由阅读喜欢的书籍。而且，我们给每个阅览厅都起了一个充满诗意的名字，配了一句读书名言和一段名人读书感悟。比如：我校教学楼的开放阅览厅分别是文渊厅、文海厅、文汇厅。读书名言如：布衣暖，菜根香，读书滋味长；读书之乐何处寻，数点梅花天地心；问渠那得清如许，为有源头活水来。还有古人读书感悟《读书的境界》《读书的乐趣》《读书的味道》。

开放式阅览厅有效利用了师生的碎片化时间，深受广大师生的喜爱。师生可以在紧张的学习工作之余，信手拈来一本书坐在开放阅览厅翻翻看看。学生人人争做读书人，校园里处处皆是读书地！薪火相传，弦歌不断！

三、"天行健"国学馆

我校"天行健"国学馆的前身是"国学小讲堂"，成立于 2015 年。馆内布置素洁典雅，古色古香，一桌一椅都透露出唯美温馨和浓郁的传统文化气息。置身馆内，在书香氤氲中，学生自由探寻中华五千年的灿烂文明。在这里，有专业教师引领指导，学生通过诵读、书写、表演等形式学习《弟子规》《孝经》《庄子》等传统文化经典，继承和发扬了中华文化，中华文明薪火相传，生生不息。

四、"翰和智慧"书法教室

"翰和智慧"书法平台储存了大量的字帖、书写指导视频、创作教学指导现场视频、日常偏旁部首书写技法指导视频、书法拼字游戏、书法常识及历代书法大家简介等。教室内有多媒体教学一体机、文房四宝等。我校师生可以在这里开展社团活动，或在业余时间练习书法。学校将书法教学与"翰和智慧"书法平台深度融合，实现书法教学标准化、数字化、高效化，传承中华书法、复兴民族文化，真正实现传统化文化、现代化教育的发展目标，全心助力学校书法教育内涵化、卓越化发展。

第二节　开展"书香"活动

一、开展师生阅读系列活动

为了让读书成为校园文化中一道亮丽的风景线，营造浓郁书香校园氛围，丰富"双减"背景下的师生精神文化生活，我校组织开展了以"好书伴我成长，书香溢满校园"为主题的师生阅读系列活动。系列活动包括师生共读阅读推广活动、学生读书心得写作比赛和教师读书报告会。

（一）师生共读，同沐书香

以某种程度上说，阅读是一种模仿艺术，孟母三迁的故事就是很好的佐证。我们都知道读书是安身立命的基础，是一件美好的事情，但是如何引导学生体会这种美好呢？我校专门开设阅读课程，开展读书交流活动，要求语文教师在阅读课上带领学生抛开纷扰，静静地读书，徜徉书海，向阳生长！

图 6-1　我读书，我快乐！

图 6-2　书香满校园，师生共成长

（二）书香润心灵，读写促成长

我校每学期都组织开展学生读书心得写作比赛。语文教师在赛前要组织学生集中阅读相关书籍，为了加深学生的阅读感悟，还要引导学生进行必要的文学鉴赏，以便拓展学生的阅读思维，在写作时有话可说。这既是对学生阅读活动的一个促进，又能提升学生的写作水平，提升学生的文学作品鉴赏能力，展现新时代少年的精神风貌，启航更远更高的阅读写作目标。

（三）书润师心，魅力蝶变

我校对教师提出的要求是做学者型教师。学者型教师首先得树立终身学习理念，在工作之余积极阅读。学校不定期组织教师开展读书报告会，交流读书心得，畅谈人生感悟，结合自身专业成长经历，分享自己的阅读体验，展示以书为伴、立德铸魂的新时代教师精神风采。

图 6-3　老师们的分享情真意切

二、开展建党 100 周年特色活动

我校组织庆祝建党 100 周年特色主题系列活动，隆重庆祝党的百年华诞，重温党的光辉历程，歌颂党的伟大成就，继承和发扬党的光辉传统和优良作风，激发广大师生的爱党爱国情怀，向党的生日献礼。

开展"阅读打造金色梦想，知识成就无悔青春"读书报告活动和"精彩写出一百年心声"征文活动，全校师生积极参与。

我校开展以"感念党恩　精彩前行"为主题的校园艺术节。我校每年都在国庆或元旦举行师生书画作品展，师生用书画的形式来表达对祖国生日的美好祝福和新年祈愿。

图 6-4　舞蹈《五四风雷》

我校把"国学经典诵读"活动作为建设书香校园的一项重要举措。2022年5月6日，民勤实验中学师生代表队参加了县语委办组织的"促进民族团结 经典筑梦未来"中华经典诵读大赛。我校教师节目《吹号者》凭借声情并茂的诵读和精彩的演绎，赢得专家和评委们的高度肯定，一举夺得桂冠。

图 6-5 教师节目《吹号者》声情并茂，催人泪下

第27个世界读书日，我校组织开展"世界读书日"主题阅读系列活动，不仅提高了学生的阅读兴趣，培养了学生的读书习惯，而且营造了浓厚的书香校园氛围。我校以晨读、课前诵读、餐前诵读等多种方式，适时地鼓励学生背诵、积累，让学生胸有诗句，口能诵读。

图 6-6 师生读书报告会

2023 年 3 月，我校承办了"全县师生阅读论坛"。本次师生阅读论坛系列活动得到了全县中小学校、幼儿园的大力支持和积极配合，受到了社会各界的好评，为深入推进全县中小学师生阅读活动的开展起到了很好的示范引领作用。

丰富多彩的读书活动弘扬了传统文化，营造了校园读书氛围，激发了学生的读书兴趣，努力让每一个学生养成多读书、读好书、好读书的好习惯。

第三节　打造"书香"课堂

我们坚持以新课程理念为指导，走书香育人的特色发展之路，积极落实"双减"政策和"五项管理"。在打造书香校园方面，我们认为唯有爱读书、肯钻研的教师才能带出爱读书的学生，全校上下爱读书、爱探究，书香校园建设才能有丰富的内涵、鲜明的特色。学校教研室的牵头，以全面推进新课改，构建理想课堂为目标，使广大教师树立"以师生为本，教学相长，个性发展，共同提高"的核心理念，积极打造师生喜欢的课堂。

一、探索自本理念，打造高效课堂

（一）聚焦核心素养，构建自本课堂

我校的自本课堂是相对于以教师为中心的师本课堂和以学生为中心的生本课堂而言的，从以教为中心的师本课堂、以学为主的生本课堂，进入教中有学、学中有教、教学相长的自本课堂，开展促进学生个性化学习的融合式教学模式。课堂重心从以学生群体为本，下移到关注每一个学生的个性差异。自本课堂中的"自"指的是每一个学生，以每一个学生为本，着眼学生的个体发展，遵循教育的本真，追求整体和个性的统一，把课堂学习效益的最大化作为本质追求，落实学生的主体地位，体现思维训练和素养养成，强调情感体验与品质提升，彰显"学生个性"，感知"生命成长"，有效放大教师和学生作为共同学习者的特征，进而使师生进入"新学习时代"。

基于新课程标准的"自本课堂"的理念：

一个核心：提升师生素养。

两种形式：师生互动，生生互助。

三个转变：师长变学长，被动变主动，课堂变学堂。

五个环节：自主学习，合作探究，交流展示，点评释疑，检测反馈。

五个创新：行云流水的教学模式，新颖鲜活的教学情境，科学翔实的教学内容，互动开放的交流方式，和谐发展的师生关系。

图 6-7　"自本课堂"教学实验启动仪式

在自本课堂理念下，我们在课堂教学中积极大胆地探索，进行基于新课程标准的"自本课堂"赛课，通过赛课活动，教师交流经验，取长补短，更好地为学生服务。

（二）全面落实"四清课堂"，打造高效课堂

所谓"四清课堂"，即分层教学"堂堂清"，明确目标"天天清"，落实目标"周周清"，拓展提升"月月清"。"四清课堂"以任务为目标，课堂不拖泥带水，让学生学得清爽。打造高效课堂，对教师提出了更高的要求，教师必须积极学习，钻研专业书籍，精练课堂语言，精准表达。高效课堂将学生从繁重的作业负担中解放出来，让学生有更多的时间进行课外阅读，提高自身的综合素养。

二、聚焦书香校园，专家传经送宝

为了让教师在课程理念上有所改变，积极构建"自本"理念下的高效课堂，我校特邀请江西"金太阳"教育专家入校指导，为学校课程教学把脉并传经送宝。在北京市十一学校潘从红老师的竭诚帮助下，东华股份公司董玉锁先生慷慨解囊，启动"东

华"甘肃教育援助计划教师培训项目。参与本次活动的有甘肃省武威市的36所学校、甘南州的1所学校、庆阳市的39所学校以及部分省外学校，共计88所学校、10093位教师，创"甘肃教育援助计划"实施以来参与学校数和参与人数历史之最。接下来的两个多月（共11次培训），北京名校先进的教学理念，北京名师高超的教育教学理念，源源不断地从北京传输过来，为我们这所乡村学校注入了新的思想与活力。

图6-8 "东华甘肃教育援助计划"启动仪式

2023年春季开学后，潘从红老师继续联系"东华甘肃教育援助计划"教师培训项目爱心人士董玉锁，爱心学校北京十一学校、北京亦庄实验中学、北京海淀区十一学校、北京四中等，我校先后3批次派出34人赴北京培训。这次培训，我们争取到培训资金10万元，免除了场地费、教师培训费等50多万元！这次是民勤县教育系统近十年来，义务教育学校培训走的地方最远、派出人员最多、培训时间最长、培训效果最好的培训。

北京之行，教师学到的不仅是教学方法，更是一种阅人阅世的阅读心态。

桃李枝头蓓蕾红，绿影扶疏意味长。打造书香校园，目的是让书卷气、书香韵味成为学校内涵发展的底蕴，让教师成长为学校内涵发展的基石，让教育教学质量成为学校内涵发展的主线，让校园成为学生成长的摇篮、教师成长的乐园！

第七章 〉 经典科技校园

　　科学技术是人类智慧的结晶，也是人类认识世界、改造世界的有力武器，是一个国家兴旺发达的不竭动力。习近平总书记指出："创新是引领发展的第一动力。""当前，从全球范围看，科学技术越来越成为推动经济社会发展的主要力量，创新驱动是大势所趋。""我们要深入贯彻新发展理念，深入实施科教兴国战略和人才强国战略，深入实施创新驱动发展战略，统筹谋划，加强组织，优化我国科技事业发展总体布局。"这是着眼全局、面向未来做出的重大战略调整，对我国未来发展具有十分重要的意义。

　　我校通过展览、培训和实验，鼓励学生动手参与，进行实践和探索，动脑筋思考体验，达到既传播科学知识，又崇尚科学精神；既建立科学思维，又学习科学方法，切实提高学生的科学素养。

　　我校经典科技校园创建活动还在路上，我们希望借助各种资源和设备，把科技教育作为实施素质教育的重要途径之一，把科技教育渗透进日常教育教学中，让学生以睿智的科学思维和敏锐的科学眼光，积极实践，大胆想象，勇敢创造，培养学生学以致用的创新思维和实践能力。充分发挥学校、社会、家庭三个方面的力量，并结合实际，把科技教育作为综合实践活动的一个重要组成部分，从而推动我校科技活动蓬勃开展。抓住学生每一次科技灵感，让想象插上翅膀，让学生每一次智慧灵光的显现照亮科技腾飞之路。

　　自2014年建校以来，我校高度重视学生科技教育，以"以师生为本，以素养为重，为家国树人，为未来奠基"的办学理念为指导，积极推进我校学生科学素养建设进程，确立了"以活动课程化为载体，挖掘潜能，张扬个性，建设青少年卓越成长的课外活动的乐园"办学目标，始终把科技设备投入作为重点建设。在上级部门的大力支持下，我校先后投入150万元，进行科技馆建设，购置触摸屏电脑一体机、桌椅、展柜、科普展品、机器人、3D打印机等科技前沿设备，先后建有科技馆、天文馆、地理馆、机器人体验馆、科学探究体验馆、电磁探秘体验馆、声光体验馆、球幕影院、运动旋律体验馆、科学表演馆、物理探究实验室、化学探究实验室等，科技馆总占地面积达 1405.6 平方米，共有科技展品 123 余件、探究器材 100 余套。2017 年，我校被评为"武威市科普教育基地"。

我校有专门的创客室 4 间，有专职创客教师 4 名。先后引进参赛机器人 6 套，购置参赛场地和平台 2 套、科普教育图书 30 余册，安装远程控制氛围窗帘 26 套，更新科普知识介绍文化图片 50 余幅，保证了科普教育与时俱进，工作水平与成效不断提高，为学生学习科学文化知识创造了条件，提供了便利。

2021 年，在团县委和学校的共同努力下，成功申建了"小平科技实验室"，包括基础搭建实验室、创意编程实验室、机器人竞赛室、创客竞赛实验室、3D 教室共 5 个部分，共有 48 套创意组合模型，以及 EV3 设备 7 套、3D 立体电视系统 1 套。这为提高学生的抽象思维能力、逻辑思维能力和分析解决问题的能力，提升学生的创新素质，培养学生的创新能力奠定了物质基础。我校被评为"2021 年全国青少年人工智能活动特色单位"。

2023 年 5 月 29 日，教育部等十八部门联合印发《关于加强新时代中小学科学教育工作的意见》，在竞赛活动管理、拔尖创新人才选拔培养模式、中高考内容改革等方面提出要求，并提出试点建设科技高中，鼓励本科阶段开设"科学技术史"选修课等。时代呼唤科技人才，经典科技校园建设，我们蓄势待发！

第一节　炫彩科技馆

一、科技馆

我校科技馆位于综合楼三楼，占地面积 210 余平方米。馆内陈列有光学万丈深渊、光纤空间造型、天上来水、旋转的镜像、无弦光琴、彩色影子、立体万花筒、投篮歪手、电影原理、雪浪声波、无皮鼓、喊泉、声聚焦、百发百中、熊猫走直线、莫比乌斯带、法拉第笼、音乐特斯拉、

图 7-1　实验中学科技馆

怒发冲冠、磁悬浮地球、电磁加速器、水力发电、风力发电、旋转的金蛋、往上滚、公道杯、水漩涡、龙卷风、芝麻开门、与门捷列夫对话、投影互动足球等各类科技模具和展品。墙壁四周和屋顶装饰有各类现代科技壁画和挂图，有强烈的科技氛围，吸引人眼球。科技馆成为学生探索科技奥秘的乐园。

二、天文馆

天文馆位于综合楼三楼，占地面积 70 余平方米。馆内陈列有三球仪（日月地运行仪）、世界钟、经纬度模型等教学器材，摆放有六边形学生桌椅若干，以及平面地形地球仪 100 余个；墙壁四周装饰有各类天文壁画和挂图；屋顶安装有立体背景的八大行星球电子模型，有着强烈的视觉冲击力，为学生探索天体和宇宙奥秘提供了直观场景。

（一）八大行星球模型

展示原理：八大行星球模型，太阳直径 600mm，土木星直径 500mm，海王天王

星直径 400mm，地球金星直径 350mm，火星直径 300mm，水星直径 250mm。每颗星球中心配不同转速的电机、齿轮等机械传动机构。中心轴及倾角轴为不锈钢材料。220V，总计 150W。遥控语音解说。自转速度按太阳系实际自转速度（共 6 套齿轮电机，6 种速度，有 2 球自转接近，所以采用 1 种速度）。

图 7-2　科技馆——八大行星球模型

(二) 三球仪（日月地运行仪）

图 7-3　科技馆——三球仪（日月地运行仪）

规格：直径 1000mm，采用精密机械传动及复合材料加工而成；不锈钢边框。地球公转 0.2r/min，地球自转 50r/min，月球公转 2.5r/min。显示系统：65K 真彩

TFT－LCD 显示触摸屏；可视角度达 170°；菜单分级显示，演示内容与工作状态同步可视，教师可根据教学内容随时选择和更换菜单，选择要显示的内容操作可视可触，方便简单。人体工程学外形设计，外壳采用工程塑料制作，经久耐用；控制信号采用 RF 无线发射方式，控制有效范围更为广阔；具有开机自动搜索终端设备功能，并具有基本的系统故障自我诊断及提示功能；1800mA 大容量锂电池供电，20 秒用户无操作自动进入睡眠模式，智能电源管理模式，系统采用低功耗微控芯片，使待机时间更长。语音系统参数：工业级别 MP3，语音内容单独播放，音质优美动听。内容：地球自转与公转：公转轨道、两至两分等；月球自转与公转：日食、月食等；月相成因：月相周期变化；二十四节气。

三、地理馆

图 7-4　地理馆

地理馆位于综合楼三楼，占地面积 140 余平方米。地理馆内有各类地图、电子演示仪和各类地形构造模型。其中包括：流水地貌、黄土地貌、冰川地貌、海岸侵蚀地貌、丹霞地貌、重力地貌、喀斯特地貌、火山熔岩地貌、断层褶皱地貌、温室效应、荒漠（风蚀）地貌、地下水模型、五种地形模型、地震模型、煤和石油矿质构造、地上河模型、等高线模型、板块构造及地表形态模型等各类地质模型。可以使学生更直观地了解地理模型，掌握地理知识。

温室效应后果之一：

大量排放 CO_2 等温室气体，又不断砍伐森林，使 CO_2 还原能力下降，导致气温上升，海平面升高。模型反映某海港由于海面上升，原有的"T"形码头、仓库、道路、住宅被淹，港口被迫废弃。政府和市民不得不修建大堤，城市内迁，原有河流靠水泵排水，一旦遇到大风和海潮，大堤难保，城市居民的生命财产就处于危险之中。

四、小平科技创新实验室

2021 年，我校成功申建"小平科技创新实验室"，包括基础搭建实验室、创意编程实验室、机器人竞赛室、创客竞赛实验室和 3D 教室。

（一）基础搭建实验室

图 7-5　基础搭建实验室

为了探索建立人工智能相关课程的教育模式，向广大青少年普及推广人工智能相关科普知识和技能，提高青少年对人工智能的认知和初步应用能力，进而促进编程教育在青少年中的普及，搭建学习交流平台，我校每年都举办青少年人工智能科普活动。活动内容包括：学校每年 4 月至 6 月举办的青少年创意编程活动；创建全国青少年人工智能科普活动特色单位；组织学生积极参加青少年创意编程线上体验活动；组织学生积极参加全国青少年创意编程与智能设计大赛；组织学生积极参加省、市、县机器人竞赛和科技创新赛。

（二）创意编程实验室

创意编程是在创造性的活动中学习电脑程序设计，充分利用电脑程序构建虚拟世界，在充分启发和引导下，在解决问题的过程中，主动探索学习编程。创意编程的目标是让学生建立程序思维方式、提升逻辑思维水平，启发学生的想象力和创造力。创意编程的内容紧紧抓住学生的兴奋点，通过游戏、故事、实物模拟等吸引学生的注意力。创意编程的方法从简单的游戏开始，到抽象高级的游戏，把模块化思维包裹其中。

图 7-6 创意编程实验室

（三）机器人竞赛实验室

图 7-7 机器人竞赛实验室

本室共有EV3设备7套,在基础搭建之上,搭配各种传感器,可以完成预想的任务。传感器有超声波传感器、陀螺仪传感器等,用于测量旋转运动方向和改变运动方向,可测量角度,制作自平衡机器人。颜色传感器可以测量光的反射值(就像NXT光电传感器那样),也可以检测颜色,触动传感器等。

(四)创客竞赛实验室

创客竞赛可以培养青少年的创新精神和实践能力。"创客教育"是创客文化与教育的结合,基于学生兴趣,以项目学习的方式,使用数字化工具,倡导造物,鼓励分享,培养学生的跨学科解决问题能力、团队协作能力和创新能力。

图7-8 创客竞赛实验室

人工智能是计算机科学的一个分支,它企图了解智能的实质,并生产出一种新的能以类似人类智能的方式做出反应的智能机器。该领域的研究包括机器人、语言识别、图像识别、自然语言处理和专家系统等。人工智能从诞生以来,理论和技术日益成熟,应用领域也不断扩大,可以设想,未来人工智能带来的科技产品将会是人类智慧的"容器"。人工智能可以对人的意识、思维过程进行模拟。人工智能不是人的智能,但能像人那样思考,也可能超过人的智能。

(五)3D教室

3D立体电视是一种能够模拟实际景物的真实空间关系的电视系统。立体电视图像不仅能给观众一种深度感觉,而且能给观众一种景物伸展于荧光屏之外、似乎伸手可触的感觉。观众在戴上立体眼镜观看时,有身临其境的感觉。

图 7-9　3D 教室

第二节　魅力实中人

一、科技教育理念

我校以"以师生为本，以素养为重，为家国树人，为未来奠基"为办学理念，积极推进学生科普素养建设进程，使学校科普工作逐渐达到了"以活动课程化为载体，挖掘潜能，张扬个性，建设青少年卓越成长的课外活动乐园"的目标。

以机器人为龙头，以研究性学习为主体，以兴趣小组为基础的科技教育模式已在我校初具规模，学生的参与度高，科技理念逐渐深入人心。

二、科普教育活动

自 2016 年学校科普教育基地建成以来，我校制定了系统的使用管理制度，探索建立了科技活动体系，形成了"发展科技教育，培养学生创新能力"的科技教育理念。依托"中国流动科技馆"巡展活动，发挥活动场所功能，积极开展校内外科普宣传、教育、参观、实践等活动。营造学科学、爱科学、讲科学、用科学的浓厚氛围，激发学生的科技创新欲望。

图 7-10　开展科普宣传、教育、实践活动

（一）科普教育活动

1. 参观科技馆。为了方便学生自主参观学习科技知识，学校规定每周二、三、四17:20—19:00开放科技馆。在该时间段内，个人及班级可自由参观科技馆，并安排讲解员负责讲解。

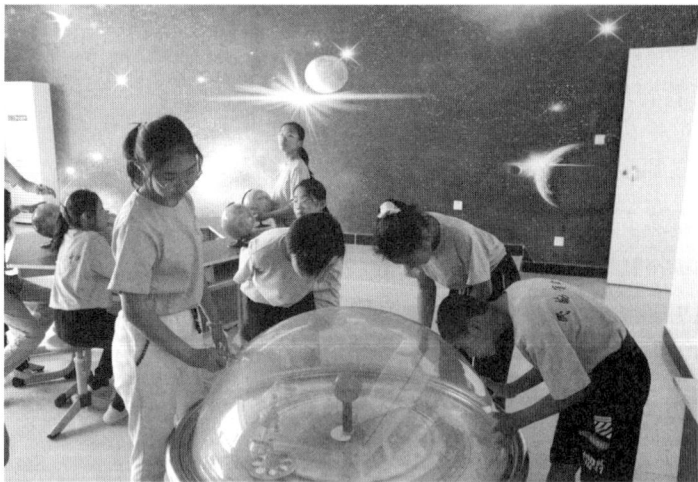

图 7-11　学生体验科技新产品

我校充分发挥科技馆的资源优势，以参与、互动、体验等方式为学生营造科学实践氛围。学生在体验科技带来的快乐中增长知识，放飞梦想，激发探索科学奥秘的热情。我校致力于使科技馆成为开展校内外教育的活动乐园，把科技馆变为学生体验科技新产品和探究科学奥秘的新乐园，为打造科技特色亮点学校奠定坚实的基础，更为

学校的科技活动插上腾飞的翅膀。

为了促进科技活动的普及，全面增强学生的科技意识，让学生全员参与科技活动，让学生去体验、感受科技之光，提升科学素养，我校每学期分批组织各年级学生到校园科技馆参观实践。

2.“中国流动科技馆”巡展活动。我校依托“中国流动科技馆”巡展活动，发挥活动场所功能，积极开展校内科普教育活动。我校每学期举行一次普及性的科普宣传活动，进一步开阔广大少年儿童的学习视野和认知范围，点燃他们的创新梦想，让校园成为培养科技人才的摇篮。

（二）科普益智活动

我校充分发挥资源优势，大力开展益智性科技活动，从兴趣入手，在科技活动中不断促进学生创造性思维的发展，培养学生勤动手、善动脑、爱科学、乐创造的科学素养和实践能力。科普益智活动形式多样，趣味横生。组装的过程，不仅激发了学生的学习兴趣、探索欲望，还锻炼了学生的动手能力。丰富多彩的科普活动，为学生学习科学知识、见证科学奇迹、感受科技力量创造条件。把科普教育“搬”到学校，全面提升师生的科学素养，形成师生共同参与、家长认同、社会认可的独特的科普教育特色，让青少年在益智性科技活动的快乐体验中健康地成长。

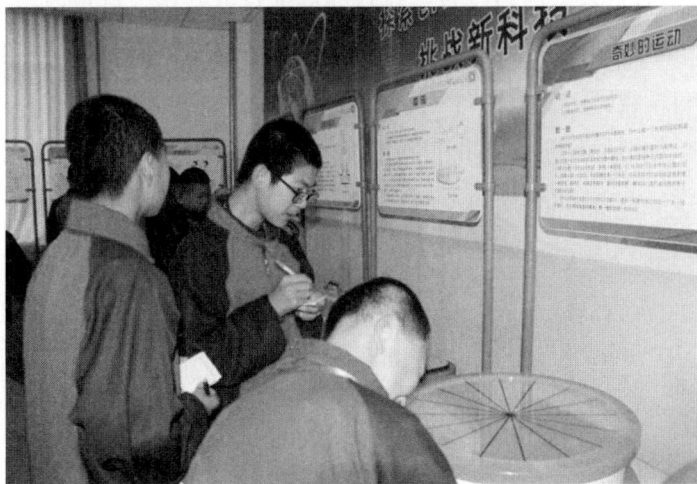

图 7-12　科普益智活动

（三）科技资源共享

学校与县科协联手合作，共同发展，实现资源共享，发挥学校优势，形成合力，每年定期向全县城乡中小学开放，科普教育覆盖了城区 11 所中小学校，实现资源共享，使我县青少年科普受教育面达到 100%。

图 7-13　流动科技馆巡展

我校于 2019 年被评为"中国流动科技馆"甘肃省巡展活动先进集体。

（四）拓宽科学视野

我校在巡展活动中进行了科普培训，并让参加活动的师生代表体验无人机、机器人、太阳能汽车、3D 宣传展板以及各科技爱好者自己制作的科技展品 100 余件。在为期一个月的参观活动中，接待参观师生达 16000 余人次，受到各界一致好评。进一步拓宽学生的科学视野，全方位向学生展示科技原理，宣传科学知识，培养学生善动脑、爱科学、乐创造的科学素养和实践能力，使全县各学校师生可以就近学习科学，零距离体验科学。

图 7-14　校内外师生参观科技馆

（五）科普走向社会

拓展科普覆盖面，定期向社会开放，引起社会各界对科技发展的关注和支持，让他们懂得科技服务生活的道理。我校每年利用家长开放日，组织家长参观科技馆，让家长了解学生在校的科技活动实况。践行提升全民科学素质的教育担当，以家长开放日为契机，结合学校重大创新成果，开展社会化科普宣传。以"科技创新，强效兴国"为主题，采用多元化方式，满足不同受众群体的需要。迄今为止，我校科技馆共接待社会各界人士 8000 余人次。

图 7-15　家长参观小平实验室

三、科技创新活动

创新是素质教育的灵魂，创新教育的过程就是探索的过程，科普教育的核心是培养学生的创新意识、创新精神和创新能力。我校在开展科普教育的同时，发挥活动场所功能，每学期有计划地开展各类科技创新活动。

在活动过程中，我校坚持实践性原则，强调学生通过亲自动手来获得相应的知识与技能；坚持开放性原则，关注现实生活，让学生从自身的生活和身边

图 7-16　科技创新活动中学生的作品

熟悉的事物入手，进行有针对性的探索活动；鼓励学生大胆想象、改革和创造，指导学生观察、发现、思考、设计方案、解决问题，让学生去体验、去创造。教师带学生一起组装了小汽车、飞机模型、机械装置等，形式多样，趣味横生。为使学生养成学以致用的习惯，培养他们的创新意识和动手能力，我校多次举办学生科幻画创作比赛及小发明、小制作、小创意、小创作比赛等科技创新活动。

活动的开展，不但提高了学生的科学素养，更让他们懂得科技服务生活的道理，培养了学生爱科学、学科学、用科学的良好习惯。梦想有多远，科技的舞台就有多大。

(一) 人工智能社团

我校成立了人工智能社团，向广大青少年普及推广人工智能相关科普知识和技能。我校每年都举办青少年人工智能竞赛，组织学生积极参加青少年创意编程线上体验活动，培养学生独立思考、创新进取的科学素养，不断提高学生的综合素质，让学校成为学生科技创新的摇篮。我校集中人力物力，大力开展科技社团活动，采取学生自主选择、主动报名的形式，组建基础搭建、创意编程、机器人等科技社团。

图 7-17　人工智能社团活动

我校建立了严格的检查、考评、奖励制度，以提高科技活动的实效。在期末阶段，社团能为全校师生进行成果展示。

功夫不负有心人，得益于学校领导的大力支持和教师的不懈努力，在 2018 年甘肃省青少年科技创新大赛中，我校李厚文老师指导的创意作品荣获省级二等奖，石文辉老师指导的科幻画荣获省级二等奖。

（二）机器人校本课程

伴随着人工智能的大热潮，机器人智能编程教育进入中小学课程，智能化教育已经成为大势所趋。为了推动我校机器人教育的发展和普及，学校利用"小平科技实验室"的优质资源和条件，建立了专业化教师队伍，编写了《机器人校本课程纲要》和《机器人科学》校本教材，开设了人工智能及机器人校本课程。

图 7-18　校本课程老师讲解竞赛规则

我校有机器人专职教师 2 名，兼职教师 4 名。我校教师先后参加过兰州、成县、金昌、左旗、青岛、北京等地相关培训机构、科普展品供应厂家或大型科技馆的培训，合计 28 人次，借鉴吸纳先进经验，大大提高了科普师资队伍的素质。

（三）课程实施

机器人课程的实施，可以有效提升学生创新素养的各个维度。在机器人教学中，学生必须亲手设计与制作机器人，自己决定在组装机器人的过程中需要用到哪些零部件。基于此，我们探究出了适用于机器人教学的任务驱动教学模式，即：任务设计、任务分析、自主探究、反馈评价。让学生先在计算机上设计相关程序，然后不断地进行试验，不断修改相关参数，实现最优效果。在这个过程中，学生的创新意识得到了很好的锻炼和培养。

采用模块化设计，可以依据学生的创意设计搭建不同的作品，拥有无穷的创新设计。学生在机器人的设计、搭建、编程过程中，多角度思考问题，从不同角度，用不同的方法完成机器人设计任务，学生的创新思维能很好地得到发展。

在机器人课程的实施过程中，机器人的设计从方案制定到具体实施，过程全部由学生独立完成，使学生的学习从被动转向主动，独立分析问题和解决问题。学生通过研究分析，可以用各种方式设计机器人，极大地发挥个人潜能。

图 7-19　机器人校本课堂教学

在机器人课堂教学中，通过搭建，可以很好地锻炼学生的动手能力、空间想象能力与再现能力等。通过机器人大脑程序的编制，可以提高学生的抽象思维能力、逻辑思维能力和分析解决问题的能力，培养学生的创新能力，提升学生的创新素质水平。

通过实践操作，学生掌握了一定的科学知识、科学方法，开阔了视野，增长了才干，为进一步发展和深造奠定了基础。

2016 年，我校购置了 5 套 EV3 设备，并购置专用赛台 3 个、比赛场地 3 件、太空之旅训练场地 1 套。充分利用设备，开展机器人竞赛专项培训，让学生的创新精神在这里放飞。2017 年，新引进参赛机器人 6 套，购置参赛场地和平台 2 套，科普教育图书 30 余册，保证了科普教育与时俱进，工作水平与成效不断提高。在短短几年的时间里，我校学生参加机器人培训达 400 多场次，接受机器人培训的学生达 4800 余人次。

（四）机器人竞赛

在专业教师的精心指导下，我校科技创新教育成绩斐然，在历届中国青少年机器人（甘肃赛区）竞赛 FLL 机器人工程挑战赛中多次获奖。2017 年 4 月，我校代表队在第十七届中国青少年机器人（甘肃赛区）竞赛 FLL 机器人工程挑战赛中获得三等奖，打破了此项赛事我县无奖项的纪录。

四、科教融合

我校将科技馆作为教学场所，利用科技馆开展相关学科教学活动，更大程度地提高科普展品的使用效率，使展品真正服务于教育教学，助力学生科学素养的提高。

科技馆将枯燥、抽象的课本知识以生动、直观、互动的形式展现出来，能有效弥补我校科学教育的不足，解决课堂教育不易解决的问题，对于拓宽学生的视野，培养学生的观察能力、思维能力、动手能力和创造能力具有重要意义。

发挥设备优势，将课堂搬进科技馆，与课堂教学深度融合，让学生对所学知识有直观的了解，大大提高了抽象的科学知识的形象性，激发了学生探究科学奥秘的兴趣，也提高了学生的科学素养。

图 7-20　学生体验 3D 电影

筛选教学实际，选择综合性主题，整合物理、化学、生物、地理等学科知识内容和能力培养，采用观察、实验、制作、参观等活动方式，让学生的思维不再局限于书本知识，而是在更深更广的领域发展。引导学生体验科学与生活的关系，体验科学方法的应用。鼓励和引导学生走出课堂，拓宽知识面，加大对学生实验能力、科学思想、科学方法和科学素养的考查。

教师精选主题鲜明、符合要求的展品进行知识点梳理和教学环节开发，在教学实施过程中，以沉浸式氛围的展厅为场地，以互动性展品为教具，辅以游戏、竞赛等教学形式，有助于学生更加具象生动地学习相关科学知识。例如，做地球自转形成昼夜现象的模拟实验，将地理馆作为教学场地，并作为教学道具贯穿教学过程，以有趣的小队竞赛形式激发学生的学习热情。而且，前后环节相扣的实践模块设计能够提升学生掌握知识、辨析知识的能力，拓宽学生的学科视野，灵活用脑。

注重教育理念的更新。破除以教师为中心、以知识为本位的观念，确立以学生为主体、以学生发展为本的教育观念。

注重教学方法、手段的改变。摒弃以知识为中心的灌输式教学方法，确立启发式、开放型的教学方法，由注重教转为注重学，由注重结果转为更注重过程，并采用现代教育技术手段来改进课堂教学。

提高教师自身科学素养。教师努力吸收新知识、更新旧知识，提高理论素养和实践操作能力，提升探索和解决问题的能力，进而成为研究型教师。

基于场馆现有可利用的教育资源，从不同学情出发，以不同形式将学校的教学课标落实在科技课程中。

学生通过自身参与，加深了对科学的理解和感悟，在潜移默化中培养了对科学的兴趣，提高了科学素养。学生参与科普科创活动的点点滴滴都将纳入"一生一案·小案大爱"综合育人评价体系，成为学生成长中不可或缺的一部分。

第八章 〉 经典绿色校园

　　党的十八大以来，以习近平同志为核心的党中央高度重视社会主义生态文明建设，提出绿色学校创建行动，开展生态文明教育，提升师生的生态文明意识，打造节能环保绿色校园，培育绿色校园文化。2019 年 10 月 29 日，国家发改委印发《绿色生活创建行动总体方案》；2020 年 4 月，教育部办公厅、国家发改委办公厅印发《绿色学校创建行动方案》，要求各地教育行政部门积极开展绿色学校创建行动。

　　"绿色校园"是指学校在实现其基本教育功能的基础上，以可持续发展理论为导向，在全面的日常工作中将可持续发展思想纳入管理中，通过制定环境管理制度，开展有效的环境教育活动，创设环境保护的文化氛围，促进师生、家长参与环保和可持续发展的实际行动，全面提高师生的环境素养，共同为社会的可持续发展做出贡献。

　　就自然环境而言，我校无论占地面积，还是绿化面积，都有得天独厚的条件。就人文气息而言，我校是一所年轻的学校，有着全县县级中学里最年轻的教师团队，年轻意味着未来可期，我们的学生来自希望的田野上，意味着充满绿色的希望。就校训而言，"做最好的自己"这个定位一开始就充满着阳光的气息，充满着绿色的、健康的心态；就常态化做法而言，我们积极践行绿色环保理念，一直坚持做节约型学校；就学校所处的县域而言，民勤县自古以来就和风沙抗争，环保理念已经深入人心。

第一节 "6213"培育绿色校园文化

我校认真贯彻落实上级文件精神,积极培育校园绿色文化。我校开拓绿化用地30多亩,打造了"六苑""两亭""一林""三广场"校园绿化劳动教育基地,培养学生的动手实践能力,做到知行合一。"6213"寓意"留爱一生",其深层寓意是爱的教育。"六苑"即"琴苑""棋苑""书苑""画苑""和雅苑""桃李苑";"两亭"即"钟灵阁""毓秀亭";"一林"即"胡杨林";"三广场"即"勤勉广场""和雅广场""国旗广场"。

琴苑位于教学楼图书馆之间,全苑以中国古典乐器琵琶为造型设计,苑中爬山虎缠绕,犹如一根根琴弦,金叶榆、刺玫瑰组成五线谱音符,身在其中犹如置身于音乐的殿堂。

图 8-1 琴苑

图 8-2 棋苑

图 8-3 书苑

棋苑位于餐饮楼西侧,以中国象棋、围棋为文化元素。中间为小广场,两侧做成两个巨大的中国象棋棋盘和围棋棋盘,绿化以八宝景天种植的"帅""仕""相""兵"等为底色,以月季、贴梗海棠、丁香、刺玫瑰、侧柏、垂柳为主,四周金叶榆绿篱相拥,蔚为壮观。

书苑位于勤勉广场两侧,中间栽植牡丹、八宝景天等多种花卉,四周侧柏绿篱相拥，两侧刺柏相衬。站在连廊鸟瞰，书苑犹如一本打开的书。

画苑位于科技馆北侧，四周侧柏绿篱相拥，中间金叶榆绿篱栽植成民勤地图，苑中有八宝景天、三七景天、水蜡、迎春花、连翘等多种花卉和云杉、刺柏、垂柳、刺槐、紫叶矮樱等多个树种。

图 8-4　画苑

图 8-5　桃李苑

桃李苑位于教师公寓西侧，以葡萄藤、核桃树、水蜜桃树、杏树、早酥梨树、库尔勒梨树、香水李树、桑树、山楂树、西梅树、薛百小枣树、河南大枣树等构成层次栽植。苑中分成 12 个学生劳动基地。

和雅苑位于餐饮楼和办公楼之间，中间金叶榆绿篱栽植成"HEYA"图案，寓意实中"勤勉和雅"的校风，四周侧柏绿篱相拥。

钟灵阁、毓秀亭位于南北两栋学生公寓之间，东钟灵阁，西毓秀亭，两亭侧柏绿篱环绕，在垂柳、刺玫瑰、樟子松、云杉、白花槐、紫花槐等树种的映衬下愈加典雅别致，寓意凝聚天地灵气，孕育杰出人才。

图 8-6　和雅苑

胡杨林位于操场西南角，金叶榆绿篱环绕着多棵生命力顽强、自然界稀有树种胡杨，寓意我们要有胡杨般坚毅自强不息的品格。林中分成 21 个学生劳动基地。

图 8-7　钟灵阁

图 8-8　胡杨林

勤勉广场位于教学楼、科技馆之间，广场两侧刺柏雄伟苍劲，正前方是大气醒目的实中校训"做最好的自己"，中央花坛托起实中校风"勤勉和雅"四个大字。

图 8-9　勤勉广场

图 8-10　和雅广场

和雅广场位于办公楼和连廊之间，广场三面云杉苍翠挺拔，东西两侧爬山虎沿连廊盘绕而上，中间摆放 12 张乒乓球台，寓学于乐，营造出和雅的校园文化。

国旗广场位于多功能报告厅和操场之间，在国旗广场的中央是国旗台，正前方为社会主义核心价值观文化墙，广场两侧松柏挺立，给人一种庄严肃穆的感觉。

图 8-11　国旗广场

学校先后用心选择花木树种 123 种，其中裸子植物亚门 3 科 6 种，被子植物亚门 40 多科 117 种。稀有树种有槭树、桑树、山楂树、银杏树、暴马丁香、文冠果等。陆续栽种于琴苑、棋苑、书苑、画苑、和雅苑、桃李苑 6 林苑，沁园春、蝶恋花、满庭芳 3 个劳动实践基地，和雅路、尚学路、幸福路、和美路、桃李路、阳光路 6 路的两侧，校门口两侧，教学楼北面花池，图书馆南侧花池等。在全校师生的精心呵护下，尤其是在绿化办工作人员的悉心管理下，各种树木花卉长势良好。每年春末到秋末，校园内绿树成荫，各种花卉争奇斗艳，香飘四溢。

我校一直将校园绿化规划与学生的劳动教育、美育有机结合起来，结合学校"一生一案·小案大爱"综合育人评价体系，让每个学生积极参与校园绿化和美化，让每个学生成为校园花草树木的管理者和呵护者。

我们将进一步进行环境管理和规划，创造机会让学生参与环境保护实践，以实现学校的可持续发展。我们期望学生能了解校园环境问题并参与校园环境保护，提高对学习环境和社会的认识，理解人与环境的关系，提升环境素养。

第二节　打造节能环保绿色校园

绿色校园不仅仅是"绿化校园"，我们更主张环境教育从课堂渗透扩展到全校整体性的教育和管理，鼓励师生民主公平地共同参与学校环境教育活动，加强学校与社区的合作和联系，在实践参与的过程中发展面向可持续发展的基本知识、技能、态度、情感、价值观和道德行为，即提升全体师生的环境素养，落实环保行动。

2020年5月，我校被甘肃省委办公厅、甘肃省人民政府办公厅评为"节约型公共机构示范单位"。绿色低碳向前看，"节"尽所"能"促发展。在经典绿色校园建设的路上，我们将引导师生做绿色生活的先行者、倡导者和践行者，充分发挥全省机关事务工作先进集体示范效应，为实现资源节约型和环境友好型校园建设做出新的更大贡献。

在节约型机关创建行动中，我校加强组织建设和制度建设，提高服务保障能力，加强节能管理，实施节能改造，有效降低了资源消耗；倡导"绿色办公"，厉行勤俭节约，积极创建"绿色、低碳、节能、生态"校园，努力把节约型机关创建工作做实、做细。

我校首先在绿色环保宣传上下足了功夫，校园内各种节能降耗宣传标语随处可见：保护绿色校园，珍惜绿色生命；提高环保意识，共建美好家园；环境保护，从我做起；善待地球就是善待自己；保护环境，保存希望；营造绿色校园，争做环保使者；绿色伴书香，你我共成长；人靠衣装，美靠亮装，自然靠绿装；花儿用美丽装扮世界，我们用行动美化校园；你我的家园，不是垃圾场；人人参与，共建绿色校园；实验中学是我家，环境卫生靠大家……

学校在硬件设施的改造升级方面也下了大功夫。节能灯、绿化喷灌设备、电采暖设备齐全。

算好"节能账"，引领新风尚。我校从大处着眼，细处着手，积极开展节能降耗行动，通过实施节能改造、健全管理制度、加强宣传教育，着力打造"绿色、节能、生态"校园。节约每一度电、每一滴水、每一张纸、每一粒米……节能降耗贵在有方，始于细节，需要从管理节能、制度节能、理念节能、技术节能等各环节进行优化落实。"节能"就是"赋能"，为社会节能就是给学生赋能。

我校节能工作成效显著，节能意识深入人心，节能行为日渐规范，节能措施持续加强，节能效果显著提高。节能降耗不止于一地，不止于一时，节能降耗永远在路上，我校将围绕"节能有道，节俭有德"的理念，持续推进节约型校园建设。

学生通过了解校园环境问题的产生和改善，学习环保知识，理解人与环境的关系，参与校园环境的改善，提升环境素养。

第三节　展望"绿色校园"的效益

我校的经典绿色校园建设刚刚起头，后续我校将继续尝试以可持续发展思想为指导，构筑起学校为主导、学生为主体、课堂为载体，师生共同参与的学校绿色教育机制，积极开展绿色校园建设、把环境建设、德育工作与教学工作同步纳入发展轨道，落实素质教育，让绿色、和谐、共生理念深入人心，实现"人与自然的和谐统一"的绿色校园环保理念。

将学校绿色教育机制科学纳入学生的"一生一案·小案大爱"综合育人评价体系，将学校的发展和师生的成长融为一体，构建起"校荣我荣，校耻我耻"的自我心理管理理念，让全校师生快乐教学、愉快生活、健康成长。

积极促进学生、教师、学校、社区、政府、企事业和民间团体在学校环境教育和管理上的合作，进一步开发绿色校园建设素材，形成我校实现绿色学校的课程所需要的教育思想、教材和辅导资料，进一步强化素质教育。科学规范学校环境管理体系和相关档案资料的建立，提高环境教育教学和管理水平。

我们有理由相信通过经典绿色校园的打造，全校师生一定会深入地认识和理解环境问题的重要性，发展环境知识、意识、技能，提升环境素养，今后在个人和家庭生活中更加重视环境问题，积极营造优美环境，助力身心健康发展。

第九章 〉 荣誉表彰

一分耕耘，一分收获。五育融合，"八经典"校园绘蓝图，我们一直在努力，一直在探索，也一直在收获的路上。

一、经典思政校园

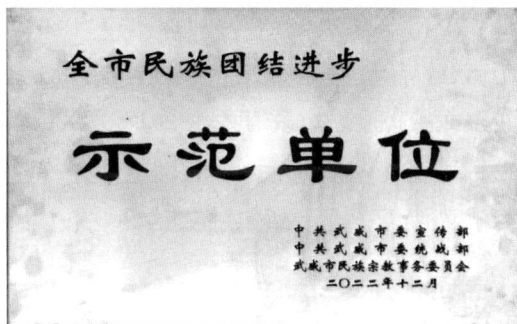

图 9-1 荣誉展示

2022 年 12 月，我校被中共武威市委宣传部、中共武威市委统战部、武威市民族宗教事务委员会命名为"第二批全市民族团结进步示范单位"。

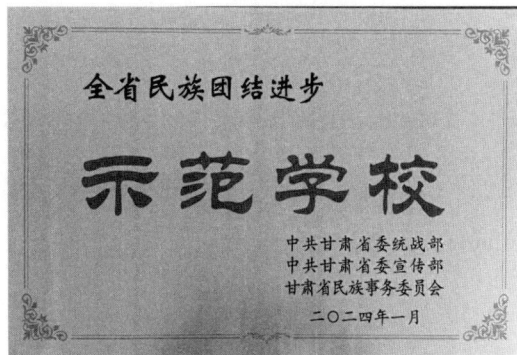

图 9-2 荣誉展示

2024年1月，我校被中共甘肃省委统战部、中共甘肃省委宣传部、甘肃省民族事务委员会命名为"第九批全省民族团结进步示范学校"。

二、经典平安校园

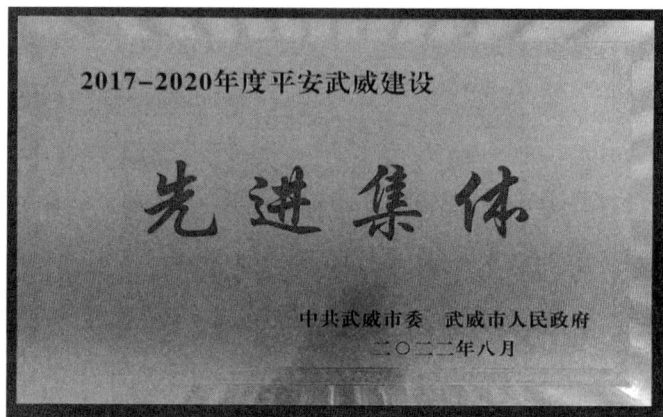

图 9-3　荣誉展示

2022年8月，我校被武威市委、市政府评为2017—2020年度"平安武威建设先进集体"。

图 9-4　甘肃省市域社会治理创新实践百强案例名单公布

2023年1月，《"1247N"细胞，唱响平安校园歌》在第二届甘肃省市域社会治理创新实践案例评选中入选百强案例。

三、经典书香校园

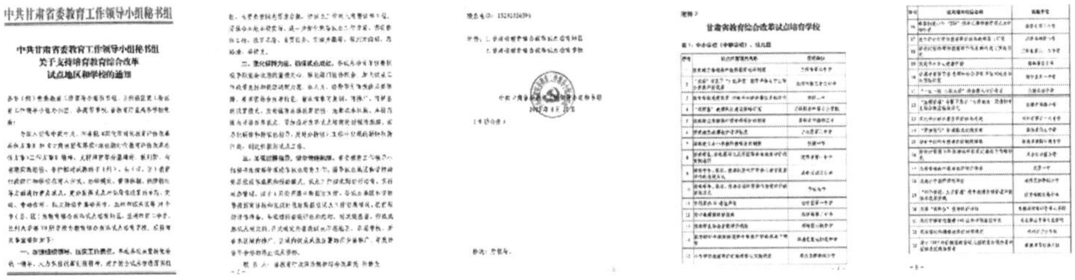

图 9-5　荣誉展示

2023 年 4 月，我校承办了"全县师生阅读论坛"，"一生一案·小案大爱"新时代综合育人评价体系被中共甘肃省委教育工作领导小组秘书组列为支持培育教育综合改革试点培育项目。

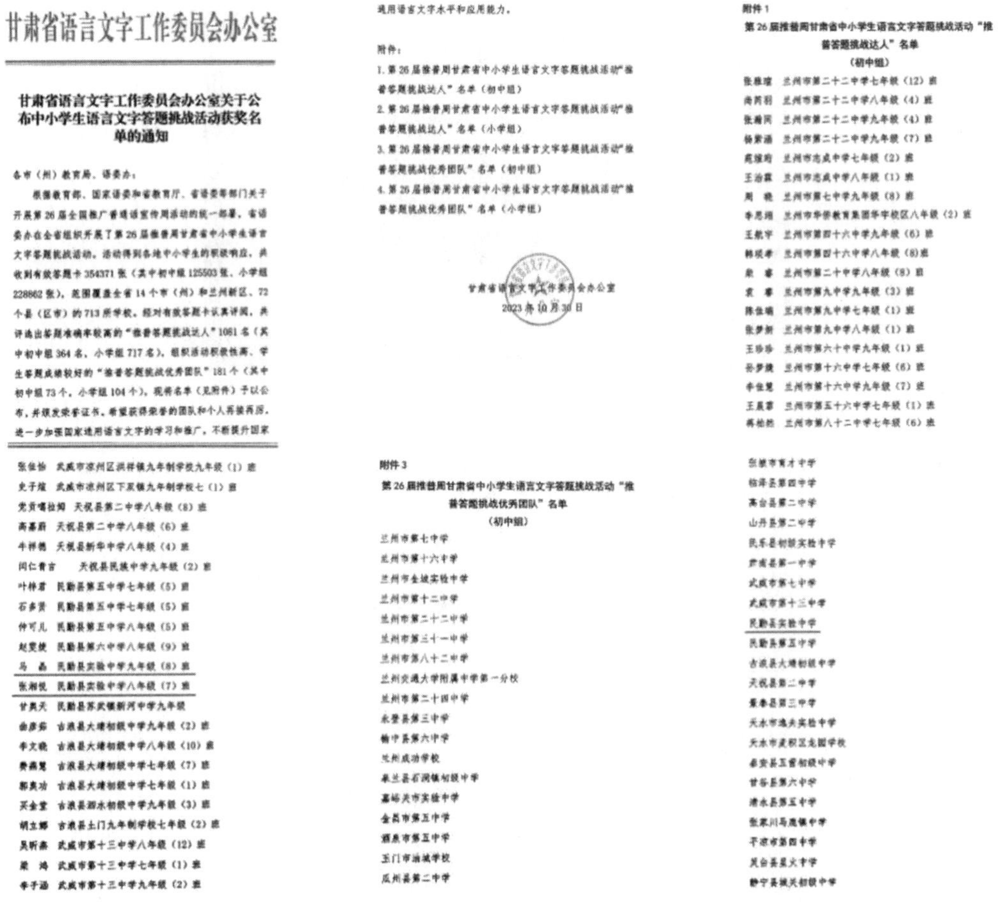

图 9-6　荣誉展示

2023年10月，在甘肃省语言文字工作委员会办公室（省语委办）组织开展的第26届推普周甘肃省中小学生语言文字答题挑战活动中，2名学生获"推普答题挑战达人"称号，我校被评为"推普答题挑战优秀团队"。

图 9-7　荣誉展示

2023年11月，我校被甘肃省教育厅评为"2023年省级新时代语言文字示范校"。

图 9-8　荣誉展示

2018年，我校荣获"全国最美校园书屋"荣誉称号。

图 9-9　荣誉展示

2023 年 9 月，在"阳光家庭文学作品征集活动"之"中国梦·劳动美"主题作文征集中，我校荣获"优秀组织单位奖"。

四、经典文化校园

图 9-10 荣誉展示

2020 年 11 月以来，我校在"乐华维"杯机器人竞赛、青少年机器人比赛、中国青少年机器人（甘肃赛区）竞赛 FLL 机器人工程挑战赛中屡创佳绩。

图 9-11 荣誉展示

2021年，我校被中国科协青少年科技中心、中国青少年科技辅导员协会评为"全国青少年人工智能活动特色单位"。

五、经典法治校园

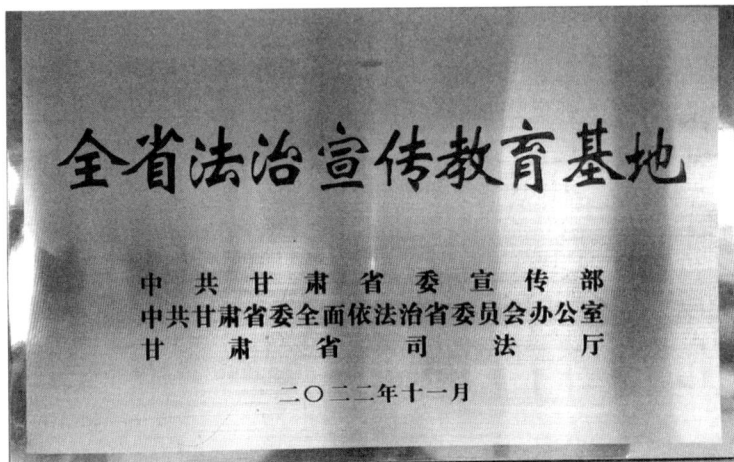

图 9-12　荣誉展示

2022年11月，我校法治教育基地被中共甘肃省委宣传部、中共甘肃省委全面依法治省委员会办公室、甘肃省司法厅确立为"第一批全省法治宣传教育基地"。

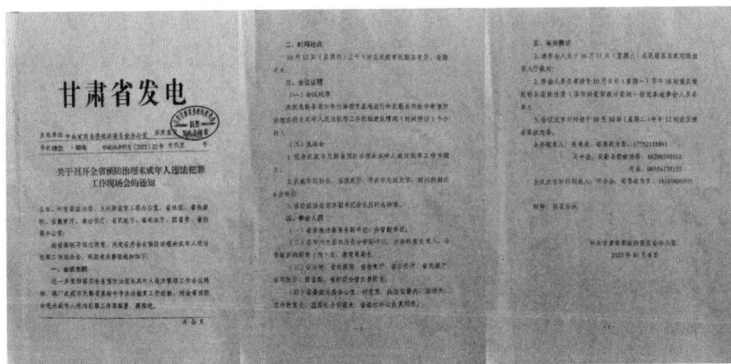

图 9-13　荣誉展示

我校逐步探索形成了预防治理未成年人违法犯罪"5×5"模式，2023年10月，承办了全省预防治理未成年人违法犯罪现场会，得到省委政法委的高度评价，天马剑、陇原网和中共中央政法委主管的中国长安网等平台相继报道，迎来县融媒体中心、甘肃卫视、中国教育电视台专题采访报道。

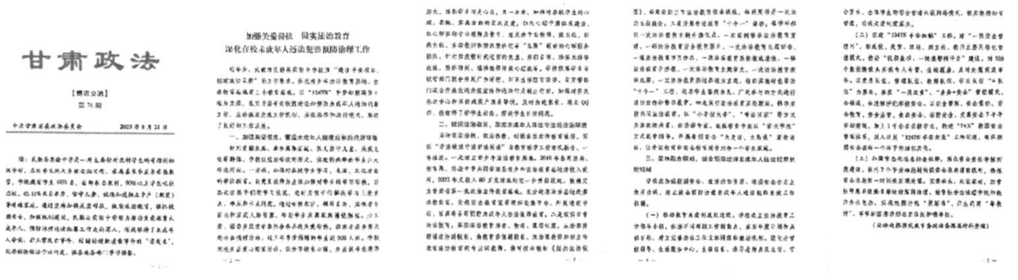

图 9-14 荣誉展示

2023 年 9 月，《加强关爱帮扶　做实法治教育　深化在校未成年人违法犯罪预防治理工作》被《甘肃政法》予以刊发，供各地各部门学习借鉴。

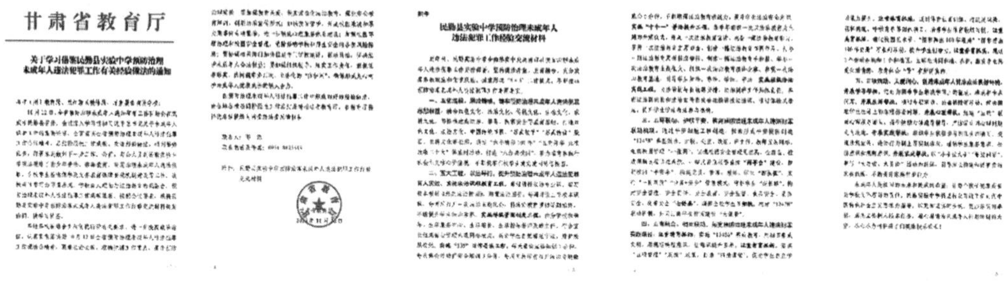

图 9-15 荣誉展示

2023 年 10 月，省教育厅发文全省教育系统学习借鉴民勤实验中学预防治理未成年人违法犯罪工作有关经验做法。

图 9-16 荣誉展示

2023 年 12 月，《实施"135"常态化普法，着力提升青少年学生法治素养》被确定为"甘肃省 2023 年普法依法治理十大创新案例"，入选首届《法治时代》创新论坛分论坛"2023 年法治创新案例"。

图 9-17　荣誉展示

2024 年 4 月，根据《教育部办公厅关于推荐第一批全国依法治校示范校的通知》（教政法厅函〔2024〕1 号）和《甘肃省教育厅关于开展全省依法治校示范校申报工作的通知》要求，经教育行政部门评审推荐和省教育厅复核、专家评审、会议研究等程序，我校被评为"全省依法治校示范校"，并拟推荐为全国依法治校示范学校。

六、经典科技校园

图 9-18　荣誉展示

2017 年 12 月，我校被武威市科学技术协会评为"武威市科普教育基地"。

图 9-19　荣誉展示

2020 年 3 月，我校被甘肃省科学技术协会、甘肃省科学技术厅、甘肃省教育厅、共青团甘肃省委、甘肃省妇女联合会评为 2019 年"中国流动科技馆"甘肃省巡展活动"先进集体"。

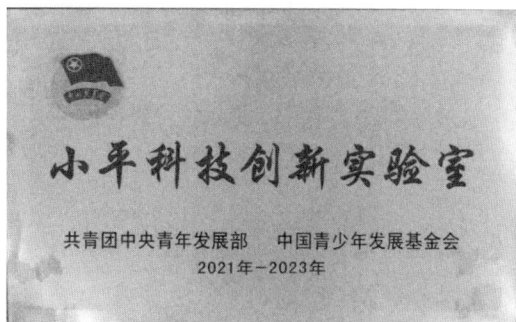

图 9-20 荣誉展示

2021 年，我校成功申建"小平科技创新实验室"。

图 9-21 荣誉展示

2023 年 9 月，我校被甘肃省教育厅认定为"省级智慧教育标杆校"。

七、经典绿色校园

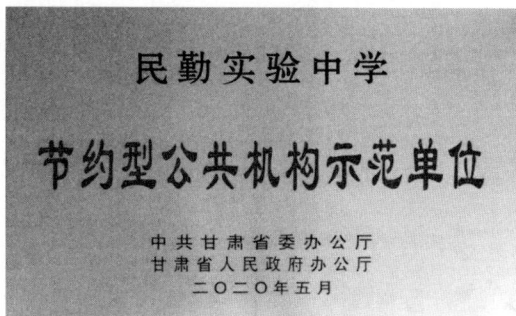

图 9-22 荣誉展示

2020年5月，我校被甘肃省委办公厅、甘肃省人民政府办公厅评为"节约型公共机构示范单位"。

图 9-23 荣誉展示

2022年12月，我校被国家机关事务管理局、国家发展改革委、财政部评为"节约型公共机构示范单位"。

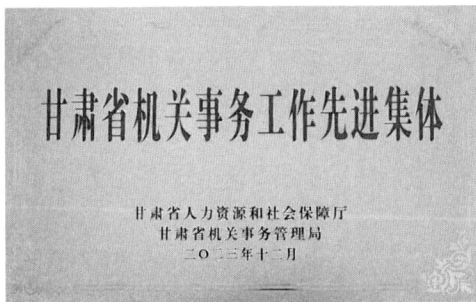

图 9-24 荣誉展示

2023年12月，我校被甘肃省机关事务工作先进集体和先进个人评选表彰工作领导小组办公室评为"甘肃省机关事务工作先进集体"。

八、经典劳动校园

图 9-25 荣誉展示

2022 年 5 月，我校被甘肃省教育厅评为全省中小学劳动实践基地。

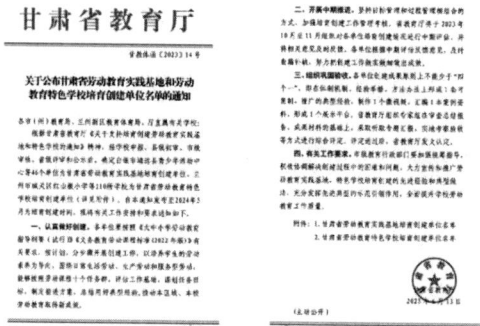

图 9-26 荣誉展示

2023 年 5 月，我校被甘肃省教育厅评为"甘肃省劳动教育特色学校培育创建单位"。

第十章 ▷ "八经典" 校园　吸引媒体眼球

　　我们都渴望被关注，渴望被关心，渴望得到一份肯定，一份前进的动力。我校作为一个西北边陲小城的农村寄宿制初级中学，建设"八经典"校园，或许是我们的道路略显不同，选择了一条人迹罕至的"小路"，或许是大家都在"卷"成绩而我们的"走姿"略微与众不同，或许是我们的节奏符合了时代的节拍，总之，我们的"八经典"校园建设被媒体看见了，先是县级媒体报道，紧接着市级、省级媒体争相报道，终于我们在国家级媒体惊艳亮相了。

　　下面是部分媒体报道摘录：

　　1.【《人民日报》】与诚信同行　做文明少年

　　2023 年 5 月 17 日

　　连日来，民勤实验中学开展诚信进校园系列活动，培育和践行社会主义核心价值观，引导青少年树立诚信理念，培养诚信品质，建设"人人知诚信、处处讲诚信"的健康和谐校园。

　　为增强学生的诚信意识，学校通过国旗下讲话、主题班会、电子屏、宣传栏等多形式、多渠道宣传诚信美德，宣传诚实守信的意义，引导学生树立正确的人生观、世界观和价值观，在日常生活的点滴小事中，以诚待人，以信立身，言行一致。

　　"对孩子进行诚信教育，日常生活是最好的课堂，学校是培养学生道德品质和行为规范的重要场所，我们通过多种形式的教育活动，使孩子懂得诚信是做人的基本准则，增强孩子的诚信意识，树立守信为荣、失信可耻的道德观念，从小立志做讲诚信的人。"民勤实验中学党委书记祁世英介绍。

　　诚信是人与人之间交往的基础，是一个人的立身之本，是公民的第二个"身份证"。近年来，学校一直将立德树人摆在首位，根据学生身心发展特点，加强学校思政课主阵地建设，将诚信教育纳入学校德育工作，大力推进师德师风建设，多措并举加强师生诚信宣传教育，创诚信校园，育诚信师生，感悟诚信力量，让诚信的种子如春风化雨，润物无声地植入学生心中。

"诚实守信是中华民族的传统美德，也是一个人最闪亮的品质。自古以来，流传着许多诚实守信的感人故事。如，季布一诺千金、曾子守信杀猪、商鞅城门立木。作为新时代的少年，我会从身边做起，诚信做作业，诚信考试，诚信待人，与诚信同行。"民勤实验中学九年级 12 班学生梁友静说。

民勤实验中学把促进学生全面发展、提升学生综合素质作为工作重点，全体教师以"春风化雨润桃李 诚信为本育栋梁"为座右铭，引导学生弘扬中华传统美德，争做新时代诚信好少年。

（本文同时被绿洲民勤发布）

2.【天马剑】加强关爱帮扶 做实法治教育 深化在校未成年人违法犯罪预防治理工作

2023 年 8 月 31 日

近年来，武威市民勤实验中学按照"建设平安校园、创建政法品牌"的工作要求，依托青少年法治教育基地、禁毒教育基地等三个教育基地，以"1247N"平安细胞建设工程为支撑，扎实开展平安校园建设和预防未成年人违法犯罪工作，主动探索实践工作机制、实践路径和运行模式，取得了良好的工作成效。

加强关爱帮扶
营造未成年人健康成长的良好环境

针对贫困家庭、单亲离异家庭、孤儿留守儿童、残疾儿童等群体，学校以结对帮扶的形式，实施特殊群体学生六大帮扶行动。一方面，加强对在校学生学习、生活、文化方面的帮扶教育。以党员教师为主体加强对学生的学习帮扶，动态关注孩子们的学习状况，适时为孩子们解决学习上的重点、难点和卡点问题。通过专程家访，利用自身、其他学生家长和家庭人脉资源，帮助学生及其家庭排忧解难。少工委、团委多渠道争取社会各界的关爱帮扶，组织开展多形式的公益捐赠活动，近三年享受捐赠的学生近 500 人次。学校积极开展爱心陪读活动，以分享读书心得、开展说书竞赛等形式，涵养学生阳光心态。另一方面，加强对在校学生的心理、实践、家庭方面的交流关爱。加大心理干预体系建设，以心理咨询专业教师为骨干，组成由专业教师、班主任、副班主任、生活教师和联级联班领导"五轮"联动的心理服务团队，针对后疫情时代遗留的焦虑、抑郁自闭、恐惧无助等症状，集体研判、精准施策开展心理疏导。学校统筹学生与城管部门联合开展广告清理、纠正生活陋习活动，与交警部门联合开展交通法规宣传和违法行为制止行动，加强对苏武养老中心和五保残疾户服务帮扶。及时与家长沟通，建立 QQ 群、微信群了解学生动态，解决学生日常问题。

做实法治教育，形成未成年人遵法守法的法治环境。坚持依法治校、依法执教，创新法治宣传教育途径，实现"学法敬法守法护法用法"与教育教学工作有机融合、一体推进。一是建立青少年法治教育基地。2019年县司法局、教育局、实验中学共同筹建县青少年法治教育基地并投入使用，2022年又投入60万元对基地进一步升级改造，被确定为甘肃省第一批法治宣传教育基地。充分运用法治基地的禁毒教育室、交通安全教育室等硬件设施平台，开展遵纪守规、远离毒品等预防未成年人违法犯罪教育。二是做实日常法治教育。落实法治教育师资、教材、课程制度，从检察院聘请法治副校长，由德育安保副校长、政治课教师和班主任担任法治教育的专业课教师，编写校本教材《经典法治校园》，每周安排三节法治教育校本课程，每两周召开一次法治主题班会。三是开展普法教育"十个一"活动。每学年都以一次法治教育主题升旗仪式、一次案例警示法治教育宣讲、一部法治教育安全教育影片、一次法治教育主题班会、一幅法治教育书画作品、一期法治教育黑板报或墙报、一幅法治教育手抄报、一次法治教育主题征文、一次法治教育演讲比赛、一次法治教育基地参观为主题，组织实施特色普法"十个一"工程，运用学生喜闻乐见、广泛参与的方式进行法治宣传和警示教育。四是实行法治教育家校联动。推动家校共同法治教育，以"小手拉大手""带法回家"等方式实施家校共育，由法律专家、家庭教育专家以"家长学校"方式集中辅导。开展暑假安全"大走访、大恳谈"家访活动，让普法教育和安全教育延伸到每一个学生家庭。

坚持融合联动
健全预防治理未成年人违法犯罪长效机制

学校在加强校园安全、盘活内部资源、增强安全合力上做足功课，建立健全预防治理未成年人违法犯罪长效工作机制。

推动教育关爱制度化建设。学校成立法治教育工作领导小组，依据不同时期工作侧重点，落实年度计划和具体目标，建立完善法治工作立体网络和激励机制。强化分管校领导、生活服务中心、生活组长、指导老师及班主任、宿舍室长、全体学生的宿舍管理六级网络模式，做实做精细节管理，确保关爱制度落实。

创建"1247N平安细胞"工程。建"一张安全管理网"，形成校、处室、级组、班主任、教师五层网格化管理模式。推动"视频监控、一键报警两平台"建设，对320个监控摄像头实现专人专管、全域覆盖，及时处置突发事件。以党员队伍、管理队伍、教师队伍、学生队伍"4队伍"为基础，落实"一岗双责""业务＋安全"管理模式，全领域、全过程护航学校安全。以安全管理、安全责任、安全教育、安全监管、食品安全、消防安全、交通安全7个平安细胞链,加上1千余名在校学生,构建"7+N"校园安全管理体系,深入开展"1247N平安细胞"工程创建,确保校园安全在每一个环节的细化实化。

加强常态化隐患排查化解。强化安全责任考核制度建设,依托7个平安细胞链构筑安全隐患排查机制,确保安全隐患第一时间被发现处置。党委牵头、处室联动,经常性开展不健康书籍读物甄别清理,经常性检查清理学校和教师办公电脑,实现校园杜绝"黄赌毒"、师生远离"毒教材",牢牢掌握意识形态主动权和领导权。

（本文由民勤县委政法委供稿）

3.【长安网】"地理孤岛"上崛起"预青"新高地!这个寄宿制中学的"5×5"模式获全省推广!

2023年10月17日

甘肃民勤——从地图上看去,如一把楔子,插向巴丹吉林沙漠和腾格里沙漠深处,是名副其实的"地理孤岛"。

史书记载,民勤明清时人才辈出,"贤良接踵,科第蝉联,文运之盛,甲于河西"。千年文脉连绵不绝,民勤这块"地理孤岛"以连续多年的教育大丰收赢得了"教育名县"的盛誉。

位于县城西北角,有一所寄宿制初中——民勤实验中学。该校在完成教学的同时,致力于未成年人违法犯罪的预防工作,坚持德法并重、五育融合,并探索形成"5×5"模式。

在10月12日召开的甘肃省预防未成年人违法犯罪现场会上,"5×5"模式被作为典型经验在全省推广。

五化培根　思政铸魂
铸牢预防治理未成年人违法犯罪思想根基

红色文化:组织开展"六个精彩一百年""五育并举　九重致敬二十大"系列活动,打造红色文化长廊,传承民族精神,厚植家国情怀。

法治文化:依托民勤县法治宣传教育基地、禁毒教育基地、民族团结进步教育基地,打造法治文化长廊,营造普法氛围,增强师生法治意识、安全意识和主动防范意识。

传统文化:充分挖掘传统文化内涵,打造中国书法、绘画长廊,民勤特色文化苏武牧羊、苏武传说版画长廊,着力加强校园布局文化、灯柱励志文化、公寓家和文化、楼梯楼道间文化建设,以文化人,以文塑魂。

生态文化：建成沙生植物标本馆，教育引导师生了解全县防沙治沙历史，认识沙生植物，学习防沙治沙精神，严守生态底线，提升环境素养，普及绿色发展理念。

农耕文化：打造农耕文化长廊，展现自信、有序、淳朴等传统农耕文化精髓，让师生感受农耕文化魅力，提升文化自信，促进中华文化的发展和繁荣。

五大工程　以法导行
提升预防治理未成年人违法犯罪育人实效

实施法治课程教育工程，通过讲授法治专业课，编写校本教材《经典法治校园》，购置法治图书，每周开设三节校本课程，每两周召开一次法治主题班会，将法治教育贯彻学期始终，不断提升学生法治素养。

实施梯级管理制度工程，由分管校级领导、生活服务中心、生活组长、生活指导老师及班主任、宿舍室长组成宿舍管理六级网格模式，教育学生自觉遵纪守法，维护校规校纪。

实施 "135" 日常普法工程，每天晨读法律知识 1 分钟，每次集会活动前安全培训 3 分钟，每周五放学前召开法治专题微班会 5 分钟，不断增强法治教育渗透力，提升学生法治安全意识。

实施 "十个一" 普法提升工程，每学年组织一次以法治教育为主题的升旗仪式、开展一次法治教育宣讲、观看一部法治教育影片、召开一次法治教育主题班会、创作一幅法治教育书画作品、刊办一期法治教育黑板报或墙报、制作一幅法治教育手抄报、举办一次法治教育主题征文、组织一次法治教育演讲比赛、参观一次法治教育基地，引导学生遵法、学法、守法、用法。

实施班级法治实践工程，由法治辅导员统筹安排，法治副班主任具体负责，各班法治副班长和法治宣传员交替轮换讲授法治课，通过体验式普法，提升学生学法普法参与热情。

五环联动　护航平安
构建预防治理未成年人违法犯罪联动机制

通过平安细胞工程创建，探索形成平安校园创建 "1247N" 典型做法。由校、处室、级组、班主任、教师五层网格，组成校园管理 "一张网"，实现校园安全管理无遗漏、全覆盖。

推进视频远程监控系统、一键式紧急报警系统 "两平台" 建设，撑起校园 "平安伞"。构建党员、管理、教师、学生 "四队伍"，实行 "一岗双责" "业务＋安全" 管理模式，守护学生 "成长路"。

构建安全管理、安全责任、安全教育、安全监管、食品安全、消防安全、交通安全"七链条",凝聚全校学生 N 细胞,构建"1247N"联动机制,共同汇聚平安校园建设"大能量"。

五育融合 相互联动
拓宽预防治理未成年人违法犯罪实践路径

注重德育抓细,实施"13456"养成教育,用细节养成文明,用规矩唤醒意识,让意识提升素养。注重智育抓新,落实"五项管理""双减"政策,打造"四清课堂",促进学生自主学习能力提升。注重体育抓练,通过体育社团训练,打造足球操、花样跳绳、呼啦青春等团体项目,培养学生体育锻炼习惯。

注重美育抓活,通过校园艺术节、"精彩画出一百年经典"、"精彩剪出一百年史册"等系列活动,提升学生创造力。

注重劳育抓实,规划 3 个劳动基地和 1 个种植区,由师生共同种植、养护,激发学生热爱生活情感,亲身体会"劳"有所得真谛。

五项活动 关爱润心
创造未成年人健康成长良好环境

开展学习帮扶,适时为困难学生解决学习上的重点、难点和卡点问题。开展生活帮扶,通过专程家访、公益捐赠等活动,解决困难学生生活上的急难愁盼问题。开展心理帮扶,组建"五轮"联动心理服务团队,强化情绪心理疏导辅导,严防学生因心理问题走向歧途。开展实践帮扶,组织学生积极参与纠正生活陋习、交通法规宣传、违法行为制止等实践活动,增强学生服务意识、公德意识和规则意识。开展家庭帮扶,以"小手拉大手"、"带法回家"、暑假"大走访、大恳谈"活动为载体,引导家长构建和谐友爱的家庭氛围,不断提升家庭监护能力。

2018 年 12 月,学校被甘肃省禁毒委员会评为甘肃省毒品预防教育示范学校;2022 年 11 月,学校被甘肃省委宣传部、甘肃省委依法治省办公室、甘肃省司法厅确定为第一批全省法治宣传教育基地。该学校《1247N 细胞,唱响平安校园歌》成功入选 2022 年甘肃省市域社会治理创新实践百强案例,《一生一案·小案大爱综合育人评价体系》入选甘肃省综合改革试点培育项目。

（本文同时被甘肃政法网、今日头条、天马剑、绿洲民勤等发布）

4.【《未来导报》2023 年第 46 期】民勤实验中学:让学生在劳动教育中成才

2023 年 12 月 1 日

民勤实验中学坚持新时代劳动教育实践导向,抓牢理论和实践两个"1345"劳动教育工程的关键点，积极构建适合本地学生长远发展的劳动教育体系，打造经典劳动校园，培养学生的劳动习惯，提升学生的劳动技能。

多项劳动，强体增智

"美化护绿"长见闻。在绿化责任区和农务自留区里，师生们精心栽种特色农作物，浇水、施肥、修剪、养护、收获，在学习农作物种植技术中，观察着四季更替中植物的变化，感悟着劳动的价值。"清洁卫生"学技能。班级包干区里，教学楼、综合楼、餐饮楼、公寓楼的公共区域划分到班，包干到人，老师指导学生做到"三扫""三拖"，时常维护，学生们学习自主管理，体验劳动辛苦，珍惜劳动成果。在学校开展的"体验新时代劳动月　争做新生活小达人"劳动技能竞赛活动中，学生们争先进、展绝技，涌现出一大批"农田小把式""生活小助手""孝老爱亲小护工"劳动模范，做到了规定动作不走样，自选动作出精彩。

多种形式，润心育美

参加劳动教育主题征文，拍摄劳动视频和照片、撰写劳动日记、抒发心得体会和学习劳模精神感悟……同学们通过不同方式，捕捉美好瞬间，记录劳动场景，丰富了劳动体验，在潜移默化中形成美好的劳动品质，收获宝贵的精神财富。

多元环境，培根铸魂

社团活动，学生们张扬个性，发展特长；研学旅行，学生们研有所思，学有所获；志愿服务，学雷锋，献爱心，收获满满的幸福与感动……学生们在劳动过程中养成了规范劳动、安全劳动的习惯，培养了勤俭、奋斗、创新、奉献的劳动精神。一分耕耘，一分收获。2022 年 5 月，该校被甘肃省教育厅确定为全省首批中小学劳动实践基地；2023 年 5 月，学校被甘肃省教育厅确定为"全省中小学劳动教育特色学校"。"民勤实验中学将持续加强劳动教育，引导学生树立劳动最光荣、劳动最崇高、劳动最伟大、劳动最美丽的信念，在劳动中提高，在劳动中成长，在劳动中收获。"民勤实验中学党委书记祁世英说："劳动教育具有独特的育人价值。耕读传家久，诗书继世长。实现劳动教育品牌化发展，是促进学校内涵化、精细化、卓越化发展的重要途径之一。"

5.【甘肃丝路花雨】甘肃八个案例入选首届《法治时代》"2023 年法治创新案例"

2023 年 12 月 18 日

近日，首届《法治时代》创新论坛分论坛暨"2023 年法治创新案例/人物/论文/产品"发布活动和 2023 年首届智慧法治智慧法务成果展在北京举行，我省八个创新案例榜上有名。

6.【魅力中国 TV】魅力中国之法治同行 护航青春

2024 年 1 月 9 日

甘肃省民勤县地处河西走廊东北部，石羊河流域下游，是甘肃省著名的"文化之乡""教育名县"。

民勤实验中学是成立于 2014 年的一所寄宿制初级中学。学校全面贯彻党的教育方针、落实立德树人根本任务，坚持为党育人、为国育才的初心使命，德法并重、五育融合，在完成教育工作的同时，致力于青少年法治教育，走出了一条校园法治教育的"民勤实中"发展之路。

学校全面落实党组织领导的校长负责制，探索形成了预防治理未成年人违法犯罪的"5×5"模式。通过五种文化、五大工程、五环联动、五育融合、五项活动，铸牢预防治理未成年人违法犯罪的思想根基。

五环联动护航平安。通过平安细胞工程创建，探索形成平安校园创建"1247N"典型做法。"一张网"，实现校园安全管理全覆盖；"两平台"，撑起校园"平安伞"；"四队伍"，守护学生"成长路"；"七链条"，凝聚全校学生 N 细胞。"1247N"联动机制，共同汇集平安校园建设"大能量"。

站在新的历史起点，民勤实验中学将继续在上级部门的坚强领导和大力支持下，不忘初心、牢记使命，为开启全面依法治国新时代贡献民勤实中力量！

7.【大美民勤】民勤实验中学：千人千幅剪纸画 喜迎党的二十大

2022 年 10 月 10 日

一张张红色剪纸透露着喜庆，一件件精美作品凝聚着对祖国的深情。

10 月 8 日，民勤实验中学组织全校师生开展"千人千幅剪纸画 喜迎党的二十大"系列活动，用喜庆的红色剪纸作品表达对党的二十大召开的热切期盼和对祖国繁荣昌盛的美好祝愿。

在展览现场，《伟人画像》《南湖红船》《天安门》等，一幅幅表现方式多样、构图巧妙、做工精细、形象生动的作品，既传承了传统剪纸技艺，又融入了现代剪纸的表现手法，用精致的剪纸展现了党和祖国发展历程中每一个可歌可泣的瞬间，绘就出一幅中华民族团结奋斗，奋勇向前的美好画卷。

"我们号召全体师生进行了以'喜迎二十大'为主题的剪纸创作活动，每幅作品都饱含着全体师生深厚的家国情怀，衷心祝愿我们的党永葆青春，祝福我们伟大的祖国盛世昌隆。"民勤实验中学教师胡建华认真欣赏着每幅剪纸作品，感触颇深。

剪纸，指尖上的民族艺术，是中国民间流行的一种历史悠久、流传广泛的艺术形式。民勤实验中学按照学生兴趣成立剪纸社团，每周开设剪纸课，让学生将兴趣变为特长，从深度和广度拓展剪纸艺术文化的传承和推广。同时，学校把爱国主义教育、廉洁教育、品德养成等融入日常剪纸活动中，拓展了学校育人新途径，取得了良好办学效应。

"我们每人创作了一幅剪纸作品，用一颗红心绘出最喜欢的图案，用一份真情剪出最美好的愿景。"民勤实验中学九（3）班范欣冉祝愿党的事业蒸蒸日上，祝福伟大的祖国更加繁荣富强。

展览结束后，同学们奔赴操场，用手托起精心制作的剪纸画，摆出"喜迎二十大""五角星""爱心"等图案，用自己独特的方式向党的二十大献礼。

"此次活动的开展，集中展现了全校社团活动的丰硕成果，推动学校'五育并举九重致敬二十大'系列活动纵深发展和'双减'工作落地落实，彰显了学校办学特色和品位，涵养全校师生爱党、爱国、爱家情怀，以实际行动和优异成绩迎接党的二十大胜利召开。"民勤实验中学党委书记祁世英表示。

8.【《中国青年报》客户端】民勤实验中学：今朝剪纸颂

2021年12月28日

走进甘肃省武威市民勤实验中学，从校园整体规划建设、美化绿化、室内外布置，到学生的课余文化生活，无处不洋溢着艺术的文化气息，让学生走进学校就是置身于艺术的海洋，美育时刻浸润着学生的心灵。

学校积极拓展校本课程，组建了各类的社团。目前，学校共开设身心素质类、艺术修养类、科学技术类、学科拓展类、综合实践类等5大类，绘画、书法、剪纸、舞蹈、乐器、球类、网页制作等25门校本课程，建立学生社团68个。

2021年是中国共产党建党100周年。为此，在2020年末，以书记祁世英为主的学校领导班子就开始对庆祝活动进行筹划部署，拟举办"精彩画出一百年经典""精彩剪出一百年史册""精彩写出一百年心声""精彩唱出一百年精神""精彩舞出一百年风采"等系列活动，为党的生日献上一份大礼……

"精彩剪出一百年史册"活动是学校剪纸社团的学生和全校剪纸爱好者共100多人共同参与完成的百年党史主题剪纸活动。让学生们在学习传承剪纸这门民间艺术的同时，更多地了解一些党的历史和革命故事，在剪纸创作中接受爱国主义教育。经过整理的100幅剪纸作品分两部分呈现。第一部分：共和国领导人；第二部分由红色记忆篇、开天辟地篇、辉煌中国篇、盛世欢庆篇四个篇章构成。作品展现了中国共产党从1921年成立到2021年经历的百年风雨历程和取得的辉煌成就。

9.【武威文明网】民勤实验中学：百年再出发 喜迎二十大

2022年2月26日

过去的2021年，是见证荣耀的一年。这一年，民勤实验中学紧紧围绕"育有梦想的学生，做有情怀的老师，办有温度的教育"教育思想，聚焦"立德、塑魂、启智、润心"教育共识，着力提升精细管理水平和师生综合素质，深化课堂教学改革，提高教育教学质量，推动学校精细化、内涵化、卓越化发展，以优异成绩向党的100周年献礼。2022年，民勤实验中学将围绕职业使命和现实担当做好各项工作，按照学校发展总要求，立足新发展阶段、贯彻新发展理念、构建新发展格局，对标一流、狠抓落实，在办有温度、有特色、负责任的学校上迈出更大的步伐，以虎虎生威之姿喜迎党的二十大胜利召开！

精彩纷呈 隆重献礼一百年

——实施"六个精彩一百年"系列活动

在庆祝建党100周年之际，学校以"精彩讲读一百年党史"为总领，组织开展了"精彩唱响一百年精神，精彩画出一百年经典，精彩剪出一百年史册，精彩写出一百年心声，精彩舞出一百年风采"的"六个精彩一百年"系列活动。全校师生以自己的方式感恩中国共产党，以丰硕的成果向党的百年华诞献礼。

——实施"124"党建领航工程

学校以"党建全面领航学校发展"为思路，以打造品牌党支部为切入点，以"124党建工作法"为抓手，实施"一体两翼四支撑"党建领航工程，强力打造有融合力、协同力和内驱力的"党建红＋教育蓝"党建品牌。学校党支部在全县教育系统"达标创星，整体创优"中被评为"先进党支部"。

——实施"一生一案·小案大爱"育人工程

学校努力构建"一生一案·小案大爱"综合育人评价体系，落实一类学生一种教育策略，一个活动一个实施档案；一个学生一种培养方案，一个学生一个成长档案；努力达成策略、方案"100个一案"，编印"我的成长印记"学生成长记录册。

——实施新时代劳动教育两个"1345"工程

2021年7月9日，学校成功承办全县新时代劳动教育现场观摩会，赢得了上级领导和社会的充分肯定，在社会上也产生了较大的影响，有力地推进全县新时代劳动教育纵深发展。在此基础上，努力争创劳动教育特色试验区，为打造全县劳动教育示范区赋能。学校现已经成功申报了2022年全省中小学劳动实践基地。

——打造 "1247N 平安细胞" 建设工程

在全市乡镇政法委员、综治中心主任培训班观摩和 "平安甘肃" "平安武威" 考核组考评验收中，各级领导对学校创建平安校园方面所做的工作给予充分肯定，高度赞扬了学校在 "1247N 平安细胞" 暨平安校园创建活动中取得的成效。学校教育教学质量再上新台阶。

2021 年中考，在学校党支部和校委会的正确领导下，在全校师生的共同努力下，各项关键指标方面均取得了建校以来的历史性突破。2021 年，学校先后获县级以上荣誉 10 余项。民勤县人民政府教育督导评估组对学校的教育教学工作给予了充分肯定。

五育并举 喜迎党的二十大

2022 年是党和国家历史上具有里程碑意义的一年，也必将是载入史册的一年，踏上实现第二个百年奋斗目标的新征程，我们将勤力同心，勇立潮头，扬帆奋进，争取各项工作在点上突破，线上推进，面上开花，用学生的德、智、体、美、劳 "五育并举"，九重献礼，喜迎党的二十大胜利召开。

——剪出二十大历程

"剪韵苑" 社团的师生们用火红的剪纸生动地呈现了中国共产党从一大到二十大的百年奋斗征程，中国共产党从弱小到壮大，中国革命从星星之火到燎原之势，中国从一穷二白到世界第二大经济体波澜壮阔的画卷。

——画出二十大神韵

哪里困难多，哪里就有党的旗帜；哪里危险大，哪里就有共产党员的身影。他们用无私奉献的精神、吃苦耐劳的毅力和善谋对策的智慧彰显着一个个共产党人的坚强党性，汇集成了强大感召力量。"创绘艺苑" 的师生们用他们多彩的画笔绘出英雄的形象，让他们的精神照亮我们的灵魂。

——印出二十大版图

港澳回归，一雪耻辱；一带一路，共同发展；三峡大坝，世界第一；中国高铁，驰骋世界；北京奥运，前无古人；中国女排，艳压群芳；中国天眼，放眼世界；神舟飞船，载人航天；辽宁航母，大国风范……"乐图苑" 的师生们将用多彩版图演绎百年辉煌成就。

——讲读二十大故事

百年征程，英雄辈出。英雄是中华民族最闪亮的坐标，每一名青少年都应当铭记英雄、崇尚英雄、学习英雄，通过 "英雄故事" 传讲活动，了解英雄们可歌可泣的奋斗故事，弘扬和培育学生以爱国主义为核心的团结统一，爱好和平，勤劳勇敢，自强不息的伟大民族精神。

——舞出二十大风骨

沧海横流方显党员本色，在实现伟大复兴之路上，优秀的共产党员们廉洁自律，堂堂正正做人、老老实实干事、清清白白为官，他们政治操守正，政治风骨硬，不愧为一代代人的楷模。"舞之韵""舞之魅"社团的师生们用别样的舞姿舞出优秀共产党人的政治气节和风骨气韵。

——唱响二十大精神

红歌是永远的主旋律，展示着祖国翻天覆地的变化；红歌是永恒的经典，催生祖国沧海变迁的力量；红歌是中国革命的历史瑰宝，激发着一代代人追梦的豪情。学校将通过广播站、电视台循环播放红色经典歌曲，让学生对红歌耳熟能详，并受到潜移默化的熏陶。"百灵合唱团"组织开展"唱响红歌弘扬正气"歌唱比赛，表达对党和祖国的深情。

——聆听二十大声音

突出党建引领作用，善于聆听时代声音。党的二十大召开之际，学校党支部要组织党员和教职工积极开展政治学习，紧扣二十大的脉搏，紧随新时代主旋律，聆听新时代最强音。

——宣讲二十大主旨

学习宣传贯彻好党的二十大精神，提高思想认识，切实采取措施，多种形式在全校教职工中掀起学习贯彻党的二十大精神热潮。引导老师们深刻理解、准确把握习近平新时代中国特色社会主义思想的历史地位与深刻内涵、国家未来发展新目标、新时代中国特色社会主义新部署和全面从严治党新要求。要坚持以党的二十大精神为指引，努力开创实验中学未来工作新局面。

——担当二十大使命

中国共产党二十大的召开将开启一个新的时代，一代人有一代人的使命，一代人有一代人的担当。站在新的历史高点，我们又开启新征程，担当新使命。我们将继续开展党史学习教育，进一步明确在新时期的历史责任，增强使命感和责任感。

站在时代的高点，我们将不忘初心、牢记使命、埋头苦干、勇毅前行！

10.【民勤县人民政府网】民勤实验中学：算好"节能账"引领新风尚

2024 年 1 月 11 日

近日，甘肃省机关事务管理局公布了 2023 年全省机关事务工作先进集体和先进个人表彰对象名单，民勤实验中学获先进集体荣誉称号。

"珍惜资源　节约水电""节约优先　空间均衡""传承勤俭节约美德"……在民

勤实验中学，记者看到，校园内各种节能降耗宣传标语随处可见；节能灯、绿化喷灌设备、电采暖设备……学校在硬件设施的改造升级方面下足了功夫。

算好"节能账"，引领新风尚。民勤实验中学从大处着眼、细处着手，积极开展节能降耗行动，通过实施节能改造、健全管理制度、加强宣传教育，着力打造"绿色、节能、生态"校园。

"节能降耗贵在有方，始于细节，需要从管理节能、制度节能、理念节能、技术节能等各环节进行优化落实。'节能'就是'赋能'，为社会节能就是给学生赋能。"民勤实验中学党委副书记、校长陈文的一番话，体现了一位教育管理者对"节能降耗"的新看法，也展现了学校教育的新思路、新格局。

"在节约型机关创建行动中，我校加强组织建设和制度建设，提高服务保障能力，加强节能管理，实施节能改造，有效降低了资源消耗，倡导'绿色办公'，厉行勤俭节约，积极创建'绿色、低碳、节能、生态'校园，努力把节约型机关创建工作做实、做细。"陈文向记者介绍道。

节约每一度电、每一滴水、每一张纸、每一粒米……民勤实验中学节能工作成效显著，节能意识深入人心，节能行为日渐规范，节能措施持续加强，节能效果显著提高。节能降耗不止于一地，不止于一时，学校将围绕"节能有道，节俭有德"的理念，持续推进节约型校园建设。

绿色低碳向前看，"节"尽所"能"促发展。陈文表示，将继续完善措施，加大技改力度，进一步提高能源资源利用效率，引导师生做绿色生活的先行者、倡导者和践行者，充分发挥全省机关事务工作先进集体示范效应，为实现资源节约型和环境友好型校园建设做出新的更大贡献。

11.【《人民日报》中央媒体看民勤】民勤实验中学群团工作中心开展"奋进十载 筑梦未来"劳动教育主题活动。

2024年3月27日

原标题：悦奏劳动旋律 乐享劳动魅力——民勤实验中学群团工作中心开展"奋进十载 筑梦未来"劳动教育主题活动。

正是一年春光好，万物复苏风向暖。为充分发挥省级中小学劳动教育实践基地的示范作用，完善"1345"劳动教育工程，构建了"行识践悟"劳动教育课程素养发展体系，让学生牢固树立劳动最光荣、劳动最崇高、劳动最伟大、劳动最美丽的观念。近期，民勤实验中学群团工作中心围绕日常生活劳动、生产劳动、服务性劳动，开展了"奋进十载 筑梦未来"劳动教育主题活动。

"美"在日常 乐在其中

在清洁与卫生、整理与收纳、烹饪与营养、家用器具使用与维护"日常生活劳动"中，学生们积极参与，通过劳动实践创造美、感受美。他们学习做饭，体验烹饪的乐趣，感受食物的来之不易；他们整理书桌，养成整洁有序的生活习惯；他们打扫卫生，保持环境的清洁与美好；他们洒扫庭院，感受与家庭和谐相处的喜悦。

利用双休日帮父母干家务

"参加日常劳动，让我品尝到了劳动的快乐，平时像做饭啦、洗衣啦都是有父母做，我们总说没时间，学校开始'1345'劳动教育工程之后，我自觉参加日常劳动，感觉劳动是一件非常有意义的事情。"七年级许泽同学这样说。

"美"在生产 创意无限

在农业生产劳动、传统工艺制作、工业生产劳动、新技术体验与应用等"生产劳动"中，学生们充分发挥自己的想象创意，展示才华。参与农活，认识农业生产的艰辛与付出；撰写劳动日记，记录劳动过程的点点滴滴，感悟劳动的意义；分享劳动心得，交流劳动经验，共同成长；制作手抄报、绘画、剪纸、国画等作品，用艺术的形式表现劳动的美；练习软笔书法、硬笔书法，传承中华文化，感受书写的力量。

专心致志创作国画

"劳动不仅是一种技能，更是一种品质，一种精神。通过日常生活劳动和生产劳动，不仅提高了孩子们的生活技能，更培养了他们勤劳、节约、感恩的优良品质。孩子们用双手诠释劳动的力量，用真情感受劳动的美好，点亮了多彩的生活。这就是劳动的魅力，也将会成为孩子们成长路上的宝贵财富！"学校党委书记祁世英说。

此次活动，激发了同学们的劳动热情，提升了他们的劳动技能，培养了他们的良好的卫生习惯和劳动品质，增强了他们的主人翁意识和责任担当意识。

尾 声 〉

　　五育融合，"八经典"校园绘蓝图是我校"以师生为本，以素养为重，为家国树人，为未来奠基"办学理念的实践探索，是我们"育有梦想的学生，做有情怀的老师，办有温度的教育"的初心坚守，是我们追求卓越化、精细化、内涵化发展的真实探索，我们走在自己的路上，我们让教育真实地发生，我们一直在做最好的自己！